LEXI FAC

PSYCHOLOGIE SOCIALE

Tome I

L'INDIVIDU ET LE GROUPE

François RIC
Maître de Conférence à l'Université Paris V
Olivier CHANTON
Doctorant à l'Université Paris X - Nanterre
Corinne MAZÉ
Doctorante à l'Université Paris X - Nanterre
Valérie KREEL
Doctorante à l'Université Paris X - Nanterre
Ghislaine RICHARD
Doctorante à l'Université Paris X - Nanterre
Jérôme BOUCHET
Doctorant à l'Université Paris X - Nanterre

Directeur d'ouvrage :
Patrick GOSLING
Maître de Conférence à l'Université Paris X - Nanterre

Directeur de la collection LEXIFAC Psychologie :
Serge NETCHINE
Professeur à l'Université Paris VIII

Bréal

ISBN : 2 84291 255 1

Dépôt légal : octobre 1996
ISBN : 2 85394 886 2

LEXI FAC

ÉCONOMIE

sous la direction de Philippe Raimbourg,
Professeur à l'Université Paris I

Microéconomie
Tome I : Consommateurs et producteurs (J. Hubler, G. Tchibozo)
Tome II : Les marchés (J.-N. Ory)

Macroéconomie
Tome I : Concepts (C. Monjal)
Tome II : La monnaie (V. Lelièvre)
Tome III : Équilibres et déséquilibres (A. Bourgain, V. Lelièvre)

Mathématique pour l'économie
Tome I : Algèbre (C. Crapsky)

Probabilités pour l'économie (C. Crapsky)

Statistiques pour l'économie (J. Hubler)

Comptabilité générale (C. Deffains)

DROIT

sous la direction de Claude Lombois,
Professeur à l'Université Paris II

Introduction générale au droit (M. Parquet)

Droit civil
Introduction générale, personnes, famille (J.-F. Dhénin, S. Lamadon)
Biens et obligations (I. Bufflier)

Droit administratif (N. Poulet-Gibot Leclerc)

PSYCHOLOGIE

sous la direction de Serge Netchine
Professeur à l'Université Paris 8

Psychologie sociale
Tome I : L'individu et le groupe (P. Gosling, directeur d'ouvrage ; J. Bouchet, O. Chanton, V. Kreel ; C. Mazé, F. Ric, G. Richard)
Tome II : Approches du sujet social et des relations interpersonnelles (P. Gosling, directeur d'ouvrage ; J. Bouchet, O. Chanton, V. Kreel ; C. Mazé, F. Ric, G. Richard)

Statistiques appliquées à la psychologie
Tome I : Statistiques descriptives (B. Beaufils)
Tome II : Statistiques inférentielles (B. Beaufils)

AVANT-PROPOS

Composés de fiches, les ouvrages de la collection LEXIFAC exposent en détail les champs d'étude majeurs de la psychologie figurant aux programmes des premiers cycles universitaires.

Leur présentation claire et structurée vise un triple objectif :

- **fournir une synthèse complète du cours**, faisant apparaître les points essentiels de la question traitée et leur articulation : les étudiants pourront ainsi, pour chaque volume, assimiler l'ensemble des notions de psychologie abordées et comprendre les problématiques soulevées ;
- **permettre une préparation efficace des examens** en donnant aux étudiants les moyens de rassembler, sur une thème, les connaissances ;
- **favoriser une consultation rapide sur un point précis** : chaque LEXIFAC peut se consulter à la façon d'un lexique ou d'un dictionnaire ; pour retrouver une définition, approfondir une question, vérifier une formule...

Si ces ouvrages sont destinés aux étudiants du premier cycle universitaire, ils ont également pour ambition de permettre une découverte rapide de la psychologie aux non-spécialistes. La collection LEXIFAC PSYCHOLOGIE a pour objectif de couvrir l'ensemble des pans de la discipline (psychologie sociale, psychologie clinique et pathologique, statistiques...).

Serge NETCHINE
Professeur à l'Université Paris VIII Panthéon-Saint-Denis,
Directeur de la Collection Lexifac Psychologie

SOMMAIRE

INTRODUCTION

TITRE I : QUELQUES REPÈRES

Chapitre 1 – Repères historiques

fiche 1 – Les pionniers de la psychologie sociale 12
fiche 2 – Les « grandes théories » 16

Chapitre 2 - Repères méthodologiques et bibliographiques

fiche 3 – Les méthodes utilisées en psychologie sociale 20
fiche 4 – Fiche outil : quelle méthode choisir ? 24
fiche 5 – Ouvrages fondamentaux 28

TITRE II : PROCESSUS DE GROUPES ET INFLUENCES

Chapitre 1 - Les groupes sociaux

fiche 6 – Les premières recherches sur le groupe 32
fiche 7 – Les caractéristiques d'un groupe 34
fiche 8 – La formation des groupes 36
fiche 9 – La communication dans les groupes. 38
fiche 10 – La cohésion du groupe. 42
fiche 11 – La sociométrie 44

Chapitre 2 - L'individu se construit dans le groupe

fiche 12 – Socialisation, sociabilité. 46
fiche 13 – L'imitation. 49
fiche 14 – Groupes d'appartenance et groupes de référence. 53
fiche 15 – La déviance 57
fiche 16 – La désindividuation 61
fiche 17 – Les dangers de l'imitation 64

Chapitre 3 - Les influences sociales

fiche 18 – La facilitation sociale 68
fiche 19 – La paresse sociale 70
fiche 20 – La création des normes 74
fiche 21 – La polarisation collective 78
fiche 22 – La soumission à l'autorité 82
fiche 23 – Application : les sectes. 86
fiche 24 – Le conformisme... 90
fiche 25 – Conversion minoritaire. 94
fiche 26 – Minorités et conflit 98
fiche 27 – Influence minoritaire et psychologisation 102
fiche 28 – Conversion et racisme 105
fiche 29 – Leadership 109

Chapitre 4 - Attitudes et influence persuasive

fiche 30 – Le concept d'attitude 112
fiche 31 – Structures des attitudes 116
fiche 32 – Mesures des attitudes. 118
fiche 33 – La formation des attitudes. 122

fiche 34 – Effet de simple exposition 126
fiche 35 – La persuasion 130
fiche 36 – Changement d'attitude 134
fiche 37 – Persuasion : deux modèles récents 138
fiche 38 – Résister à la persuasion 142
fiche 39 – Persuasion et émotions 146
fiche 40 – Prédire les comportements 150
fiche 41 – Changements d'attitude : application 154

Chapitre 5 - Les relations intergroupes

fiche 42 – Relations et conflits intergroupes 158
fiche 43 – Discrimination, préjugé et stéréotype 162
fiche 44 – Groupe minimal 166
fiche 45 – Différenciation catégorielle 170
fiche 46 – Identité sociale (théorie de l') 174
fiche 47 – Apartenances croisées 178
fiche 48 – Réduire l'hostilité intergroupe 182
fiche 49 – Variabilité dans les groupes 186
fiche 50 – Autocatégorisation 190
fiche 51 – Effet « brebis galeuse » 194
fiche 52 – Le pouvoir entre les groupes 196
fiche 53 – La privation relative 200
fiche 54 – Mesurer les stéréotypes 204

BIBLIOGRAPHIE 209

INTRODUCTION

La psychologie sociale est dans une situation paradoxale. Alors que son objet est l'individu socialement inséré, déterminé par des régulations sociales, des pratiques, des enjeux de pouvoir, des systèmes de représentations, des idéologies, elle apparaît souvent comme une science théorique, détachée de la réalité sociale, uniquement préoccupée de débats conceptuels ou méthodologiques. Alors que son projet est de faire le lien entre deux niveaux d'analyse, celui de l'individu et celui de la société, elle apparaît en fait écartelée entre ces deux points de vue, d'autant plus inconciliables qu'ils cohabitent au sein d'une même discipline. Ces paradoxes sont connus : ils existent depuis la naissance de la discipline.

Tout projet d'ouvrage d'introduction ou de présentation de la psychologie sociale est confronté à ces difficultés. Celui-ci ne prétend pas les résoudre. Plus modestement, il s'efforce de faire l'état des lieux, en tentant de respecter l'équilibre des différents courants, les contradictions ou les tensions qui traversent la discipline. Son objet n'est pas de défendre un point de vue plutôt qu'un autre, ni de trancher parmi les débats qui agitent la discipline, mais plutôt de faire le point sur son état actuel.

Le premier tome « L'individu et le groupe » présente les recherches qui ont été à l'origine du développement de la psychologie sociale, au début du siècle, et constituent encore aujourd'hui une part importante de la recherche. Il propose tout d'abord des repères, à la fois théoriques (chapitre 1) et méthodologiques (chapitre 2). Il aborde ensuite l'étude des phénomènes de groupe (chapitres 3 et 4), des influences sociales (chapitre 5), des attitudes (chapitre 6) et des relations intergroupes (chap. 7).

Le deuxième tome « Le sujet social » rassemble essentiellement les recherches qui se sont développées à partir des années 50, et que l'on regroupe aujourd'hui sous le nom de « cognition sociale ». Mais on y trouve aussi des courants qui ne se reconnaissent pas nécessairement sous cette appellation, et contestent même explicitement l'hégémonie du point de vue cognitiviste sur la discipline (voir par exemple certains travaux sur la dissonance cognitive ou les représentations sociales). Ce deuxième tome aborde successivement l'étude du soi (chapitre 1), les théories motivationnelles du comportement social (notamment la théorie de l'équilibre et celle de la dissonance cognitive, chapitres 2 et 3), les représentations sociales (chapitre 4), les théories de l'attribution (chapitre 5), la perception sociale (chapitre 6) et enfin les relations interpersonnelles (chapitre 7).

On a donc essayé de rendre compte de l'ensemble des courants et thèmes représentatifs de l'état actuel de la discipline. S'il y a un parti pris, il n'est pas théorique, mais pédagogique. L'objectif est double : faciliter l'utilisation pour l'étudiant qui aborde la psychologie sociale et mettre en valeur le lien entre théorie et application.

Un des problèmes de la discipline, comme de beaucoup de secteurs de la recherche en France, notamment dans les sciences humaines, est le manque de lien entre la recherche et les applications pratiques. Ce manque de communication est nuisible tant à la recherche, qui risque de se couper de la demande sociale, qu'aux praticiens qui risquent de voir leur activité s'éloigner des critères de scientificité qui fondent la légitimité comme l'efficacité de leur pratique.

Aussi une part importante a-t-elle été faite aux applications : elles sont incluses dans les fiches ou, le plus souvent, font l'objet de fiches spécifiques d'application communes aux fiches d'un chapitre.

Le souci pédagogique a conduit à la présentation des notions fondamentales sous forme de fiches courtes, entre 2 et 4 pages, structurées selon le même modèle, et permettant une première approche ou une remise en mémoire rapide. En général, chaque fiche débute par une définition suivie d'une ou plusieurs illustrations (exemples expérimentaux ou confrontation de points de vue théoriques). Les références, incluses dans chaque fiche, ou renvoyées à la fin de l'ouvrage, permettent d'approfondir la notion présentée. Les renvois entre fiches permettent de faire le lien entre les différentes notions, de même que le regroupement en chapitres et en parties.

Deux lectures sont en fait possibles : la lecture suivie d'un chapitre, si l'on veut s'informer à propos de l'ensemble d'un domaine de recherche (la dissonance cognitive, les attributions, le soi...) ; la lecture rapide d'une fiche, si l'on cherche une information précise à l'intérieur d'un domaine de recherche (la rationalisation en actes, la divergence acteur-observateur, l'évaluation de soi...).

Cet ouvrage, destiné à des étudiants, a été écrit par des étudiants, doctorants en psychologie sociale dans l'équipe de recherches « Représentations sociales et processus idéologiques » du laboratoire de psychologie « Déterminants culturels et sociaux des processus cognitifs et des conduites » de l'université de Paris X-Nanterre. Les fiches qu'ils ont rédigées relèvent pour certaines du domaine de recherche de leur thèse, pour d'autres de domaines qu'ils ont dû approfondir. Ce livre, qui constituait pour la plupart d'entre eux une première expérience de publication, leur a demandé un travail important de recherche d'information et de synthèse, mais aussi un effort d'écriture et de mise en forme pédagogique. Ils l'ont fait en pensant à l'étudiant débutant qu'ils étaient il n'y a pas si longtemps, aux difficultés qu'ils rencontraient dans la compréhension et l'assimilation des cours, la recherche des informations générales ou spécifiques, la préparation des examens. Le projet de cet ouvrage n'est donc pas étranger à l'idée de tutorat, beaucoup plus développée dans les pays anglo-saxons qu'en France. Il repose sur l'idée que les doctorants, qui sont les enseignants-chercheurs de demain (l'un d'entre eux le sera d'ailleurs quand ce livre paraîtra), sont à la fois compétents et encore assez proches des étudiants inscrits dans les premières années de l'université pour pouvoir leur apporter une aide adaptée à leurs besoins.

Je tiens à les remercier pour le travail qu'ils ont accompli avec enthousiasme et compétence.

Patrick Gosling

TITRE I

QUELQUES REPÈRES

Chapitre 1

Repères historiques

Chapitre 2

Repères méthodologiques et bibliographiques

FICHE 1 LES PIONNIERS DE LA PSYCHOLOGIE SOCIALE

Il n'est pas aisé de résumer l'ampleur d'une discipline par la présentation des chercheurs qui ont participé à sa constitution. Comme le titre de ce chapitre l'indique, il s'agit davantage ici de donner quelques repères géographiques et historiques. Nous avons séparé ces auteurs selon deux pôles : les États-Unis et l'Europe.

I - AUX ÉTATS-UNIS

Elton Mayo

Psychosociologue américain, il est à l'origine de ce qu'il est convenu d'appeler l'école des relations humaines. Initiateur d'un programme de recherches à la Western Electric Compagny, à Hawthorne, près de Chicago, dans les années 30, il met en évidence « l'effet Hawthorne » qui a marqué les sciences sociales et humaines en soulignant pour la première fois le rôle des motivations sociales sur la performance.

Kurt Lewin

Professeur à l'Institut de psychologie de Berlin (1924), à l'Université de l'Iowa (1935), puis fondateur du Research Center for Group Dynamics au Massachusetts Institute of Technology (M.I.T.) (1944). Considéré comme le père de la recherche-action, ses travaux ont pour cadre les comportements en situation de groupe (1939), le leadership, et l'étude des problèmes sociaux (1948).

Floyd Henry Allport

Professeur à l'Université de Caroline du Nord et à l'Université de Syracuse, il est considéré comme le père de la psychologie sociale expérimentale. D'emblée, il place la psychologie sociale dans un cadre behavioriste et expérimental. Son ouvrage « Social Psychology » publié en 1924 marque l'entrée de la discipline dans les départements de psychologie des universités américaines, et donne une direction alors inédite aux recherches de psychologie sociale : l'étude du comportement des individus dans un contexte social.

Jacob L. Moreno

Psychosociologue américain d'origine roumaine, il débute ses travaux sur les relations interpersonnelles à Vienne jusqu'à son arrivée aux États-Unis à la fin des années 30. Inventeur du psychodrame (1934), ses recherches ont permis la mise au point d'une technique de mesure des préférences des membres d'un groupe quant à leur association à d'autres membres du même groupe : la sociométrie.

Fritz Heider

Psychologue américain d'origine autrichienne, il enseigne au Collège Smith du Massachusetts (1930), puis à l'Université du Kansas (1947). Associé à l'école gestaltiste, il développe la théorie de l'équilibre, qui étudie la façon dont les gens perçoivent les faits psychologiques interpersonnels (1944, 1958). On le situe comme le précurseur de la théorie de l'attribution.

Theodor Adorno

Originaire de Francfort, il quitte l'Allemagne pour l'Angleterre puis les États-Unis où il travaille au New York Institute of Social Research (1938). Il poursuit ses recherches à Princeton puis devient codirecteur du programme de recherches sur la discrimination sociale à l'Université de Berkeley. La notoriété d'Adorno et de ses collaborateurs est principalement liée aux travaux sur la personnalité autoritaire (1950) et sur les préjugés raciaux.

Muzafer Sherif

Psychologue américain d'origine turque, professeur à l'Université d'Oklahoma, puis à l'Université de Pennsylvanie (1966), il reçut en 1967 un prix de l'Association Américaine de Sociologie pour ses travaux de psychologie sociale. Ses recherches, concentrées sur l'influence sociale, traitent de problématiques telles que les situations de compétition et de coopération, les normes sociales (1936), les conflits intergroupes (1966).

Solomon Asch

Professeur à la New School for Social Research à New-York et à l'Université de Rutgers, il poursuit des recherches sur l'influence sociale marquées par l'orientation gestaltiste. Asch est à l'origine de nombreuses expériences sur la formation d'impressions et sur le conformisme (1951, 1956), expériences qui ont donné naissance à ce que l'on décrit comme « l'effet Asch ».

Leon Festinger

Élève de Lewin, il enseigna à l'Université de Rochester, au M.I.T. (1945), à l'Université du Michigan (1943), à l'Université Standford

(1948) avant de rejoindre la New School for Social Research en 1968. Influencé par l'approche de la psychologie de la forme, il développe une théorie des processus de comparaison sociale (1954) et sa théorie de la dissonance cognitive (1957).

Robert B. Zajonc

Originaire de Pologne, il enseigne à l'Université du Michigan à partir de 1955 tout en étant associé au Research Center for Group Dynamics. Publiés en 1965, ses travaux sur la facilitation sociale utilisent la théorie du drive pour expliquer les effets de la simple présence d'autrui sur la performance.

Stanley Milgram

Diplômé de l'Université Harvard (1960). Sources de controverses sur le plan éthique, les recherches de Milgram sur l'autorité (1974) sont considérées comme une contribution « classique » à la psychologie sociale. Il y met en place une procédure expérimentale afin d'étudier dans quelles conditions un individu accepte d'infliger des chocs électriques douloureux à un autre individu.

II - EN EUROPE

Jérome Bruner

Professeur à l'Université d'Oxford en Grande-Bretagne, puis à Harvard, puis professeur de psychologie à la New School for Social Research, ses travaux dans le domaine de la perception et des cognitions sociales (1991) ont profondément marqué le développement des sciences cognitives.

Henri Tajfel

Psychosociologue anglais d'origine polonaise, professeur à l'Université de Bristol. D'orientation cognitiviste, ses recherches partent de l'idée que la discrimination et les préjugés ne sont pas d'origine irrationnelle mais ont leur fondement dans les relations « idéologiques ». Il est à l'origine de la théorie de l'identité sociale (1978, 1981).

Serge Moscovici

Psychosociologue français d'origine roumaine, il a enseigné dans plusieurs universités (Genève, Louvain, New York) et a été membre de l'Institute for Advanced Study (Princeton) et du Center for Advanced Study in Behavioral Sciences (Standford). Il est à l'origine de la création en 1964 de l'École Pratique des Hautes Études en

Sciences Sociales. Ses travaux portent sur l'influence minoritaire (1979), les décisions de groupe et les représentations sociales dont l'étude constitue aujourd'hui encore un courant important de la psychologie sociale.

Jean Maisonneuve

Étudiant de Stoetzel, il crée la première chaire de psychologie sociale en 1966 à l'Université de Nanterre-Paris X. Ses recherches traitent des affinités, de la sociométrie (1969), des représentations sociales du corps (1982), des rituels, de la déviance.

Jean Stoetzel

Considéré comme le sociologue qui a fait connaître la psychologie sociale en France. Il met sur pied les premiers sondages d'opinion en France (1938) avant de fonder l'Institut Français d'Opinion Publique. Il a été professeur à Bordeaux puis à la Sorbonne où il a introduit la psychologie sociale. Ses travaux sur l'opinion et la représentation des valeurs dans les sociétés modernes ont permis de montrer que des phénomènes sociaux peuvent être étudiés d'un point de vue expérimental.

Jean-Paul Codol

Professeur à l'Université d'Aix-en-Provence, il a acquis une grande notoriété, aussi bien en France qu'à l'étranger, avec ses travaux sur l'effet PIP (1973, 1975). Influencées par l'approche cognitiviste, ses recherches dans le domaine des jugements asymétriques sont d'une grande importance dans la connaissance de l'identité sociale.

Références

Lindzey, G., & Aronson, E. (1985). *The handbook of social psychology* (3rd ed.). New York : Random House.

Vallerand, J.V. (1994). *Les fondements de la psychologie sociale*. Montréal : Gaëtan Morin.

FICHE 2

LES « GRANDES THÉORIES »

La présentation des principales orientations théoriques de la psychologie sociale permet tout à la fois d'approcher la diversité des phénomènes étudiés et de proposer des éléments de définition de la discipline. Ces orientations générales (ou métathéories) sont à l'origine des concepts qui alimentent les travaux actuels.

I - THÉORIE DU RENFORCEMENT

A - PRÉSENTATION

La théorie du renforcement ou théorie de l'apprentissage peut être définie comme l'étude des phénomènes liés à l'acquisition des réponses. Thorndike (1911), généralement considéré comme l'un des fondateurs de la théorie, propose la « loi de l'effet » qui fait référence à la création de l'état de renforcement par un résultat favorable, par exemple une récompense. Les principes fondamentaux de la théorie sont les suivants :

- l'apprentissage augmente la force de la tendance à émettre une réponse déterminée ;
- la force de la réponse diminue en l'absence de renforcement ;
- une réponse conditionnée tend à se produire également pour les stimuli similaires.

B - UN EXEMPLE : LA THÉORIE DE L'APPRENTISSAGE SOCIAL

Bandura et ses collaborateurs (Bandura, 1977, 1986) développent une étude du comportement social qui rend compte du **rôle de l'imitation** dans l'acquisition, la modification et le maintien du comportement. Selon cette théorie, l'imitation des autres est à l'origine de l'acquisition de nouvelles réponses, et donc du comportement social. Dans ce contexte, la modification du comportement peut se faire par extinction, par contre-conditionnement, par renforcement positif, par imitation sociale, ou par apprentissage par discrimination.

C - Limites

Le faible nombre de recherches sur le comportement social des êtres humains apparaît comme une limite importante à la théorie du renforcement, notamment parce qu'il y a incompatibilité entre les modèles développés à partir de l'étude des animaux inférieurs et l'être humain.

De plus, les recherches sur l'apprentissage ont longtemps fonctionné à partir du modèle stimulus-réponse, négligeant ainsi la médiation entre ces deux éléments. Des théories récentes accordent une plus grande importance au rôle de l'individu et intègrent cet élément dans leur travaux.

II - Théorie du rôle

A - Présentation

D'inspiration à la fois sociologique et psychologique, ce qu'il est convenu d'appeler « théorie du rôle » est un ensemble de concepts qui analyse le comportement social à l'aide de la notion de rôle. Celle-ci est expliquée de trois manières différentes :

- on appelle rôle *prescrit* l'ensemble des comportements attendus du fait du contexte social et de la position occupée par le sujet ;
- on désigne par rôle *subjectif* les attentes du sujet vis-à-vis de sa propre conduite quand il est en interaction avec d'autres sujets dans une position différente de la sienne ;
- les rôles sont dits *mis en acte* quand on traite des comportements effectifs du sujet en interaction avec d'autres sujets.

B - Grands principes

Selon son statut (les droits et obligations qui règlent les relations d'une personne avec ceux qui occupent d'autres statuts), et étant donné le nombre de rôles occupés, il se peut qu'un individu soit dans l'incapacité de répondre aux attentes d'une situation parce qu'il y a incompatibilité entre plusieurs rôles ou du fait des exigences contradictoires d'un même rôle. Dans cette situation, l'individu est face à un *conflit de rôle*. L'importance de ce conflit est modulée par la rigueur des exigences liées aux rôles et par l'incompatibilité de ces exigences.

Les relations entre rôle et personnalité sont complexes et varient selon les situations. Il y a réciprocité quand une personnalité prédispose à certains rôles et que ces mêmes rôles apparaissent comme le moyen d'atteindre des besoins personnels. Il y a conflit quand les prédispositions de la personnalité ne satisfont pas les exigences d'un rôle ou quand les prescriptions de rôles sont en désaccord avec les besoins personnels.

III - THÉORIE DU CHAMP

A - Présentation

Les travaux de Kurt Lewin (1948, 1951) et de ses disciples sont à l'origine d'une nouvelle approche psychosociale. Dans une perspective résolument psychologique, ils insistent sur la nécessité de prendre en compte les différents facteurs du comportement ainsi que l'interaction entre ces facteurs pour étudier le comportement humain. L'accent est mis sur les relations entre les objets. L'individu doit ainsi être étudié dans le groupe. D'un point de vue méthodologique, la recherche se fait par l'introduction d'un changement dans l'objet ou le système analysé. Ce changement permettra d'observer les modifications dans l'équilibre et les forces en jeu.

B - Un exemple : la dissonance cognitive

La théorie de Festinger (1957) est construite sur l'idée que l'individu cherche à réduire les dissonances possibles entre les différents éléments cognitifs présents. Il y a dissonance quand deux éléments de connaissance ne s'accordent pas. Cet état de dissonance, source de malaise, active des forces pour réduire la dissonance, et donc rétablir la consonance. Ces pressions entraînent des modifications dans les comportements sociaux (voir chapitre III, tome 2).

IV - COGNITION SOCIALE

A - Présentation

Les travaux que l'on peut regrouper sous les termes de cognition sociale trouvent leur origine dans la psychologie cognitive qui étudie les processus mentaux tels que les attentes, les attributions. La cognition sociale s'intéresse principalement aux mécanismes psychosociaux à l'œuvre dans notre connaissance sociale, à la manière dont l'individu explique ce qui lui arrive et ce qui arrive aux autres.

La métaphore de l'ordinateur fautif est couramment utilisée pour faire référence aux automatismes, biais et processus d'économie dans le traitement de l'information de l'être humain. C'est ainsi que de nombreux résultats expérimentaux montrent que l'absence d'informations n'empêche pas le sujet de tirer des conclusions. De plus, on relève des erreurs dans le fonctionnement cognitif. Si l'utilisation d'heuristiques (stratégies cognitives simples) permet de faire des inférences acceptables, elles sont parfois fausses.

Selon Beauvois *et al.* (1989), le caractère sociocognitif des processus étudiés peut résulter :

- du statut social des informations traitées ;
- des variables sociales à l'œuvre dans l'activité cognitive ;
- de l'existence d'une représentation des conditions sociales de leur élaboration ;
- du fait qu'ils portent sur des valeurs et qu'ils sont conditionnés par les structures sociales.

B - Un exemple : les travaux sur le soi

De nouveaux apports théoriques et méthodologiques ont transformé l'approche du concept de soi. D'une représentation du soi en tant qu'objet, on est passé à une représentation du soi en tant que structure.

Par exemple, les travaux de Markus (1977, 1986) suggèrent une organisation des informations relatives à soi sous forme de **schéma**, à savoir une structure cognitive résultant des expériences passées de l'individu. Le traitement de l'information sur soi serait facilité, les données sur soi plus aisément récupérées. De tels travaux ont ainsi fait rentrer le concept de soi dans le champ de la cognition sociale.

Références

Deutsch, M., & Krauss, R.M. (1972). *Les théories en psychologie sociale*. Paris : Mouton.

Lindzey, G., & Aronson, E. (1985). *The handbook of social psychology* (3rd ed.). New-York : Random House.

Vallerand, J.V. (1994). *Les fondements de la psychologie sociale*. Montréal : Gaëtan Morin.

FICHE 3 LES MÉTHODES UTILISÉES EN PSYCHOLOGIE SOCIALE

Les moyens utilisés dans un but d'investigation sont choisis par l'expérimentateur et adaptés à son objet de recherche.

I - OBSERVATION

A - DÉFINITIONS

C'est une méthode d'investigation d'un phénomène naturel. On distingue deux types d'observation.

1. Observation directe

Elle correspond au regard porté sur le ou les sujets étudiés sans qu'il y ait un contrôle des situations ou l'utilisation d'outils. Afin de maîtriser toutes les informations recueillies, l'observateur doit procéder à un échantillonage d'événements ou par unité de temps. La répétition de ces procédures permet d'affiner l'observation des différents paramètres. Les observations sont différentes selon l'observateur, l'observé, le moment...

Il n'y a pas de preuve dans l'observation directe, elle ne peut que servir de base à une recherche plus approfondie.

2. Observation armée

L'observateur recueille les informations à l'aide de matériel d'enregistrement. Ces outils de recherche sont utiles pour provoquer une situation qui ne se présente pas naturellement. L'observation armée n'est pas un miroir de la réalité puisqu'il y a codage, pré-selection des événements.

B - TECHNIQUES DE RECHERCHE

Elles permettent de limiter le corpus de travail afin de faciliter l'interprétation des événements. Nous exposons ci-dessous les outils les plus utilisés en psychologie sociale.

1. Questionnaires

Ils doivent couvrir tout le champ de l'objet étudié et être accessibles à tous. Ils sont réalisés sur un échantillon aléatoire afin d'être représentatifs d'une population et d'une culture. On distingue les questionnaires sur les faits et les questionnaires d'opinion. Dans les premiers, on recueille des données empiriquement vérifiables (âge, sexe...) alors que les seconds correspondent à une évaluation subjective de l'enquêté sur ses attitudes et comportements.

2. Entretiens

On définit l'entretien comme une situation d'interaction essentiellement verbale entre deux personnes en contact direct défini par un objectif posé au préalable. L'entretien peut être :

– directif : c'est-à-dire dirigé par le chercheur ;

– semi-directif : le sujet a une certaine liberté dans ses réponses ;

– non directif : le chercheur n'intervient pas.

3. Simulation ou jeux de rôles

C'est une situation particulière dans laquelle l'individu est appelé à jouer un rôle déterminé. Cette méthode permet d'étudier les processus psychologiques mis en cause dans des situations difficilement analysables en milieu naturel ou en laboratoire (prison, cas de forte pollution). Afin que la simulation soit réussie, il faut que le degré de participation des sujets soit élevé et que le contexte expérimental reflète la situation réelle. Pour ce faire, les chercheurs utilisent des scénarios hypothétiques. Les sujets sont informés des intentions du chercheur, mais cela peut engendrer un comportement du sujet contraire ou peu similaire à celui adopté dans la réalité.

II - ANALYSE CORRÉLATIONNELLE

Elle permet de savoir si deux événements sont **naturellement associés**. Une corrélation n'est pas une relation causale, elle indique une influence réciproque de plusieurs facteurs.

Exemple : lorsqu'on parle de corrélation entre la taille et le leader, cela ne signifie pas que toutes les personnes de grande taille sont des leaders, d'autres facteurs peuvent entrer en jeu.

Il existe donc plusieurs explications à une corrélation. La recherche corrélationnelle correspond à la vérification de l'existence d'un lien naturel entre deux événements, mais ne permet pas d'affirmer que la modification d'un facteur entraînera un changement de l'événement.

En conséquence, on ne peut pas déterminer la nature du lien, ni connaître l'influence réelle de chaque facteur. Seule la méthode expérimentale permet d'isoler ces différents paramètres et de définir leurs effets respectifs.

III - EXPÉRIMENTATION

Elle se définit par la recherche d'une **relation causale**, c'est-à-dire qu'elle met en évidence la relation de causes à effets. L'expérimentation se caractérise par un contrôle rigoureux des sources de variations. Cette méthode comporte plusieurs étapes :

– la formulation des hypothèses ;

– la situation expérimentale ;

– les traitements statistiques et l'interprétation des résultats.

A - L'HYPOTHÈSE

La méthode expérimentale permet de vérifier des hypothèses théoriques. Ces hypothèses ont pour rôle d'établir des relations entre des faits à travers un principe, une loi. Ce sont des propositions qui anticipent une relation entre deux ou plusieurs faits. Elles sont soit déduites c'est-à-dire posées par rapport à un corpus théorique déjà existant, soit induites de l'observation des événements. Ces propositions particulières doivent être posées sous forme d'affirmations.

Exemple : la mémorisation imagée permet une augmentation de la performance.

L'expérimentateur cherche à valider une théorie qu'il va tester dans une réalité expérimentale.

B - LA SITUATION EXPÉRIMENTALE

Afin de répondre aux hypothèses posées, l'expérimentateur va rigoureusement manipuler ou du moins contrôler des facteurs indépendants, observer leurs effets sur la ou les variables dépendantes et minimiser le rôle des facteurs parasites.

1. Variable indépendante

Les variables indépendantes sont des caractéristiques du sujet, de son environnement physique ou social, de la tâche ou des stimuli présentés.

L'expérimentateur contrôle ces variables afin de s'assurer que les variations observées sur la variable dépendante ne sont pas dues au hasard ou à la variabilité intrinsèque des variables indépendantes.

Ces variables peuvent être provoquées c'est-à-dire manipulées par le chercheur ou invoquées. Dans ce cas, les variables indépendantes existent préalablement à la situation expérimentale et ne peuvent être manipulées (ex. : le sexe de l'individu).

2. Variable dépendante

Les variables dépendantes mesurent les réponses des sujets, les effets observés. Elles peuvent se rapporter à une performance obtenue, au nombre d'erreurs commises, au temps de réponse, à une opinion, à une attitude, etc.

Afin d'observer les effets des variables indépendantes sur les variables dépendantes, il faut s'assurer qu'elles mesurent bien ce qu'elles sont censées mesurer. C'est pour cette raison que les variables dépendantes sont généralement pré-testées ou empruntées à la littérature de la psychologie sociale.

Exemple : l'échelle de Weiner (1972) est souvent utilisée pour mesurer les attributions de réussite et d'échec.

C - Résultats et interpétation

L'expérimentation comporte une intrication et une interaction de variables. Afin de savoir si les variables indépendantes ont eu les effets attendus sur les variables dépendantes, il faut traiter statistiquement les réponses obtenues. À l'aide d'analyses statis-tiques comme l'analyse de variance, on peut déterminer les effets réels de chaque facteur et leur interaction.

Ces résultats sont ensuite interprétés par rapport à un corpus théorique initial et permettent de confirmer ou d'infirmer les hypothèses préalablement posées.

Références

Aronson, E., Ellsworth, P.C., Carlsmith, J.M., & Gonzales, M.H. (1990). *Methods of research in social psychology*. New York : McGraw Hill.

Castellan, Y. (1970). *Initiation à la psychologie sociale*. Paris : Armand Colin.

Droz, R., Richelle, M. (1975). *Introduction à la psychologie scientifique*. Dessart & Mardaga.

Reuchlin, M. (1992). *Introduction à la recherche en psychologie*. Coll. Fac Psychologie. Paris : Nathan Université.

FICHE 4

QUELLE MÉTHODE CHOISIR ?

Les méthodes d'investigation sont choisies par le chercheur en fonction de son objet d'étude et de ses objectifs de recherche. Elles doivent correspondre à ce qu'il souhaite mesurer et garantir une certaine validité des résultats obtenus.

I - VALIDITÉ

Elle désigne la qualité d'une recherche, d'une proposition. Seule une validité élevée peut permetre une utilisation confiante et une généralisation des résultats. On distingue trois types de validité.

A - VALIDITÉ DE CONSTRUIT

Elle se définit par le degré de correspondance entre les variables utilisées dans la recherche et les concepts postulés dans l'hypothèse. La validité de construit garantit au chercheur que les variables manipulées mesurent rigoureusement les concepts étudiés.

B - VALIDITÉ INTERNE

L'estimation de la validité interne a pour but de vérifier si les résultats ou réponses obtenus sont uniquement dus aux variables manipulées ou s'ils sont la conséquence du hasard ou de facteurs parasites.

Un niveau élevé de validité interne confirme que les effets observés résultent de la manipulation des variables indépendantes alors qu'une validité de faible niveau indique que d'autres facteurs ont eu une influence sur les résultats. Dans ce cas, le chercheur ne peut déterminer avec précision l'effet réel de ses variables.

Le chercheur doit donc choisir avec exactitude ses facteurs, sa méthode de recherche et contrôler toutes autres variables susceptibles d'avoir une influence.

C - VALIDITÉ EXTERNE

La validité externe rend compte de la relation entre la recherche et la réalité sociale. En conséquence, elle permet une généralisation des effets observés pour un échantillon particulier à une population plus importante.

On parle également de « validité écologique » pour indiquer le degré de correspondance entre une situation artificielle – construite par le chercheur – et la situation naturelle ou réelle. Sans la preuve de cette validité externe, les résultats de la recherche ne seront valables que pour une situation, une population particulière et à un instant déterminé.

II - CHOIX DE MÉTHODE

Les méthodes de recherche diffèrent selon que le chercheur vérifie une hypothèse, explore un terrain de recherche, met en évidence un lien réciproque entre deux faits ou une relation causale. C'est l'objet d'étude qui détermine le choix de la méthode. Les méthodes citées comportent chacune des forces et des faiblesses dont nous ferons l'inventaire.

A - OBSERVATION

Cette méthode de recherche qu'elle soit spontanée ou armée sert à mettre en évidence un phénomène naturel.

L'observation est principalement utilisée en psychologie sociale comme une étape préalable à la formulation d'hypothèses et à la construction d'une situation expérimentale, mais elle permet également d'étudier des objets, des concepts qui ne peuvent être manipulés. Pour une question d'éthique ou de méthodologie, certains objets d'étude sont analysés par l'observation.

Par exemple, l'hypothèse « Fumer provoque le cancer » ne peut pas être étudiée autrement que par l'observation. On ne peut pas manipuler la maladie ou la vie des personnes, mais l'observation directe ou indirecte d'une population concernée peut permettre de justifier un lien entre ces deux faits.

L'observation n'est pas une méthode exhaustive si elle n'est pas répétée dans le temps et auprès de diverses populations. En psychologie sociale, elle est souvent utilisée afin d'explorer un champ de recherche.

Cette méthode d'investigation présente des niveaux de validité modérés dans la mesure où tous les paramètres ne peuvent être rigoureusement contrôlés. Néanmoins, l'observation est une méthode relativement facile à utiliser.

B - ANALYSE CORRÉLATIONNELLE

L'analyse corrélationnelle permet de déterminer s'il existe un lien réciproque entre deux phénomènes ou comportements. En utilisant cette méthode, les psychologues cherchent à savoir quels sont les facteurs qui sont naturellement associés.

Par exemple, dire qu'il existe une relation entre la réussite professionnelle et le niveau d'étude ne signifie pas que l'un cause l'autre, d'autres facteurs tels que la personnalité ou la motivation peuvent interagir. Il n'existe peut-être pas de lien causal entre ces deux faits mais seulement une corrélation.

Les psychologues sociaux utilisent la méthode corrélationnelle pour vérifier l'existence d'une relation entre deux faits. Elle permet également de justifier un modèle théorique et de valider des instruments psychologiques tels que les tests ou échelles d'attitude.

On peut expliquer le faible niveau de la validité interne de cette méthode par un manque de contrôle des facteurs. La validité écologique est modérée et l'utilisation de l'analyse corrélationnelle plutôt aisée. Comme toute méthode, elle pose quelques problèmes déontologiques.

C - Expérimentation

La méthode expérimentale est la plus employée en psychologie sociale, que ce soit en laboratoire ou en milieu naturel. Elle est utilisée afin de vérifier l'existence d'une relation causale entre deux faits et permet de déterminer le sens de la causalité.

Par exemple, en formulant l'hypothèse que la présence d'autrui facilite la performance, le chercheur suppose que la présence d'autres personnes est la cause d'une meilleure performance.

L'expérimentation est une méthode rigoureuse qui nécessite la manipulation de facteurs. C'est pour cette raison qu'elle ne peut pas être appliquée à tout objet d'étude. Les variables utilisées doivent pouvoir être manipulées sans que cela crée de désagréments aux participants de l'expérience.

Le niveau de validité interne est élevé lorsque l'expérience se déroule en laboratoire, modéré lors d'expérimentation en milieu naturel et inversement en ce qui concerne la validité externe. Le contrôle des variables est rigoureux. Enfin, la méthode expérimentale est plus facilement utilisable en laboratoire qu'en milieu naturel où la maîtrise de facteurs parasites est plus difficile.

III - Déontologie

L'utilisation de ces méthodes d'investigation peut engendrer certaines difficutés psychologiques et physiques pour les participants. Afin d'éviter ces problèmes, le chercheur doit respecter certaines règles. Parmi les nombreux problèmes déontologiques existants, trois d'entre eux suscitent l'attention des psychologues sociaux.

A - Stress psychologique

Les participants à une recherche sont parfois soumis à des situations déplaisantes car fastidieuses, contraires à leurs principes ou réalisées contre leur gré. Afin de neutraliser un stress psychologique éventuel, le chercheur doit s'assurer du consentement de chaque personne. Il doit solliciter cette approbation par écrit ou par oral avant de débuter sa recherche.

B - Duperie

Il est difficile de mener à bien une recherche si les partipants en découvrent l'objectif car ils n'adopteront pas un comportement naturel mais choisiront une attitude conforme aux désirs du chercheur. C'est pour éviter la présence de ce biais que l'expérimentateur utilise la duperie. En d'autres termes, il masque le but réel de sa recherche en dissimulant certaines informations. Cette pratique est courante mais le chercheur se doit d'expliquer aux sujets la nécéssité de cette stratégie après leur participation. Les participants à une recherche ne doivent pas avoir le sentiment d'être abusés.

C - Intimité

Toute recherche doit être menée de façon à respecter l'intimité de chacun. Il est interdit d'intervenir dans la vie privée d'autrui. Néanmoins, cet aspect déontologique est difficilement contrôlable lors de recherches en milieu naturel où l'investigation se fait à l'insu des participants et lors d'études sur les sentiments et relations intimes comme l'amour.

L'anonymat est un moyen de garantir cette intimité.

Ces principes déontologiques sont connus de tous les chercheurs en psychologie sociale.

Références

Aronson, E., Ellsworth, P.C., Carlsmith, J.M., & Gonzales, M.H. (1990). *Methods of research in social psychology*. New York : McGraw Hill

Parot, F., & Richelle, M. (1994). *Introduction à la psychologie, histoire et méthodes*. Paris : Presses Universitaires de France.

FICHE 5 OUVRAGES FONDAMENTAUX

Les sources d'information sur la psychologie sociale sont principalement de deux types. D'une part, on trouve des revues spécialisées qui présentent des recherches de première main, des revues de travaux, ou des propositions théoriques, sous la forme d'articles. D'autre part, il existe des ouvrages présentant un ensemble de concepts, de théories et de travaux issus de divers champs de la psychologie sociale. La grande majorité de ces publications sont en anglais.

I - REVUES ANGLOPHONES

Il existe un grand nombre de revues de langue anglaise : *Basic and Applied Social Psychology, British Journal of Social Psychology, European Journal of Social Psychology, Journal of Experimental Social Psychology, Journal of Personality and Social Psychology, Journal of Social Issues, Personality and Social Psychology Bulletin, Social Cognition, The Journal of Social Psychology.* (Cette liste n'est pas exhaustive.)

Ces revues présentent toutes des articles de psychologie sociale, toutefois le type de travaux publiés varie en fonction des revues. *Basic and Applied Social Psychology* ou *Journal of Social Issues* publient principalement des recherches appliquées. D'autres, comme *Journal of Experimental Social Psychology*, publient principalement des recherches fondamentales de type expérimental. *The Journal of Social Psychology* est, quant à lui, plus spécialisé dans les différences culturelles.

Le *Journal of Personality and Social Psychology* est probablement la revue la plus prestigieuse. Elle publie des articles selon trois axes principaux : « attitudes et cognition sociale », « relations interpersonnelles et processus de groupe », et « processus de personnalité et différences individuelles ».

On peut ajouter à cette liste la collection « Advances in experimental social psychology » qui présente, une fois par an, un certain nombre de travaux et de positions théoriques dans des articles de taille plus importante.

II - REVUES FRANCOPHONES

Les publications de langue française sont peu nombreuses. On notera les *Cahiers Internationaux de Psychologie Sociale* et la *Revue Internationale de Psychologie Sociale*, cette dernière présentant des articles en français ou en anglais. On peut ajouter à cette liste la collection « Perspectives Cognitives et Conduites Sociales », qui présente des travaux récents en français.

III - OUVRAGES FONDAMENTAUX

Il existe un certain nombre de manuels récents en français : Doise, Deschamps & Mugny, *Psychologie Sociale Expérimentale* (1978/1991, 2e édition); Ghiglione, Bonnet & Richard, *Traité de Psychologie Cognitive*, Tome 3 *: Cognition, Représentation, Communication* (1990); Leyens, *Psychologie Sociale* (1979); Moscovici, *Psychologie Sociale* (1984); Moscovici, *Psychologie sociale des relations à autrui* (1994); Myers & Lamarche, *Psychologie Sociale* (1992); Vallerand, *Les fondements de la psychologie sociale* (1994).

Bien qu'il ne s'agisse pas de manuels, les deux tomes des *Textes fondamentaux de psychologie sociale* de Lévy (1965) offrent l'avantage de présenter des textes fondamentaux traduits en français.

Ces différents ouvrages sont complémentaires. Certains thèmes sont plus approfondis dans certains ouvrages que dans d'autres. La multiplication de ces manuels rappelle que la psychologie sociale est une discipline active et que des connaissances attestées dans les ouvrages les plus anciens peuvent être remises en question dans des ouvrages plus récents qui intègrent de nouveaux résultats (Moscovici, 1994).

Il existe aussi des ouvrages thématiques. Par exemple, la collection « Textes de base en psychologie » propose des recueils de textes traduits en français sur des thèmes tels que *L'attribution* (Deschamps & Clémence, 1990), *Le soi* (Piolat, Hurtig & Pichevin, 1992), *La persuasion* (Yzerbyt & Corneille, 1994), *Les irrationalités collectives* (Drozda-Senkowska, 1995).

De nombreux ouvrages de ce type sont disponibles en anglais, et il serait vain de tenter une présentation de ceux-ci. Néanmoins, nous portons à l'attention du lecteur les deux tomes du *Handbook of Social Psychology* de Lindzey et Aronson (1985), ainsi que les trois tomes du *Social Psychology* de Aronson et Pratkanis (1993), qui présentent 136 des articles fondamentaux de la psychologie sociale en version originale.

Enfin, il existe des banques de données qui répertorient sur papier (*Current Contents, Psychological Abstracts*), ou sur support informatique (*PsycINFO ; PsycLIT*), les informations minimales sur la majeure partie des articles publiés dans le monde.

TITRE II

PROCESSUS DE GROUPES ET INFLUENCES

Chapitre 1

Les groupes sociaux

Chapitre 2

L'individu se construit dans le groupe

Chapitre 3

Les influences sociales

Chapitre 4

Attitudes et influence persuasive

Chapitre 5

Les relations intergroupes

FICHE 6 LES PREMIÈRES RECHERCHES SUR LE GROUPE

Après s'être intéressée aux phénomènes macroscopiques (foule, société dans son ensemble), la psychologie sociale découvre dans les années trente l'importance des groupes plus restreints (Aebischer et Oberlé, 1990). De nouvelles problématiques émergent en particulier dans le domaine des **changements d'attitudes**.

I - LA PRODUCTIVITÉ DU GROUPE

À la demande d'une importante entreprise américaine, E. Mayo réalisa une expérience (Mayo, 1945) devenue célèbre depuis. Il s'agissait de mesurer les effets des conditions de travail sur le rendement des ouvrières.

A - L'EXPÉRIENCE DE LA WESTERN ELECTRIC

Mayo isola dans une pièce six ouvrières volontaires pour l'expérience. Elles travaillaient sur une chaîne de montage dans les mêmes conditions que celles de l'atelier. Dans cette pièce dite « test room », différents appareils permettaient l'enregistrement de plusieurs facteurs environnementaux (éclairage, température...) dont on mesurait l'incidence.

Progressivement, on introduisit des changements dans le travail des ouvrières (pauses, réduction du temps de travail...). Les chercheurs observèrent alors une augmentation du rendement sous l'influence des modifications extérieures.

Puis, on ramena les ouvrières à leurs conditions de travail initiales. On s'aperçut, et c'était là une observation tout à fait inattendue que le rendement continuait d'augmenter. Ce résultat s'explique principalement par un phénomène fondamental dans l'étude de la psychologie des groupes : le sentiment d'appartenance à un groupe.

B - LE SENTIMENT D'APPARTENANCE À UN GROUPE

Les ouvrières du « test room » ont été confrontées à une situation sociale de travail nouvelle. Elles ont eu la possibilité d'échanger des propos sur leur travail et de mieux se connaître. Cela a rendu possible la création d'un groupe avec ses propres normes et objectifs. De plus, un bon climat, expression de base de la cohésion d'un groupe, règnait entre elles.

Cette expérience a permis de révéler que les individus réagissent aux conditions matérielles dans lesquelles ils travaillent et vivent, non telles qu'elles sont mais telles qu'ils les ressentent. Cela dépend à la fois de leur degré d'appartenance au groupe et des normes et du climat du groupe auquel ils appartiennent.

II - LA DYNAMIQUE DE GROUPE

K. Lewin (1890-1947) est le fondateur d'un courant de recherches basé sur la notion de dynamique de groupe. Ses travaux auront un impact considérable sur la psychologie des petits groupes.

Cet auteur utilise les apports de la Gestalt psychologie (**psychologie de la forme**) et les applique à l'étude des conduites individuelles et des phénomènes de groupe.

■ Le jeu des interdépendances

Les différents éléments (facteurs internes et externes) qui constituent une réalité sociale ne doivent pas être étudiés isolément mais dans leurs relations mutuelles. Autrement dit, c'est l'ensemble des interactions entre ces différentes forces qui forme un **système d'interdépendances** dans une situation donnée. Le comportement d'un individu sera donc appréhendé dans sa relation dynamique à l'environnement (ce que Lewin appelle un champ dynamique).

■ Une perspective nouvelle du groupe

Lewin applique au fonctionnement du groupe la notion de champ dynamique, qu'il définit comme l'interdépendance entre les membres d'un groupe : « L'essence d'un groupe ne réside pas dans la similitude ou la dissemblance de ses membres, mais dans leur interdépendance. On peut caractériser un groupe comme un tout dynamique, ce qui signifie qu'un changement dans l'état d'une quelconque de ses parties, change l'état de toutes les autres sous-parties » (Lewin, 1948, p. 81).

■ La dynamique de groupe

Le champ du groupe, en tant que système d'interdépendances entre tous ses éléments comprend : les membres du groupe, les valeurs et normes établies, les rôles et statuts de chacun… L'interaction entre ces différentes forces tend vers un équilibre quasi stationnaire. Le maintien ou la rupture de celui-ci nous éclaire sur le fonctionnement et la conduite d'un groupe donné (Lewin, 1965).

Référence

Aebischer, V., & Oberlé, D. (1990). *Le groupe en psychologie sociale : Les traditions de la pensée groupale* (chap. 1, pp. 13-35). Paris : Dunod.

FICHE 7 LES CARACTÉRISTIQUES D'UN GROUPE

I - DÉFINITION

M. Shaw (1976) définit le groupe comme deux personnes ou plus qui vont, pendant un certain temps, interagir, s'influencer mutuellement et se percevoir comme un « nous ». Selon cette définition, dix personnes qui font la queue devant le guichet d'un cinéma ne forment pas un groupe. Les psychologues sociaux utilisent dans ce cas le terme d'agrégat pour qualifier cet ensemble d'individus.

Ainsi, l'utilisation du concept de groupe vaut pour désigner un ensemble de personnes, mais à la condition qu'un certain nombre de critères soient respectés :

- l'établissement de relations interpersonnelles habituellement de face à face : chaque membre du groupe prend conscience des autres avec lesquels il communique personnellement ;
- la poursuite d'un but commun : l'intérêt personnel de chacun devient l'intérêt commun du groupe ;
- l'existence d'influences réciproques, d'interdépendances entre les différents membres du groupe ;
- la mise en place d'une organisation : distribution des rôles et statuts de chacun ; la création des valeurs et normes du groupe.

II - DIFFÉRENTS TYPES DE GROUPE

Une première distinction est établie par Cooley (1909) entre le groupe primaire et le groupe secondaire.

A - Groupe primaire et groupe secondaire

Le groupe primaire se compose d'un petit nombre de personnes entretenant des relations intimes et régulières : par exemple, l'entourage proche, familial ou amical. Le groupe primaire désigne habituellement un groupe restreint.

Le groupe secondaire est constitué d'un nombre de personnes plus important ayant entre elles des relations plus sporadiques et qui participent à des buts et des actions communes. Les associations « loi 1901 », les syndicats ou les clubs sportifs sont des exemples de groupes secondaires aussi appelés groupements.

Il est également possible de classifier les groupes selon leur taille, et d'y repérer d'après Anzieu et Martin (1986) quatre grandes catégories.

B - De la foule au petit groupe

La foule ou la masse désigne le rassemblement d'un très grand nombre de personnes dans un même lieu (les spectateurs d'un match de football, les vacanciers sur une plage...). Ces personnes n'ont entre elles que des échanges sociaux réduits ; elles sont le plus souvent passives et sujettes à une contagion très vive des émotions.

La bande se compose d'un petit nombre d'individus ; elle est relativement peu structurée et marquée par la recherche du semblable chez les membres qui la composent (bande d'amis...).

Le groupement comporte un nombre de participants variable. Ils ont entre eux des relations impersonnelles visant à la réalisation de certains objectifs. La notion de « groupement » se rapproche de celle de groupe secondaire.

Le petit groupe ou groupe restreint est plus ou moins structuré ; il se compose d'un petit nombre de personnes qui entretiennent des contacts plus ou moins réguliers. Ce type de groupe est le plus utilisé dans le cadre des recherches expérimentales.

Références

Anzieu, D., & Martin, J. Y. (1986). *La dynamique des groupes restreints.* Paris : P.U.F., 7e éd.

Cooley, C. H. (1909). *Human nature and the social order.* New York : Schocken Books.

Shaw, M. E. (1976). *Group dynamics : The psychology of small group behavior.* New York : McGraw-Hill, 2e éd.

FICHE 8 — LA FORMATION DES GROUPES

Répondre à la question « comment et pourquoi les groupes se forment-ils » ? revient à s'interroger sur la nature du lien social. Trois approches sont disponibles : la première se situe dans une perspective philosophique tandis que les deux autres sont plus spécifiquement psychosociologiques.

I - LUTTER EFFICACEMENT

L'analyse de J.-P. Sartre sur la formation des groupes (Sartre, 1960) repose sur les concepts de dialectique et d'inertie.

A - La logique de l'action

La dialectique est une démarche de la pensée humaine qui consiste à analyser la réalité en cherchant à la transformer, à l'améliorer. Cette logique de l'action a pour premier ressort la lutte contre la rareté (nourriture, travail...) ou contre la répartition inégale des objets convoités.

La plupart du temps, l'homme ne peut dépasser seul ces contradictions de l'environnement. Il ne peut remédier à cet état d'inertie et d'impuissance que s'il comprend que la lutte contre la rareté doit être collective.

B - La naissance d'un groupe

Deux conditions sont nécessaires à la formation d'un groupe.

Après avoir pris conscience de leur impuissance respective, les individus comprennent que leurs intérêts particuliers et parfois concurrentiels doivent devenir intérêt commun. Ils découvrent par là même que leur interdépendance est une condition nécessaire à la réalisation de leurs objectifs.

Une seconde condition, à savoir l'existence de groupes qui défendent des intérêts antagonistes, est nécessaire. C'est dans la confrontation avec d'autres groupes (par exemple les relations entre syndicats et direction d'entreprise) qu'un groupe se crée et se fortifie.

II - ÊTRE ATTIRÉ PAR LES AUTRES

Les deux modèles suivants se basent sur l'affectivité pour expliquer la formation des groupes.

A - Modèle de l'identification sociale

Freud (1921) explique le lien entre individus en recourant à la notion de libido qui rend compte de la puissance des liens affectifs dans les groupes. Dans les foules organisées, le meneur (et les idées qu'il défend) est idéalisé par chacun des membres du groupe. Il prend la place de l'idéal du moi (les sectes...). Le lien social est alors le résultat d'une double identification à la fois verticale (entre le meneur et les membres du groupe) et latérale (entre les membres).

B - Modèle de la cohésion sociale

Selon ce modèle (Moreland, 1987), les individus forment un groupe parce qu'ils ressentent de l'attirance les uns pour les autres. Pour désigner la force d'attraction du groupe pour chacun des membres, le concept de cohésion est fondamental. Plus les groupes sont cohésifs, plus ils sont attirants et plus on aura envie de s'y joindre.

III - AVOIR BESOIN DES AUTRES

Cette approche plus récente (Forsyth, 1990) met l'accent sur les fonctions sociales et psychologiques des groupes ; autrement dit, sur l'utilité du groupe et sur le rôle qu'il joue dans l'assouvissement de certains besoins humains. Un groupe peut se former afin de combler : un besoin d'affiliation, un besoin de sécurité ou encore une impuissance à réaliser seul un objectif ou une tâche.

Références

Forsyth, D. R. (1990). *Group dynamics*. Pacific Grove, CA : Brooks-Cole Publishing Co.

Freud, S. (1921). *Psychologie des foules et analyse du moi*. Essais de psychanalyse (pp. 117-217). Paris : Payot (1981).

Moreland, R. L. (1987). *The formation of small groups. Review of Personality and Social Psychology*, 8, 80-110.

Sartre, J. P. (1960). *Critique de la raison dialectique*. Paris : Gallimard.

FICHE 9 LA COMMUNICATION DANS LES GROUPES

Communiquer, c'est à la fois être en relation avec quelqu'un et mettre en commun des opinions, des comportements. Au sein du groupe, les mécanismes élémentaires de la communication interpersonnelle constituent des processus d'interactions c'est-à-dire des échanges. S'il veut durer, tout groupe doit, plus ou moins rapidement, organiser les communications (Arnado et Guittet, 1993).

I - RÉSEAUX DE COMMUNICATION

L'étude des communications dans les groupes a mis en évidence l'existence de réseaux. Flament (1965) les définit comme un ensemble de canaux (circuits) de communication existant dans un groupe.

A - CINQ RÉSEAUX PRINCIPAUX

L'objectif de Leavitt (1951) était de dégager les structures de communication les plus efficaces dans le cadre de la résolution d'un problème en groupe. On demandait à des groupes de cinq personnes de communiquer selon les quatre réseaux suivants :

- le **réseau en chaîne** où les communications obéissent à un ordre séquentiel ; le degré de décentralisation y est modéré :

A ◄──► B ◄──► C ◄──► D ◄──► E

- le **réseau en X** (en étoile) où un des participants peut communiquer avec tous les autres, mais ceux-ci ne peuvent communiquer qu'avec lui ; il est hautement centralisé :

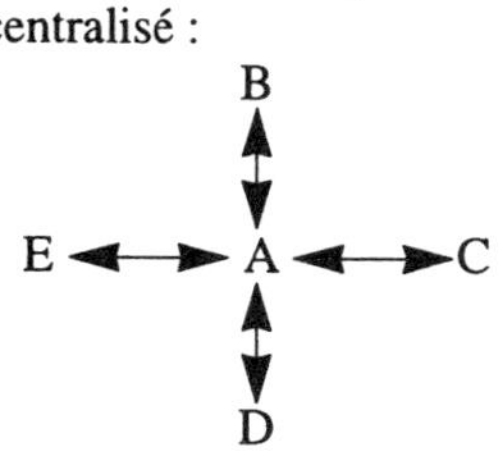

- le **réseau en Y** où chacun communique avec son voisin le plus proche : le degré de décentralisation y est modéré :

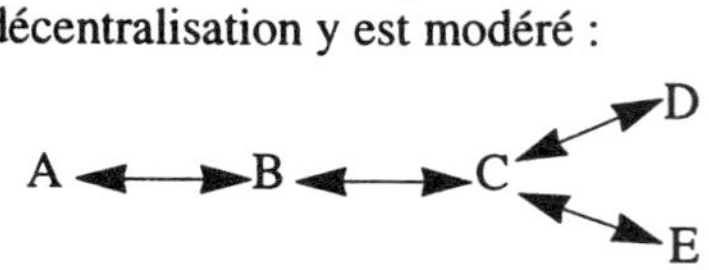

– le **réseau en cercle** où chacun communique avec son plus proche voisin ; il est décentralisé :

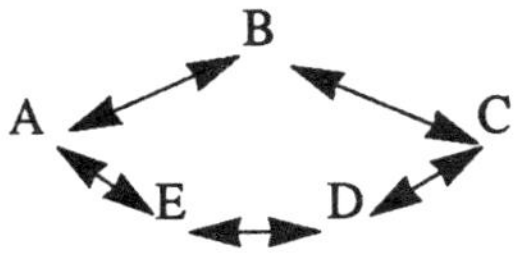

Enfin, il existe un cinquième réseau appelé **réseau tous circuits** (tous canaux) qui reste idéal. Il permet en effet des échanges entre tous les membres du groupe, il est décentralisé :

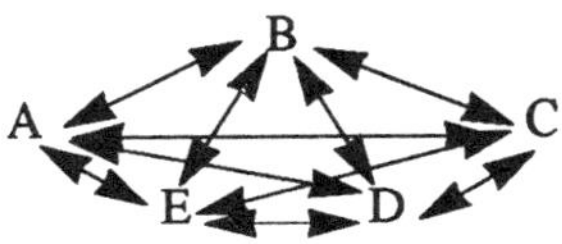

B - Réseaux et efficacité du groupe

Les réseaux centralisés sont surtout efficaces dans la résolution de tâches simples ; le groupe trouve rapidement la solution et le nombre des échanges est faible (Leavitt, 1951). La centralisation attribue un rôle d'organisateur à l'individu qui occupe la position centrale : il rassemble l'information fournie par les membres qui sont en périphérie. De ce fait, ceux-ci peuvent très vite se désintéresser et éprouver peu de satisfaction à faire le travail en groupe (Collins et Raven, 1968).

Les groupes aux structures de communication décentralisées réussissent mieux dans des tâches complexes. Un individu seul peut en effet se sentir dépassé par l'information et par les responsabilités du poste. Ce type de structure permettant des échanges entre tous les participants, le moral du groupe est élevé ainsi que sa motivation au travail (Shaw et Blum, 1965).

Selon la nature de la tâche qui leur est proposée les groupes n'adopteront pas le même réseau de communication. Dans une tâche de résolution de problème, le groupe est plus productif s'il adopte une structure centralisée. Les réseaux tous circuits sont les plus efficaces dans le cas d'une tâche de créativité (Faucheux et Moscovici, 1960).

II - Flux de communication

Bales (1950) a mis au point une grille d'analyse afin de comprendre la dynamique des interactions dans un groupe qui cherche à résoudre par la discussion certains problèmes. À partir de l'observation systématique de plusieurs groupes de travail (classes, familles, équipes de travail), Bales a défini douze catégories d'interactions. Celles-ci rendent compte à la fois du contenu des communications et du style de relation de chacun des membres du groupe.

A - Les douze catégories de Bales

1. *Montre de la solidarité* : la personne aide, encourage, gratifie les autres participants.

2. *Atténue les tensions* : elle crée de la détente en se montrant satisfaite, en plaisantant et en dédramatisant.

3. *Manifeste son accord* : la personne « comprend » les actions d'autrui et abonde dans son sens.

4. *Donne une suggestion* : la personne indique une direction à suivre en respectant les idées des autres.

5. *Donne une opinion* : elle évalue, juge et exprime ses sentiments et intentions.

6. *Donne une orientation* : elle informe les autres, résume ce qui a été dit et clarifie.

7. *Demande une orientation* : la personne recherche des informations, des clarifications, fait répéter.

8. *Demande une opinion* : la personne attend des autres qu'ils donnent leur évaluation et analyse, qu'ils expriment leur sentiment.

9. *Demande des suggestions*, des idées, des façons de faire.

10. *Manifeste son désaccord* : la personne désapprouve, refuse les orientations proposées, les offres d'aide.

11. *Manifeste de la tension* : elle exprime de la gêne, se retire du groupe.

12. *Montre de l'antagonisme* : la personne s'oppose aux autres, rabaisse leur statut, les critique.

■ Ces douze catégories se regroupent en trois aires :
- aide socio-affective positive (catégories 1 à 3) ;
- aide des tâches socio-opératoires (catégories 4 à 9) ;
- aide socio-affective négative (catégories 10 à 12).

■ Toutes ces relations mises en correspondance deux à deux renvoient à six types de problèmes auxquels les groupes sont constamment confrontés :
- problèmes de communication (catégories 6 et 7) ;
- problèmes d'évaluation (catégories 5 et 8) ;
- problèmes de contrôle (catégories 4 et 9) ;
- problèmes de décision (catégories 3 et 10) ;
- problèmes de tension (catégories 2 et 11) ;
- problèmes d'intégration (catégories 1 et 12).

■ Le nombre et types d'interactions, leur fréquence d'apparition varient selon la nature du groupe (groupes de travail, d'amis...) et selon sa progression dans l'objectif qu'il s'est fixé. La grille de Bales permet, à partir de ces diverses observations, de dresser des profils d'interactions.

B - PROFILS D'INTERACTIONS

1. Au niveau des personnes

- L'individu qui communique le plus est aussi celui qui reçoit le plus de messages.
- Les émissions sont d'abord dirigées vers les membres les plus actifs et ensuite vers le groupe en général.

2. Au niveau des rôles

Les différenciations s'opèrent au départ entre les participants qui sont tous susceptibles d'occuper le rôle de leader. C'est le style d'intervention du ou des leaders qui va définir son rôle.

- Si les interventions portent sur la tâche et concernent des problèmes d'évaluation et de contrôle, alors le rôle du membre « leader » consiste à coordonner les actions de chacun, à les contrôler afin de définir une division du travail. Dans ce cas, les autres membres du groupe participent relativement peu.
- Si les interventions du membre « leader » portent davantage sur l'information, l'explication ou la clarification, alors son rôle revient à stimuler et à soutenir les autres dans le but de maintenir la cohésion du groupe. Dans ce cas, les autres participants vont davantage participer et s'impliquer.

Références

Arnado, G. & Guitter, A. (1993). *Dynamique des communications dans les groupes*. Paris : A. Colin, 2e éd.

Bales, R.F. (1950). *Interaction process analys : A method for the study of small groups*. Cambridge (Mass.) : Adisson-Westley.

Collins, B.E. & Raven, B.H. (1968). Group structure : attraction, coalition, communication and power. In G. Lindzey, & E. Aronson (Ed), *Handbook of social psychology*, vol. 4. Reading : Addison-Westley.

Faucheux, C. & Moscovici, S. (1960). Étude sur la créativité des groupes : tâche, structure des communications et réussite. *Bulletin du CERP*, 9, 11-12.

Flament, C. (1965). *Réseaux de communication et structures de groupe*. Paris : Dunod.

Leavitt, H. (1951). Quelques effets de divers réseaux de communications sur la performance de groupe. In A. Lévy (Ed). *Psychologie sociale, textes fondamentaux* (pp. 293-316). Paris : Dunod (1965).

Shaw, M. E., & Blum, J.M. (1965). Group performance as a function of task difficulty and the group's awareness of member satisfaction. *Journal of Applied Psychology*, 49, 151-154.

FICHE 10 LA COHÉSION DU GROUPE

I - DÉFINITION

La cohésion d'un groupe renvoie à l'ensemble des forces qui contribuent au maintien d'un lien d'ensemble entre les membres du groupe, et ce, à travers des formes variées d'attraction (Festinger, 1950, 1971).

Le terme de cohésion englobe les notions plus spécifiques d'affinité et de moral :

- l'idée d'affinité exprime toute relation impliquant une préférence, une concordance et une satisfaction réelle (Maisonneuve, 1966) ;
- le moral des membres d'un groupe s'exprime d'une manière générale au travers de leur adhésion à l'intérêt commun. Il varie selon leur degré d'acceptation et d'appartenance au groupe.

II - QU'EST-CE QUI FAVORISE LA COHÉSION ?

Un certain nombre de facteurs influent sur la cohésion d'un groupe. On peut distinguer, d'après Maisonneuve (1966), deux types de facteurs.

A - Facteurs propres au groupe

En général, lorsque les différents membres ont une bonne image de leur groupe, on a alors affaire à un groupe cohésif. Parmi les éléments susceptibles d'augmenter la valeur du groupe aux yeux de ses membres, on retient essentiellement :

- le fait d'atteindre un objectif, un but commun qui se traduit par le niveau d'aspirations des membres du groupe ;
- le fait d'appartenir à un groupe pouvant se manifester par un sentiment de fierté, de sécurité... ;
- l'attrait de l'action collective (comprendre l'intérêt de faire à plusieurs quelque chose qu'on ne pourrait faire seul et en tirer un avantage).

B - Facteurs extérieurs au groupe

Le groupe existe dans le contexte d'une réalité sociale, économique et culturelle. Certains éléments de l'environnement vont influer sur la cohésion du groupe.

Lorsqu'un groupe se sent menacé (compétition, guerre, catastrophes naturelles…) la cohésion de ses membres se renforce (Stein, 1976).

Lorsqu'on récompense un groupe sur sa productivité (sur la base de la coopération entre ses membres) la cohésion s'accroît. Par contre, si cette récompense se fait à partir de la contribution de chacun, la cohésion est moindre (Deutsch, 1949).

La simple présence d'autres groupes, antagonistes ou non, entraîne une différenciation intercatégorielle qui par là même renforce la cohésion dans le groupe d'appartenance.

III - QUELLES SONT LES CONSÉQUENCES DE LA COHÉSION ?

La cohésion d'un groupe tend à favoriser certains phénomènes particuliers tels que :

- le moral du groupe et donc le sentiment de satisfaction de ses membres ;
- le sentiment de sécurité et d'estime mutuelle ;
- l'opinion, l'image que les membres ont d'eux-mêmes (Gergen *et al*, 1992).

D'une manière générale, la cohésion favorise :

- une augmentation quantitative et qualitative des interactions entre les différents membres ;
- une plus grande efficacité du groupe dans la réalisation de ses objectifs ;
- une plus grande interdépendance des membres entre eux.

Cependant, on observe des effets contradictoires de la cohésion sur le rendement du groupe. Si la performance est en général plus élevée du fait d'une participation plus importante et assidue des différents membres, elle peut aussi être moindre. La cohésion est susceptible, dans certains cas, d'entraîner des effets négatifs sur la performance.

Références

Gergen, K. J., Gergen, M.M., & Jutras, S. (1992). *Pychologie sociale* (pp. 349-354). Études Vivantes, 2e Ed.

Maisonneuve, J. C. (1966). *Psychologie des affinités*. Paris : P.U.F.

Stein, A. (1976). Conflict and cohesion : A review of the literature. *Journal of Conflict Resolution*, 20, 143-172.

► Voir fiche 21.

FICHE 11

LA SOCIOMÉTRIE

C'est en observant des groupes d'enfants que Moreno (1892-1974) remarqua des différences dans leur structure : celle-ci était soit plutôt homogène soit plutôt hétérogène. Il s'interrogea alors sur la structure affective du groupe c'est-à-dire sur les relations de sympathie ou d'antipathie qui animent les individus entre eux. Ces relations forment des réseaux mis en évidence par le test sociométrique créé par Moreno en 1943 (Moreno, 1969).

I - LE TEST SOCIOMÉTRIQUE

A - QUESTIONNAIRE

À l'aide d'un questionnaire, on demande à tous les membres d'un groupe qui se connaissent déjà d'indiquer sur une échelle de préférence avec qui ils aimeraient s'associer (**sentiment d'attraction**) pour une activité donnée (travail à faire en commun, loisirs...). De la même manière, ils indiquent leur **sentiment de répulsion** et d'**indifférence** à l'égard des autres membres du groupe.

B - QUELQUES PRÉCAUTIONS

Un certain nombre de mesures préalables doivent être prises avant la passation de ce test. Il faut que le groupe ait une relative confiance dans l'expérimentateur (confidentialité des réponses) et que les objectifs de l'expérience soient explicitement formulés au cours d'une animation de groupe. Il s'agit en effet d'obtenir la coopération de tous les participants au but de l'étude. Elle doit présenter un intérêt réel pour chacun d'entre eux (Parlebas, 1992).

II - LE SOCIOGRAMME

L'ensemble des choix est recueilli individuellement et par écrit. Ces choix sont classés à partir d'une matrice (tableau) à double entrée. On fait apparaître pour chaque sujet les choix exprimés et les choix reçus. Imaginons le tableau suivant :

CHOIX	Jacques	Olivier	Julie	Claire
Jacques		+	+	+
Olivier	+		+	+
Julie	+			
Claire	+	+		

À partir de cette matrice (plus ou moins complexe selon le nombre de participants), il est alors possible d'élaborer une représentation graphique appelée **sociogramme**.

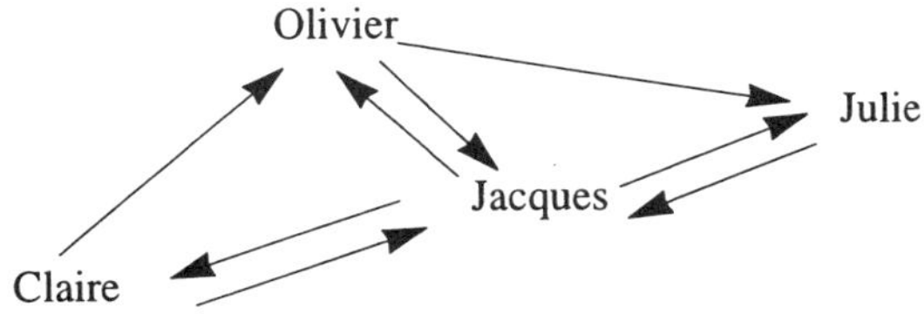

III - QU'OBSERVE-T-ON ?

Cette représentation permet de visualiser deux aspects d'un groupe donné :

- les affinités à l'intérieur du groupe. On sait pour chaque sujet combien de personnes il a choisies (**expansivité** d'un sujet) et combien l'ont choisi (**popularité** d'un sujet) ;
- les sous-organisations (couples, trios…) qui permettent d'expliquer la cohésion du groupe ou au contraire son éclatement en sous-groupes.

Sur un plan général, on observe que :

- les personnes les plus choisies occupent une position centrale dans le groupe. On peut les apparenter aux leaders populaires ;
- les personnes les moins choisies ou qui recueillent systématiquement de l'indifférence sont des isolés, des marginaux. Ils sont moins susceptibles de participer à l'activité du groupe.

Le test sociométrique est un outil d'analyse permettant d'améliorer le climat dans un groupe, son homogénéité et par là même son fonctionnement.

Références

Moreno, J.L. (1969). *Les fondements de la sociométrie*. Paris : P.U.F.

Parlebas, P. (1992). *Sociométrie, réseaux et communication*. Paris : P.U.F.

FICHE 12

SOCIALISATION, SOCIABILITÉ

Les groupes jouent un rôle fonctionnel dans l'intégration et le développement des individus. Ils permettent à chacun d'eux de se socialiser, c'est-à-dire de faire l'apprentissage de la vie en société.

I - QU'EST-CE QUE LA SOCIALISATION ?

La socialisation est un processus qui se développe à travers un double mouvement, caractérisé par les relations qu'entretient l'individu avec les groupes dont il fait partie d'une part, et avec l'ensemble des individus qu'il connaît personnellement et qui oriente sa sociabilité d'autre part (Maisonneuve, 1969).

A - DÉFINITION

Le processus de socialisation s'apparente à une période d'apprentissage pendant laquelle l'individu est amené à acquérir les valeurs, normes et rôles sociaux propres à ses groupes d'appartenance dans une société donnée. Les relations de l'individu avec ces différents modèles de comportement constituent autant de formes variées d'intégration qui vont influencer sa personnalité et son développement psychologique et social. Les psychologues sociaux considèrent généralement trois systèmes référentiels principaux dans lesquels la socialisation s'exerce.

B - FAMILLE, ÉCOLE, TRAVAIL

« L'arrivée » dans ces différents systèmes implique chaque fois pour l'individu l'adaptation à de nouveaux rôles, normes et statuts provoquant divers changements psychologiques.

- Le groupe familial. C'est grâce à son entourage familial que l'enfant connaît sa première expérience sociale. Les rôles de parents qui sont assumés à son égard seront pour lui des points de repère fondamentaux (qui garde l'enfant, qui prépare les repas, autorise-t-on la télévision ?, etc.). De plus, le groupe familial permet une transmission des modes de pensée et d'action de la société dans laquelle il se trouve inséré (heures des repas, règles de politesse, etc.).
- L'école. L'entrée à l'école est l'occasion pour le jeune enfant de découvrir de nouveaux modèles de comportement notamment dans

ses relations amicales. Son insertion dans des groupes de pairs modifie considérablement ses conduites, puisque c'est à ce moment que naît la conscience de la réciprocité et du contrat. L'école permet aussi, à travers sa fonction d'éducation, la transmission des valeurs d'une société et le développement chez l'enfant d'états intellectuels et moraux (Durkheim, 1968).

- Le travail. Les auteurs utilisent le terme de **socialisation organisationnelle** pour désigner les facteurs qui influent sur l'acquisition des règles et modèles de conduites propres à une organisation (Baron, 1986). Toute personne nouvelle dans une entreprise doit être capable d'exécuter les tâches qui lui incombent, mais aussi de se comporter en fonction des normes et valeurs en vigueur dans l'organisation. Ainsi, au cours de sa carrière professionnelle, un individu peut être amené à modifier plusieurs fois ses valeurs et attitudes. De ce point de vue, la socialisation apparaît comme un processus permanent et fondamental aussi bien pour l'enfant ou l'adolescent que pour l'adulte (Dion, 1985).

La socialisation constitue donc un premier aspect de l'intégration de l'individu dans ses rapports avec les groupes auxquels il est confronté. Ces nécessités sociales se complètent avec d'autres, liées à des motivations et des pulsions sous-jacentes qui renvoient à la notion de sociabilité.

II - QU'EST-CE QUE LA SOCIABILITÉ ?

A - DÉFINITION

La notion de sociabilité recouvre les besoins fondamentaux de l'être humain dans sa relation aux autres. La sociabilité d'un individu s'exprime en relation avec son besoin des autres, sa tendance à entrer en contact avec eux (**besoin d'inclusion**), à les utiliser (**besoin de contrôle**) et à les rechercher pour s'associer avec eux (**besoin d'affection**). Ce contact permanent avec les autres qui débute dès la naissance revêt un caractère vital exprimé par la notion d'attachement (Moser, 1994).

B - L'ATTACHEMENT

L'attachement est une notion essentielle en psychanalyse. Elle a été proposée par Bowlby (1978) pour désigner « l'existence de conduites primaires de recherche de l'autre » (Aebischer et Oberlé, 1990, p. 48). Le bébé est en effet d'emblée avide de contacts et de relations avec son entourage. Ces relations entre l'enfant et ses parents sont avant tout des conduites interactives marquées par la réciprocité. Par ses cris et ses rires, l'enfant incite ces parents à réagir, à lui répondre. Une dimension affective se développe alors entre les différents partenaires qui ont tous un rôle actif.

L'attachement premier prépare ainsi à l'intégration sociale, à la socialisation de l'enfant, c'est-à-dire à l'intériorisation de valeurs sociales.

Références

Baron, R.S. (1986). Distraction-conflict theory : Progress and problems. In L. Berkowitz (Ed.), *Advances in experimental social psychology* (vol. 19, pp. 1-40). New York : Academic Press.

Bowlby, J. (1958). *Attachement et perte.* Paris : P.U.F.

Dion, K.K. (1985). Socialization in adulthood. In G. Lindzey, & E. Aronson (Eds), *The handbook of social psychology* (vol. 2, pp. 123-147). New York : Random House.

Durkheim, E. (1968). *Éducation et sociologie.* Paris : P.U.F. Nouvelle édition.

Maisonneuve, J. (1969). *La psychologie sociale.* Paris : P.U.F. (Coll. Que sais-je ?), n° 458.

Moser, G. (1994). *Les relations interpersonnelles.* De l'attachement aux relations interpersonnelles (pp. 27-37). Paris : P.U.F.

► Voir fiche 14.

FICHE

13 L'IMITATION

L'imitation a été un des principaux thèmes abordés par les fondateurs de la psychologie des foules. C'est seulement dans les années soixante qu'elle suscitera un regain d'intérêt chez les psychologues sociaux. Ils s'interrogeront alors sur l'uniformité dans la société, c'est-à-dire sur la tendance des gens, dans les groupes sociaux, à partager des caractéristiques similaires (même tenue vestimentaire, même langage, etc.).

I - IMITER LE(S) MENEUR(S)

La psychologie des foules met l'accent sur le contraste entre le comportement individuel et les comportements des foules jugés régressifs, irrationnels, voire dangereux. Elle utilise plusieurs concepts et parmi eux celui « d'imitation » (Tarde, 1843-1904) pour mieux comprendre l'influence de la foule sur l'individu.

A - PRINCIPES DE L'IMITATION

Dans un premier temps, G. Tarde (1890) développe une vision unilatérale des processus d'imitation et donc du lien social. Il définit l'imitation comme une sorte d'état second dans lequel les meneurs exercent de l'influence sur les individus d'une foule, d'une société. Ces derniers imitent, comme des automates, les suggestions et les comportements de leurs décideurs.

Dans un deuxième temps, il développe une approche interpersonnelle centrée sur l'individu. L'imitation devient alors un processus permanent et réciproque entre chacun des individus : parents, amis, etc. De ce point de vue, l'imitation a un caractère dynamique et sélectif ; elle n'est pas une simple copie mais une production originale.

B - ON NAÎT « IMITATEUR »

À l'époque de Tarde, la plupart des philosophes pensent que la tendance des gens à l'uniformisation résulte de l'instinct : la motivation à imiter les autres fait partie de la nature humaine. L'individu est alors considéré comme une véritable machine à copier. Il est « contraint » par une force qu'il ne peut combattre d'imiter les comportements et dires de ses semblables.

Cette vision jugée beaucoup trop simpliste est abandonnée dans les années vingt. Aujourd'hui, les psychologues sociaux expliquent les raisons de l'uniformité par le concept de « modelage ».

II - IMITER LE(S) MODÈLE(S)

Alors même que l'imitation a longtemps été considérée comme une conduite dévalorisante car non créative, la théorie de l'apprentissage social (Bandura, 1994) a permis une revalorisation de ce processus. Montrer l'exemple devient un excellent moyen d'enseignement pour celui qui observe (conduite automobile, sports, etc.).

A - Pour mieux apprendre

1. Imiter...

Pour Bandura, on repère un comportement d'imitation lorsqu'il y a une similitude entre le comportement d'un modèle (la personne qui est imitée) et d'un sujet (la personne qui imite) ; les caractéristiques du comportement imité vont servir d'indices qui seront déterminants pour « l'imitateur ».

Afin de s'assurer que la conduite du sujet relève bien de l'imitation, Bandura invente la méthode des comportements anecdotiques. Il s'agit de mettre en relation un modèle et un sujet sachant que le modèle va adopter des comportements qui lui sont propres, spécifiques. Si le sujet reproduit ou s'efforce de reproduire l'une de ces conduites originales, on considère alors qu'il a imité le modèle, seul susceptible de l'avoir provoquée (Bandura, 1965).

2. ... en deux temps

■ Il y a deux phases dans la démarche d'imitation :

- une phase d'acquisition, pendant laquelle le sujet va observer la conduite d'un modèle et pouvoir ainsi l'apprendre, l'acquérir ;
- une phase de performance qui correspond au moment où le sujet reproduit effectivement ce qu'il a vu faire, c'est-à-dire le comportement du modèle.

■ Au cours de cette démarche, quatre processus sous-jacents sont mis en œuvre :

- l'attention : le sujet opère un enregistrement sensoriel des comportements à acquérir (codage symbolique) ;
- la rétention : il garde en mémoire ce qu'il a vu ;
- la reproduction : le sujet, par son action d'imitation, intègre les différentes séquences comportementales montrées par le modèle ;
- la motivation : ce dernier processus peut influencer les trois autres puisqu'il détermine si les comportements acquis seront reproduits ou non.

Alors que l'attention et la rétention affectent surtout la phase d'acquisition, la reproduction et la motivation jouent surtout au niveau de la performance.

3. Quand imite-t-on ?

Parmi les facteurs susceptibles de faciliter l'imitation (Leyens, 1979), on retient principalement :

- La dimension affective dans la relation modèle-sujet. Ce facteur a surtout été étudié dans la relation parents-enfants. Il ressort qu'un modèle cordial et sympathique est davantage imité qu'un autre plus distant et antipathique (Leyens, 1968).
- La similitude initiale entre le modèle et le sujet. On a plus tendance à imiter le comportement d'une personne qui nous paraît similaire. Stotland et ses collaborateurs (1961) ont même observé qu'un individu qui partage une même caractéristique avec un modèle (sexe, âge…) chez qui cette caractéristique est associée à une autre en arrive à concevoir qu'il possède lui aussi les deux caractéristiques.
- Le statut du modèle. Si le modèle que nous observons a un statut valorisant (compétence, puissance économique et sociale…) nous le prendrons davantage comme objet d'imitation. L'acquisition du prestige du modèle devient en elle-même gratifiante pour « l'imitateur ».

L'incidence de ces facteurs dépend à la fois du contexte social dans lequel se trouve le sujet et de sa personnalité.

B - Pour être plus efficace

1. La contagion sociale

Le concept de « contagion sociale » signifie qu'un grand nombre de personnes et pas seulement un individu imitent le comportement d'un modèle. Le modèle dominant de comportement va ainsi se propager d'une personne à une autre, un peu comme s'il s'agissait d'un virus.

Ce phénomène se caractérise habituellement par le fait qu'initialement, des obstacles, des barrières de types divers empêchent les sujets d'effectuer certains comportements. Si on observe ces comportements chez un autre, celui-ci peut servir de modèle et permettre une désinhibition et par là même une plus grande efficacité des sujets (Bandura *et al*, 1969). Le phénomène de la contagion sociale peut expliquer des conduites tout à fait étonnantes.

2. « L'épidémie de l'insecte de juin »

L'une des études les plus intéressantes sur la contagion sociale a été menée par deux sociologues (Kerckhoff et Back, 1968) dans une petite usine du Sud des États-Unis. La parution d'un bulletin de presse faisait état d'un ensemble de symptômes physiques observés chez les travailleurs de cette filature. Onze personnes souffraient de fortes nausées et d'évanouissements ; elles avaient été admises à l'hôpital. Le nombre d'employés touchés augmenta rapidement à plus de soixante et l'on dut fermer l'usine alors qu'on se trouvait en période de très grande productivité. Une enquête fut ouverte, l'hypothèse étant faite qu'un insecte porteur de maladies s'était glissé dans un envoi de fibres destinées à la filature. Cependant, on ne trouva aucun insecte susceptible de provoquer de telles réactions et l'examen médical des patients ne révéla aucune cause biologique à leurs symptômes.

Surpris par ces résultats, les chercheurs en vinrent à supposer un fondement social à l'épidémie en s'appuyant sur l'hypothèse de la contagion. À partir d'une étude des relations sociales dans l'usine, ils découvrent que les travailleurs atteints sont les plus populaires de l'usine et que, en revanche, les travailleurs isolés socialement n'ont pas été « piqués » par l'insecte. Ainsi, les personnes les plus appréciées sont les sources de propagation de l'épidémie qui s'est transmise principalement parmi les groupes d'amis. Les individus entretenant de bonnes relations ont eu tendance à modeler leurs comportements les uns sur les autres. En produisant un ensemble de symptômes uniformes, les travailleurs ont voulu protester contre une cadence de travail qu'ils jugeaient trop importante sans pouvoir y remédier isolément. Les symptômes physiques étaient un moyen de le faire ; le « ras le bol » s'était donc propagé par contagion sociale.

Références

Bandura, A. (1965). Influence of model's reinforcement contingencies on the acquisition of imitative responses. *Journal of personality and Social Psychology*, 1, 589-595.

Bandura, A. (1994). *L'apprentissage social.* Bruxelles : Mardaga.

Bandura, A., Blanchard, E.D., & Ritter, B. (1969). The relative efficacity of desensitization and modeling approaches for inducing behabioral, affective and attitudinal changes. *Journal of Personality and Social Psychology*, 13, 173-199.

Kerckhoff, A.C., & Back, K. W. (1968). *The June bug : a study of hysterical contagion.* New York : A.C.C.

Leyens, J.P. (1968). L'identification comme processus d'apprentissage. *L'Année Psychologique*, 68, 251-267.

Leyens, J.P. (1979). *Psychologie sociale* (chap. 3, pp. 37-51). Paris : Mardaga.

Stotland, E., Zander, A., & Natsoulas, T. (1961). Generalization of interpersonnal similarity. *Journal of Abnormal and Social Psychology,* 62, 250-256.

Tarde, G. (1890). *Les lois de l'imitation*. Paris : Alcan.

▶ Voir fiche 17.

FICHE 14 GROUPES D'APPARTENANCE ET GROUPES DE RÉFÉRENCE

Le groupe est un lieu d'intégration dans la mesure où il offre à toute personne la possibilité d'acquérir une singularité, de se construire une identité sociale. L'adhésion aux normes et valeurs de tel ou tel groupe social est une composante essentielle de notre socialisation. Nos appartenances catégorielles déterminent donc pour une large part nos propres attitudes et systèmes de représentation.

I - APPARTENIR À UN GROUPE

Les groupes sociaux sont une caractéristique fondamentale de notre environnement. Il y a ceux auxquels on appartient, dont on est membre, les groupes d'appartenance, et ceux auxquels on n'appartient pas, les groupes de non-appartenance.

- Le fait d'appartenir à tel groupe va nous donner un sentiment de NOUS par opposition à la non-appartenance dans le cas de groupes exogènes, qui donnent un sentiment de EUX.
- La notion de groupe désigne ici aussi bien des groupes concrets que des catégories sociales ou encore des rôles et des positions en vigueur dans une culture donnée. On fait donc référence à des distinctions aussi variées que le sexe, l'âge, la religion, la nationalité, les partis politiques ou encore la profession, etc.
- On a longtemps pensé que seuls les groupes d'appartenance influent sur nos attitudes et valeurs. Cependant, la relation ou l'ancrage de nos comportements avec ces groupes n'est pas aussi claire. Des groupes dont on ne fait pas nécessairement partie ont tout autant d'effets.

II - SE RÉFÉRER À UN GROUPE

Tout groupe possède ses propres caractéristiques qui diffèrent d'un groupe à l'autre. Autrement dit, elles n'ont de sens qu'en rapport avec d'autres, c'est-à-dire lorsqu'elles font l'objet d'une comparaison évaluative. Les groupes de référence (d'appartenance ou de non-appartenance) permettent ce processus de comparaison sociale.

A - Groupes de référence

- Les groupes de référence sont « les groupes auxquels l'individu se rattache personnellement en tant que membre actuel ou auxquels il aspire à se rattacher psychologiquement ; ou en d'autres termes, ceux auxquels il s'identifie ou désire s'identifier » (Sherif, 1956, p. 175).
- Les groupes de référence nous donnent donc la possibilité d'évaluer nos conduites, nos opinions. En même temps, les normes et valeurs qu'ils proposent ont une influence sur nos comportements et attitudes. Ils remplissent deux fonctions : comparative et normative (Kelley, 1952).

B - Fonction comparative

1. Se comparer

C'est notre besoin d'**évaluation** qui nous amène à nous comparer aux autres. Lorsqu'il s'agit d'évaluer nos capacités intellectuelles par exemple, il existe des moyens objectifs. Par contre, en ce qui concerne nos opinions, nos jugements de valeur, seul autrui peut nous y aider (Festinger, 1954). C'est là une des fonctions principales des groupes de référence.

2. Illustration

Hyman (1942) est le premier à avoir utilisé ce terme dans le cadre d'une étude sur le statut socio-économique et plus exactement sur l'évaluation que les individus font de leur position sociale. On s'aperçoit que l'évaluation par un individu de son propre statut dépend des autres personnes avec lesquelles il choisit de se comparer. Ces autres personnes forment un groupe de référence pour lui. Autrement dit, le statut qu'une personne pense avoir (statut subjectif) ne correspond pas forcément à son statut réel, objectif mesuré par des critères sociaux et économiques tels que le revenu, le niveau scolaire, la profession, etc. Cela dépend des groupes sociaux que la personne prend en considération pour s'auto-évaluer. Ceux-ci peuvent très bien ne pas être des groupes auxquels la personne appartient. Elle s'en sert seulement pour former des jugements. D'autres processus comme la différenciation catégorielle sont mis en œuvre lorsque la comparaison se fait avec des groupes de non-référence, antagonistes.

C - Fonction normative

1. Se conformer

Toutes les fois qu'il le peut, un groupe établit des normes et des modèles qu'il tente d'appliquer à ses membres afin de les conformer.

Les groupes d'appartenance mais aussi les groupes de référence sont susceptibles de remplir cette fonction. Ils peuvent donc recevoir l'adhésion d'une personne qui devra, si elle veut être acceptée, être conforme dans ses comportements et attitudes aux normes en vigueur.

2. Illustration

Alors qu'il était enseignant aux États-Unis, Newcomb (1943) a pu observer ce phénomène chez des étudiantes. Ces dernières avaient modifié leurs attitudes et opinions politiques de manière à être reconnues par le groupe de professeurs qui était devenu leur nouveau groupe de référence. Souhaitant adhérer aux positions plus libérales de cette catégorie, elles abandonnaient progressivement les positions plus conservatrices qui étaient les leurs et celles de leurs familles.

Lorsque le groupe d'appartenance d'un individu sert aussi de groupe de référence, ce qui est le plus souvent le cas, ces deux fonctions permettent un processus d'intégration. Mais il arrive que le groupe de référence d'une personne soit différent de son groupe d'appartenance.

III - SE DÉTACHER D'UN GROUPE

A - QUITTER SON GROUPE...

Une personne peut se conformer, non aux opinions et valeurs de son groupe d'appartenance mais à celles d'un autre groupe qui n'est pas le sien et dont elle souhaite faire partie, soit parce que celui-ci peut lui apporter davantage de prestige et de reconnaissance sociale, soit parce que sa position dans son groupe d'appartenance ne lui convenait pas. Quelles que soient les raisons invoquées, la personne devra adapter ses attitudes et opinions aux normes du nouveau groupe. Le choix que fait un individu de quitter son groupe d'appartenance pour un autre est à mettre en relation avec le phénomène de mobilité sociale (Aebischer et Oberlé, 1990).

B - ... POUR UN AUTRE

Étant donné que l'individu n'obéit plus aux exigences de son groupe d'appartenance, avec lequel il entre en non-conformité, il risque d'être rejeté. En même temps, le nouveau groupe auquel il aspire peut lui être inaccessible ou inhospitalier. Celui-ci peut en effet ne pas lui accorder la reconnaissance attendue et donc refuser son intégration. Cette situation ambiguë peut provoquer un sentiment de « haine de soi », de désindividuation. En tenant son groupe d'appartenance pour responsable de sa non-intégration, l'individu va avoir tendance à le dénigrer mais aussi à s'auto-accuser et par là même à se marginaliser.

Références

Aebischer, V., & Oberlé, D. (1990). *Le groupe en psychologie sociale* (chap. 2, pp. 52-61). Paris : Bordas.

Festinger, L. (1954). Théorie des processus de comparaison sociale. In C. Faucheux et S. Moscovici (Eds), *Psychologie sociale théorique et expérimentale* (pp. 77-104). Paris : Mouton.

Hyman, H.H. (1942). The psychology of statut. *Archives of Psychology*, 269.

Kelley, H.H. (1952). Deux fonctions des groupes de référence. In A. Lévy (Ed.), *Psychologie sociale. Textes fondamentaux* (pp. 139-145). Paris : Dunod.

Newcomb, T.M. (1943). *Personality and Social Change*. New York, Holt : Rinehart and Winston.

Sherif, M. (1956). *An outline of social psychology*. New York : Harper & Row.

▶ Voir fiches 12, 15.

FICHE 15

LA DÉVIANCE

L'individu se forge une identité psychosociale dans ses relations aux autres et notamment dans les groupes susceptibles de lui apporter sécurité et pouvoir. Il vit ainsi des expériences marquantes de rejet et d'isolement ou, au contraire, d'acceptation et d'intégration dans les groupes. En effet, la pression, l'influence d'un groupe ne conduisent pas automatiquement à la **conformité** ou à l'obéissance ; elles peuvent aussi produire de la non-conformité c'est-à-dire de la **déviance**.

I - QU'EST-CE QUE LA DÉVIANCE ?

La déviance est une forme de conduite qui remet en question les normes et valeurs d'un groupe ou d'un système social donné et par là même son unité. Ceux qui s'écartent des normes et règles en vigueur sont considérés comme déviants ; leurs comportements sont socialement perçus comme des transgressions ou des menaces vis-à-vis d'un système de conformité dominant.

II - REJET DU DÉVIANT

Dans les années cinquante, les psychologues sociaux s'intéressent au phénomène de la déviance à l'intérieur des petits groupes. Il s'agit alors de comprendre comment les membres d'un groupe réagissent face à un comportement déviant afin de conserver leur homogénéité.

A - Pressions à l'uniformité

On doit à Festinger (1950) l'idée selon laquelle tout groupe social doit élaborer des règles précises de fonctionnement s'il veut atteindre ses objectifs et satisfaire ainsi ses besoins. Tout désir individuel, toute action autonome sont perçus comme une menace à son unité et à son intégrité. La recherche d'uniformité ou de **consensus** est au contraire un gage de réussite et de réalité sociale. Ces pressions vers l'uniformité des opinions et attitudes seront d'autant plus fortes que l'écart entre la position d'un individu et la norme du groupe est grand.

B - Illustration

Dans le cadre d'une expérience (Schachter, 1951), on invitait des groupes de sujets à débattre sur le cas d'un jeune délinquant. Dans un premier temps, chacun exprimait oralement son choix parmi sept possibilités quant au sort du jeune homme. Dans un deuxième temps, les sujets discutaient de ce cas pendant quarante-cinq minutes. Parmi les dix sujets qui composent le groupe, trois sont des compères de l'expérimentateur ayant des rôles prédéfinis : le premier adopte une opinion modale, c'est-à-dire une opinion partagée par le plus grand nombre d'individus (compère modal) ; le deuxième adopte une opinion déviante par rapport à celle de la majorité (déviant stable) et le troisième présente au début de la discussion une position déviante qu'il va progressivement modifier pour finalement partager celle de la majorité (déviant « flottant »). Dans un troisième temps, les sujets répondent à divers questionnaires sociométriques mesurant le degré d'affinité pour tel ou tel membre du groupe.

■ Convaincre le déviant

Les résultats montrent que le nombre de communications adressées au déviant stable augmentent au fur et à mesure de la discussion et qu'il dépasse de beaucoup le nombre de celles adressées aux autres. Cette observation met en évidence les pressions des membres du groupe pour convaincre le déviant, c'est-à-dire pour que son opinion devienne conforme avec la leur.

■ Rejeter le déviant

Cependant, après une trentaine de minutes, le nombre de communications en direction du déviant diminue sensiblement. N'ayant pas réussi à le convaincre, le groupe cesse de s'adresser à lui et semble le rejeter. Les résultats du test sociométrique révèlent d'ailleurs que les membres du groupe lui sont hostiles.

Cette augmentation de la pression et de l'hostilité du groupe envers les déviants a été démontrée depuis dans d'autres travaux (Lévine, 1980). Elle sera particulièrement forte lorsque le groupe est cohésif. Cependant, le rejet des déviants n'est pas toujours aussi explicite. Le groupe peut mettre en œuvre un mécanisme plus subtil pour s'immuniser contre les déviants, à savoir la « psychologisation », c'est-à-dire l'attribution du comportement des déviants à des caractéristiques personnelles. Mais malgré tous les efforts du groupe pour rendre leurs membres conformes à leurs exigences, il arrive que celui-ci échoue. Cela dépend de plusieurs facteurs.

C - Théorie de l'impact social

La théorie de l'impact social élaborée par Latané (1981) développe une perspective intéressante sur la possibilité qu'ont les individus dans un groupe de conserver une certaine liberté. Trois facteurs sont susceptibles de déterminer l'impact du groupe sur les déviants.

- **La taille du groupe**. Plus le groupe est grand, plus il est possible d'influencer le déviant. Cela se vérifie surtout lorsque les individus qui le composent ont des opinions différentes de celles défendues par le déviant. Il apparaît donc que les petits groupes offrent les plus grandes possibilités de liberté à ses membres.
- **La force du groupe**. L'idée de force se rapporte ici aux actions des membres du groupe susceptibles d'attirer le déviant. Cette force augmente lorsqu'ils peuvent aider, offrir un statut social ou procurer du plaisir. Ainsi, plus le déviant désire faire partie du groupe ou plus il en a besoin, plus sa liberté s'en trouve limitée.
- **L'immédiateté**. La notion « d'immédiateté » est liée à la proximité spatiale ou temporelle de la source d'influence avec le déviant. Selon que les membres du groupe sont réunis dans une même pièce ou non et selon que le déviant quitte le groupe pour une durée plus ou moins longue, l'impact sera plus ou moins élevé. Il semble que la distance physique ou temporelle favorise un sentiment de liberté.

III - RÉACTIONS DU DÉVIANT

Les individus qui se savent en position déviante par rapport à un groupe vivent une situation ambiguë et anxiogène. Ils perçoivent cette situation de façon négative. En conséquence, ils peuvent chercher à minimiser leur état de déviant et leur sentiment d'angoisse en se comparant à d'autres déviants pour s'auto-évaluer (Festinger, 1954).

Une expérience de Freedman et Doob (1968) traite de la perception qu'ont les sujets de leur état de déviant sans donner à cet état une évaluation positive ou négative. Autrement dit, les sujets apprennent seulement qu'ils sont en position déviante sans en connaître la direction. Les sujets (au nombre de cinq ou six) répondent individuellement à une batterie de tests de personnalité, puis on les informe des résultats sous forme d'une distribution des scores pour l'ensemble des membres du groupe. C'est à ce moment que se fait la manipulation du sentiment d'être déviant : les sujets qui se savent déviants sont présentés comme très différents des autres. Deux aspects sont ensuite étudiés : le premier porte sur les conduites d'affiliation et le second sur les conduites d'agression.

- Les conduites d'affiliation

Lorsqu'ils se sentent déviants et qu'ils sont identifiés comme tels, les individus concernés craignent d'être mal perçus et mal traités par les autres membres du groupe. En conséquence, ils évitent les contacts avec les non-déviants et préfèrent s'affilier avec d'autres déviants pour un travail collectif par exemple.

■ Les conduites d'agression

On provoque chez tous les sujets (non déviants et déviants) une frustration susceptible d'entraîner un comportement agressif. Les résultats montrent que les déviants d'une même catégorie (ayant des opinions allant dans une même direction) donc similaires expriment des comportements de solidarité, se protègent. À l'inverse, ils prennent des sanctions, punissent les déviants dissimilaires (ayant des opinions allant dans une autre direction) et les non-déviants.

Dans le cadre général de ces recherches, la déviance est exclusivement interne au groupe. Elle est étudiée comme une caractéristique individuelle résultant d'un non conformisme et interprétée comme une situation de rejet et de passivité connotée négativement. Une autre orientation envisage la déviance à partir des relations entre groupes sociaux (Doise, Mugny et Deschamps, 1990).

Références

Doise, W., Mugny, G., & Deschamps, C. (1990). *Psychologie sociale expérimentale : la déviance* (chap. 4, pp. 57-73). Paris : A. Colin.

Festinger, L. (1950). Communication sociale informelle. In C. Faucheux, & S. Moscovici (Eds), *Psychologie sociale théorique et expérimentale* (pp. 61-76). Paris : Mouton (1971).

Festinger, L. (1971). Théorie des processus de comparaison sociale. In C. Faucheux, & S. Moscovici (Eds), *Psychologie sociale théorique et expérimentale* (pp. 77-104). Paris : Mouton (1971).

Freedman, J.L., & Doob, A. N. (1968). *Deviancy : the Psychology of Being Different.* New York : Academic Press.

Latané, B. (1981). The psychology of social impact. *American Psychologist*, 36, 343-356.

Levine, J.M. (1980). Reaction to opinion deviance in small groups. In P.B. Paulus, *Psychology of group influence.* Hilsdale : N.J. Erlbaum.

Schachter, S. (1951). Déviation, rejet et communication. In A. Lévy (Ed), *Psychologie sociale. Textes fondamentaux* (pp. 241-262). Paris : Dunod (1965).

▶ Voir fiches 25 et 26.

FICHE 16 LA DÉSINDIVIDUATION

Le fait d'être dans un grand groupe ou dans une foule peut nous amener à adopter des comportements antisociaux (insulter un arbitre, briser des vitrines...) voire même agressifs (émeutes, bagarres, lynchages...). Les psychologues sociaux expliquent cette tendance des gens à produire en groupe des actions qu'ils ne feraient pas s'ils étaient seuls par la notion de « désindividuation ».

I - QU'EST-CE QUE LA DÉSINDIVIDUATION ?

Le Bon (1963) explique l'apparition de ces comportements excessifs par l'effet de la foule. L'individu dans la foule perd ses inhibitions, ses barrières naturelles. De plus, son sentiment de responsabilité s'affaiblit.

A - Définition

C'est à Festinger, Pepitone et Newcomb (1952) que l'on doit l'appellation de désindividuation. Cette notion renvoie avant tout aux situations de grands groupes et de foules qui entraînent chez les individus une perte de leur identité personnelle, de leur individualité. La conscience de soi est donc l'opposé de la désindividuation. Les individus dans les groupes sont anonymes et non identifiables. Cela permet la levée des interdits, l'abandon des valeurs personnelles. De plus, dans cette situation, les individus ont tendance à expliquer leurs actions antisociales par la situation du moment et non par leurs propres motivations. En d'autres termes, ils se sentent moins responsables de leurs gestes puisque « tout le monde fait pareil ».

B - Diminution de la conscience de soi

La désindividuation est avant tout un état psychologique qui se caractérise par un affaiblissement de la conscience de soi. Dans ce cas, les individus sont moins autodisciplinés et ils maîtrisent moins leurs actions. Celles-ci sont fortement influencées par les sollicitations immédiates de la situation et par ce que font les autres. Tout se passe comme si les gens « oubliaient » leurs propres valeurs et perdaient le contrôle d'eux-mêmes (Prentice-Dunn et Rogers, 1989). À l'opposé, les gens conscients d'eux-mêmes ou rendus plus conscients d'eux-mêmes (par des miroirs, caméras...) font preuve d'une plus grande maîtrise de soi et leurs comportements sont directement liés à leurs choix personnels, à leurs attitudes.

Le fait de se sentir anonyme, qui est caractéristique des situations de foule, est la condition qui favorise le plus cet état de désindividuation et donc cette perte de conscience de soi.

II - SE SENTIR ANONYME

Être en groupe et anonyme, c'est être sans particularité distinctive, c'est-à-dire avoir la possibilité de ne pas être reconnu et donc identifié en tant que personne singulière. Cela contribue à réduire les inhibitions, les résistances naturelles de chacun des individus présents.

A - ILLUSTRATION

C'est ce que Diener et ses collaborateurs (1970) ont montré dans une expérience menée sur le terrain pendant la soirée d'Halloween (au cours de laquelle les enfants passent de maison en maison). Ils observèrent plusieurs enfants ; certains d'entre eux étaient seuls, d'autres en groupe. Lorsqu'ils arrivaient devant l'une des maisons « cadres de l'expérience », une personne (compère de l'expérimentateur) les accueillait chaleureusement. En leur présentant un paquet de bonbons, elle leur proposait d'en prendre un seul, puis quittait la pièce. On observa alors que les enfants en groupe avaient deux fois plus tendance que ceux qui étaient seuls à prendre un deuxième bonbon. Cette transgression se vérifiait lorsque les enfants étaient laissés dans l'anonymat (par leur déguisement), mais pas quand on leur demandait leur nom et adresse (situation individualisante).

B - ÇA DÉPEND DE LA SITUATION

L'**anonymat** manifeste favorise l'expression de nos impulsions et nous rend plus sensibles aux circonstances momentanées de notre environnement. Cependant, nos impulsions ne sont pas toujours dangereuses. Il a ainsi été démontré (Spivey et Prentice-Dunn, 1990) que les effets de l'anonymat pouvaient être positifs lorsque les gens étaient placés dans une situation favorisant des comportements prosociaux tels que l'altruisme. Autrement dit, si les circonstances favorisent le comportement d'aide, les gens sont alors altruistes.

Références

Diener, E., Fraser, S. C., Beanam, A. L., & Kelem, R. T. (1979). Effects of deindividuation variables on stealing among Halloween trick-or-treaters. *Journal of Personality and Social Psychology*, 33, 178-183.

Festinger, L., Pepitone, A., & Newcomb, T. (1952). Some consequences of deindividuation in a group. *Journal of Abnormal and Social Psychology*, 47, 382-389.

Le Bon, G. (1963). *La psychologie des foules*. Paris : P.U.F.

Prentice-Dunn, S., & Rogers, R. W. (1989). Deindividuation and the self-regulation of behavior. In P. B. Paulus (Ed.), *Psychology of group influence*, 2e éd. Hillsdale : N. J., Erlbaum.

Spivey, & Prentice-Dunn, S. (1990). Assessing the directionality of deindividuated behavior : Effects of deindividuation, modelling, and private self-consciousness on agressive and prosocial responses. *Basic and Applied Social Psychology*, 11, 387-403.

FICHE 17 LES DANGERS DE L'IMITATION

La tendance des gens à se référer aux attitudes et comportements d'autrui et éventuellement à les prendre comme modèles offre le plus souvent de bons résultats. Mais il arrive que la conduite des autres ait des conséquences tout à fait tragiques sur le comportement de celui qui observe. C'est ce que Cialdini montre dans son ouvrage « Influence et manipulation » (1990) où il cherche à comprendre les phénomènes d'influence.

I - L'« EFFET WERTHER »

A - OBSERVATION

Le sociologue Phillips a étudié aux États-Unis les statistiques relatives au suicide entre les années 1947 et 1968. Ses travaux lui ont permis de démontrer l'existence d'une corrélation entre la publicité faite autour d'une histoire de suicide et le nombre de personnes qui mettaient fin à leur jour peu de temps après la diffusion de ce fait. Dans les deux mois qui suivent la publication dans la presse d'un suicide (concernant souvent une personnalité connue et respectée du public), il y a en moyenne cinquante-huit suicides de plus que d'ordinaire ! C'est ce qu'on appelle l'« effet Werther » : après la diffusion d'un fait divers relatant le cas d'un suicide d'une personnalité célèbre, on observe une augmentation très nette du nombre de suicides dans les zones où cette nouvelle a fait l'objet d'une large publicité.

B - EXPLICATION

Phillips explique ces résultats tout à fait surprenants par l'imitation. Certains individus en difficulté, après avoir appris le suicide de quelqu'un, décideraient que le suicide est, pour eux aussi, un acte approprié. Les obstacles personnels et/ou moraux qui les empêchaient jusque-là de mettre à exécution cette issue tragique seraient à ce moment désinhibés. Ces découvertes, qui ont été vérifiées depuis, incitent à réfléchir aux problèmes de la médiatisation faite autour des suicides aussi bien dans la presse écrite qu'à la télévision, d'autant plus que d'autres données statistiques, à première vue inexplicables, semblent corroborer ce lien.

II - LA FACE CACHÉE DE L'« EFFET WERTHER »

A - Observation

Cialdini considère une statistique étrange à laquelle il tente d'apporter une explication à partir de ce qu'il sait de l'« effet Werther ». On a en effet observé que, quelques jours après la diffusion d'un cas de suicide sensationnel, le nombre de crashs d'avions de ligne ou privés augmente considérablement. Le nombre de personnes tuées augmente de mille pour cent ! On peut faire le même constat quant à la montée en flèche du nombre de tués dans les accidents de la route. À ce phénomène particulièrement déroutant s'ajoutent deux autres distinctions qui ont leur importance pour la compréhension de ces résultats.

- Le nombre d'accidents mortels, que ce soit dans le cadre du pilotage d'un avion ou de la conduite automobile, se multiplie seulement dans les régions où l'annonce du suicide a fait l'objet d'une vaste publicité. Plus la médiatisation est forte, plus l'augmentation du nombre d'accidents est élevée. Il semble bien que ce soit la publicité donnée au suicide qui provoque des accidents de voiture et d'avion.
- Lorsque le fait divers relate l'histoire d'un suicide « individuel » (une seule personne se donne intentionnellement la mort), alors ce sont seulement les accidents où n'est impliquée qu'une personne qui deviennent les plus fréquents. Par contre, si l'histoire concerne un suicide combiné au meurtre, ce sont seulement les accidents faisant plusieurs victimes qui se multiplient. Comment expliquer ces résultats ?

B - Explication

Selon Cialdini, tous ces accidents seraient en fait des « cas dissimulés de suicide imitatif » (p. 141). Plutôt que se donner la mort de la façon la plus directe mais aussi la plus apparente, les personnes à l'origine de ces accidents agiraient de façon moins directe. Il peut tout aussi bien s'agir du pilote d'avion qui ne respecte pas les instructions de la tour de contrôle que du conducteur d'une voiture qui double sans prudence ou du passager qui gêne le conducteur à un moment particulièrement délicat. Tous ces constats relèvent d'une même explication générale que Cialdini évoque par la notion de « la preuve sociale ».

III - LA PREUVE SOCIALE

Dans son ouvrage, Cialdini distingue six formes différentes de persuasion et parmi elles, celle de la preuve sociale. À chacune de ces six catégories correspond un principe doté d'un pouvoir particulier. Ils provoquent tous une adhésion automatique de la part des individus, sans réflexion préalable et réfléchie de leur part.

A - Principe de la preuve sociale

Selon ce principe, les gens déterminent le bien-fondé de leurs comportements en regardant ce que font les autres. En d'autres termes, nous avons tendance à croire qu'un comportement est approprié dès lors que d'autres personnes l'adoptent. Si la mise en œuvre de ce principe est le plus souvent sans gravité pour les individus, elle peut avoir des effets beaucoup plus pervers. C'est le cas lorsque l'on connaît la corrélation étroite qui existe entre la médiatisation des récits de suicide et le nombre de suicidés d'une part, et avec le nombre d'accidents mortels d'autre part. Il s'agit là d'une illustration tragique du principe de la preuve sociale : les gens qui se donnent la mort directement ou dans un accident déterminent leur comportement à partir des actes d'autres personnes, comme eux, en difficulté. La similarité est en effet un facteur essentiel dans le comportement d'imitation.

B - Similarité et incertitude

Le principe de la preuve sociale fonctionne particulièrement bien sous deux conditions : lorsque nous observons le comportement de gens qui nous sont semblables d'une part et/ou lorsque nous nous trouvons dans un état d'incertitude d'autre part.

1. La similarité entre celui qui agit et celui qui observe

Nous sommes d'autant plus enclins à prendre pour exemple le comportement d'une personne que celle-ci nous paraît similaire à nous-mêmes. Ce premier point nous intéresse particulièrement pour la compréhension des faits que nous avons décrits. L'individu qui apprend la nouvelle du suicide d'une personnalité se sent proche d'elle dans la mesure où comme elle, il se sent en difficulté. Phillips a notamment montré que l'âge entre le suicidé et la future victime sont fortement corrélés. Si le suicidé est jeune, alors il y a plus de probabilités pour que la victime d'un accident de voiture soit un jeune conducteur. Les tendances sont les mêmes lorsque le suicidé est d'un âge plus avancé.

2. L'état d'incertitude dans lequel se trouve celui qui observe

Dans le cas où nous ne savons pas quelle conduite adopter parce que la situation est ambiguë ou confuse, il est naturel de considérer les actions des autres. Ce second point est particulièrement important pour comprendre l'inaction de tout un groupe de personnes devant des victimes ayant besoin d'aide. Comment se fait-il que personne ne soit intervenue pour aider une personne victime d'une agression, d'un malaise cardiaque ou encore d'un accident de voiture ? Le principe de la preuve sociale permet de mieux saisir ce phénomène si regrettable en mettant en avant l'ambiguïté de la situation et l'incertitude qui en découle. Très souvent en effet, l'urgence n'apparaît pas de façon évidente. Ne sachant pas à quoi nous en tenir exactement, nous avons tendance à regarder ce que font les autres pour déterminer s'il est préférable d'intervenir ou non. S'ils ne font rien, nous avons tendance à les imiter en pensant que c'est là le comportement le plus adéquat. Nous retrouvons ce que les psychologues sociaux appelent le phénomène d'ignorance collective.

C - Preuve sociale et médiatisation

La puissance du principe de la preuve sociale semble particulièrement étendue puisqu'il influe jusqu'à notre décision fondamentale de vivre ou de mourir. De ce point de vue, l'impact de la publicité donnée aux suicides a une influence : la médiatisation d'actes aussi tragiques confère une certaine légitimité à l'acte. Si les suicides largement diffusés par les médias tendent à être contagieux, et c'est là un constat, il en est de même pour les comportements d'agression. Ainsi, les dernières recherches de Phillips montrent que la médiatisation des actes de violence stimulerait des homicides imitatifs. La force du principe de la preuve sociale et l'influence considérable des médias devraient inciter à évaluer les effets de la publicité donnée à de tels événements.

Référence

Cialdini, R. B. (1990). *Influence et manipulation.* Paris : FIRST.

► Voir fiche 13.

FICHE 18 — LA FACILITATION SOCIALE

I - DÉFINITION

Le terme **facilitation sociale** renvoie au fait que les performances d'un individu à une tâche sont améliorées par la présence à ses côtés de personnes en co-action (occupées à la même activité).

II - BREF HISTORIQUE

Triplett (1897) observait que les performances des sujets à une tâche simple sont meilleures lorsque cette tâche est effectuée en présence de pairs occupés à la même activité (on parlera de **co-action compétitive**) que lorsqu'elle est réalisée seule.

Zajonc (1965) désignera plus tard sous l'expression de « facilitation sociale » ces observations. l'auteur propose une interprétation de la facilitation sociale en terme de variation de la tension motivationnelle. Fondée sur des observations effectuées aussi bien auprès de sujets humains que de mammifères et d'insectes, cette interprétation eut un grand succès.

III - MODÈLE DE LA TENSION MOTIVATIONNELLE (OU DRIVE)

A - Principes

L'hypothèse de Zajonc s'appuie sur les travaux de Hull (1943) et Spence (1956, cités par Zajonc, 1965). La simple présence d'autrui élèverait le niveau de tension générale de l'organisme, favorisant ainsi l'émission des réponses dominant dans le répertoire comportemental de l'individu. Lors de tâches simples, c'est-à-dire lorsque la réponse dominante a une grande probabilité d'être correcte, la présence d'autrui se traduirait par une amélioration des performances du sujet.

B - Démonstration expérimentale

Zajonc et Sales (1966) valident ces hypothèses. Dans un premier temps, les sujets étaient exposés à des mots sans signification, dont on faisait varier la fréquence d'apparition. L'idée était que les mots apparaissant les plus fréquemment seraient mieux appris et constitueraient donc, lors de la phase suivante, des réponses dominantes. Les sujets devaient ensuite effectuer, seuls ou en présence de deux pairs dont l'attitude restait neutre et passive, une tâche présentée comme permettant l'étude de la perception infraliminaire. Les mots utilisés lors de la phase précédente étaient présentés au tachistoscope de telle façon que toute lecture en était impossible. Le sujet devait prononcer le mot qu'il pensait avoir vu. Zajonc faisait donc l'hypothèse que les sujets placés en présence de pairs donneront plus fréquemment que les sujets seuls les mots apparus le plus souvent lors de la première phase. C'est ce qui fut observé.

IV - INTERPRÉTATION DE COTTRELL (1972)

Selon Cottrell, il serait illusoire de considérer les pairs présents aux côtés du sujet, lors de cette expérience, comme de simples autrui, neutres, passifs et génériques. Il considère, au contraire, que le sujet les perçoit comme des évaluateurs potentiels ou effectifs de ses conduites. Cette représentation d'autrui serait à l'origine, selon Cottrell, des effets de facilitation sociale. Plusieurs recherches confirment cette idée. Lorsque le sujet devait effectuer une tâche en présence de personnes dont les yeux étaient bandés, l'effet de facilitation sociale disparaissait.

V - THÉORIE DE L'AUTORÉGULATION

Proposée par Carver et Scheier (1982), et, Scheier et Carver (1988), cette théorie explique la facilitation sociale par le fait que le sujet régulerait son comportement en fonction de la focalisation ou de la non-focalisation sur le soi. La focalisation sur le soi augmenterait la saillance des standards comportementaux qui sont stockés dans notre mémoire sous forme de schémas. Le niveau de **focalisation sur le soi** varierait de manière positive avec le nombre d'observateurs et faciliterait ainsi la performance. Autrement dit, la présence d'observateurs aurait pour conséquence d'augmenter l'attention que nous portons sur nous-même, attention qui aurait pour effet de faciliter la mise en œuvre de comportements qui nous sont les plus spontanés ou que nous jugeons les plus désirables.

Référence

Huguet, P. (1995). Travail collectif et performance individuelle. In G. Mugny, D. Oberlé, & J.L. Beauvois (Eds), *Relations Humaines, groupes et influence sociale* (chap. 1bis, pp. 31-41). Grenoble : PUG.

FICHE 19

LA PARESSE SOCIALE

I - DÉFINITION

L'expression **paresse sociale** désigne le fait que la performance d'un individu à une tâche est plus faible lorsqu'il effectue cette dernière en coopération avec d'autres personnes que lorsqu'il l'effectue seul.

II - BREF HISTORIQUE

Bien que ce phénomène ait été observé il y a près d'un siècle par Ringelmam, l'expression de « paresse sociale » n'a été utilisée pour la première fois qu'en 1979 par Latané, Williams et Harkins. Ringelmam observait que les performances des sujets à une tâche motrice simple (tirer sur une corde) étaient meilleures lorsqu'ils effectuaient cette tâche individuellement que lorsqu'ils l'effectuaient dans le cadre d'un travail de groupe (pour une description de cette recherche voir Kravitz et Martin, 1986). Depuis les travaux de Latané, Williams et Harkins (1979), ce phénomène a suscité un intérêt croissant. La récente revue de Karau et Williams, en 1993, donne une vue d'ensemble des différentes hypothèses s'affrontant pour expliquer cet effet.

III - ILLUSTRATION EXPÉRIMENTALE

Lors de plusieurs séries d'essais, Ringelmam (1882-1887, Kravitz et Martin, 1986) demandait à des sujets de sexe masculin de tirer de toute leur force sur une corde de 5 mètres. La force maximale exercée était enregistrée à l'aide d'un dynamomètre. Lors de la seconde série d'essais, les 14 sujets devaient effectuer cette tâche seuls. Lors des troisième et quatrième séries, ils devaient tirer sur la corde par groupe de 7. Enfin, lors de la dernière série, ils étaient 14 à tirer sur la corde. Les résultats indiquent que la force maximale exercée sur la corde par les sujets seuls était en moyenne plus élevée (85,3 kg) que celle exercée par les sujets effectuant cette tâche par groupe de 7 (65 kg) ou par groupe de 14 (61,4 kg).

Lors de 26 autres séries d'essais, les sujets travaillaient cette fois seuls ou par groupe de deux. Lorsque les sujets devaient pousser une barre attachée au moyen de cordes à un chariot, l'auteur obtenait des résultats similaires à ceux précédemment observés.

IV - INTERPRÉTATIONS

A - Problème de coordination

La première hypothèse, émise par Steiner (1972, cité par Karau et Williams, 1993), a été d'attribuer la baisse des performances en groupe à des problèmes de coordination. La traction exercée par un groupe sur une corde est déterminée par la synchronisation des tractions de chacun de ses membres. La difficulté d'obtenir cette synchronisation expliquerait la baisse de performance observée. Ingham, Levinger, Graves et Peckham (1974) ont pu démontrer, à propos de la même tâche, que cette difficulté supplémentaire ne pouvait constituer la seule explication.

B - Théorie de l'impact social

La théorie de l'impact social (Latané, Williams et Harkins, 1979, et Latané, 1981) pose que l'individu peut être à la fois source et cible d'impact social. L'impact social exercé sur lui serait directement fonction de la force, du caractère immédiat et du nombre de sources et de cibles de l'impact. Dans toute situation expérimentale, l'expérimentateur serait l'une des sources de l'impact social. Dans les études sur la paresse sociale, où plusieurs individus sont réunis et doivent atteindre de manière coopérative le but qui leur est fixé, l'impact de l'expérimentateur (c'est-à-dire son pouvoir d'obtenir des sujets ce qu'il demande) baisserait à mesure que le nombre de sujets présents augmente.

Latané, Williams et Harkins (1979) testent expérimentalement la validité de ces hypothèses théoriques. Dans une première expérience, ils demandaient aux sujets d'applaudir et de crier le plus fort possible. On faisait varier le nombre de sujets effectuant cette tâche. Dans une première situation, les sujets étaient seuls, dans les trois autres, les sujets étaient placés dans des groupes de 2, 4, ou 6 personnes occupées à la même tâche. La quantité de bruit émis par chacun était mesurée. Les résultats montrent conformément aux hypothèses des chercheurs que la performance des individus décroît à mesure que la taille du groupe augmente.

Dans une seconde expérience, on demandait aux sujets de crier le plus fort possible. Cette fois, chacun avait les yeux bandés et était muni d'un casque audio grâce auquel il entendait l'enregistrement des cris de 6 personnes. Le but de cette manœuvre était de faire en sorte que les sujets n'aient aucun contrôle sur leur performance ou sur celles des personnes les accompagnant. On pouvait également, de cette façon, leur donner à croire que plusieurs personnes les accompagnaient alors qu'ils étaient en réalité seuls à crier. Ceci permettait de préciser le rôle des problèmes de coordination dans la baisse des performances de l'individu en groupe. Les auteurs observent que la baisse de performances des sujets restait fonction du nombre de personnes censées les accompagner dans leurs cris. Leurs performances étaient maximales, lorsqu'ils étaient seuls, baissaient lorsqu'ils pensaient être accompagnés d'une personne et était minimales lorsqu'ils pensaient être accompagnés de 5 personnes.

C - Identifiabilité et évaluation

Harkins (1987) soutient l'idée que la paresse sociale s'observe lorsque les performances du sujet ne sont pas identifiables, autrement dit, lorsqu'autrui est dans l'impossibilité de les évaluer et lorsqu'il est lui-même dans l'impossibilité d'évaluer celles d'autrui et ainsi de s'auto-évaluer. La pauvreté évaluative de ces situations serait donc responsable de la paresse sociale.

D - Modèle de l'effort collectif

Ce modèle proposé par Karau et Williams (1993) propose de considérer l'effort individuel au sein du groupe comme le produit de la valeur instrumentale que le sujet attribue à la performance du groupe. Les performances du sujet varieraient en rapport avec la rentabilité effective ou anticipée de la performance du groupe. Le processus cognitif d'évaluation de rentabilité serait selon les motivations du sujet de nature plus ou moins délibérative et l'effort consenti calculé de manière stratégique ou automatique (sur la base d'un script de l'effort).

V - FACILITATION ET PARESSE SOCIALE

Latané, Williams et Harkins (1979) distinguent implicitement les situations où les sujets, bien que réunis dans une même salle, se voient adresser une demande à titre individuel (situation typique dans l'étude de la **facilitation sociale**, voir fiche 18) et les situations où ils se voient adresser une demande à titre collectif (situation typique dans l'étude de la paresse sociale). Dans le premier type de situation, l'impact de l'expérimentateur ne sera pas dépendant du nombre de personnes présentes dans la salle, puisque chacune s'y voit adresser une demande individuelle. Cette distinction a ouvert la voie à une tentative d'intégration des explications des effets de facilitation et de paresse sociale. Jackson et Williams (1985) réalisent une expérience explorant cette possibilité.

On présentait aux sujets, sur un écran d'ordinateur, une série de labyrinthes. Leur tâche était de trouver le plus rapidement possible la voie menant à la sortie. Les labyrinthes proposés étaient, pour une moitié, simples et, pour l'autre moitié, complexes. On faisait également varier l'insertion sociale du sujet : dans un tiers des cas, les sujets effectuaient cette tâche seuls ; dans un second tiers des cas, ils étaient accompagnés d'une personne travaillant séparément à la même tâche (condition de **co-action**, typique des situations de facilitation) ; dans un dernier tiers des cas, on disait aux sujets que les performances de cette seconde personne seraient combinées aux leurs (condition collective, caractéristique des situations où l'on observe la paresse sociale). Conformément au modèle de Zajonc (1965, voir Fiche 18), les labyrinthes complexes étaient plus rapidement résolus lorsque les sujets étaient seuls que lorsqu'ils étaient accompagnés d'une seconde personne travaillant séparément (condition de co-action). Résultat plus important pour le propos des auteurs, les sujets en condition collective résolvaient plus rapidement les labyrinthes complexes que les sujets de la condition co-action. À l'inverse, pour les labyrinthes simples, les sujets en condition de co-action étaient plus rapides que les sujets en condition collective (effet de paresse sociale proprement dit).

Zajonc (voir Fiche 18) suppose, que la présence d'autrui aurait pour conséquence d'augmenter la tension motivationnelle, ce qui faciliterait l'apparition de réponses dominantes (correspondant aux solutions des labyrinthes simples) au détriment des réponses subordonnées (correspondant aux solutions des labyrinthes complexes). Jackson et Williams (1985) précisent cette idée en considérant l'expérimentateur comme une source d'augmentation de la tension motivationnelle. Or, comme nous l'avons vu, la théorie de l'impact social fait l'hypothèse que l'impact social de l'expérimentateur sera moins important en condition collective qu'en condition de co-action. Ainsi, en condition collective, la présence d'autrui aurait pour conséquence une réduction de la tension motivationnelle. Le résultat en serait l'apparition plus probable de réponses subordonnées chez les sujets en condition collective que chez les sujets en condition co-action.

Référence

Huguet, P. (1995). *Travail collectif et performance individuelle.* In G. Mugny, D. Oberlé, & J.L. Beauvois (Eds), *Relations Humaines, groupes et influence sociale* (chap. 1bis, pp. 31-41). Grenoble : PUG.

FICHE 20

LA CRÉATION DES NORMES

I - DÉFINITION

Le processus de création des normes (**la normalisation**) s'observe dans des situations mettant en présence plusieurs personnes et concerne leurs jugements, opinions et comportements à propos d'objets ou de stimuli inconnus ou ambigus et pour lesquels le groupe ne possède pas de normes de jugements ou de comportements préétablis. On définit la normalisation comme un processus graduel de convergence des opinions et comportements des membres du groupe, aboutissant à la création d'une norme commune. Le sujet en situation de normalisation est donc à la fois cible et source d'influence.

II - BREF HISTORIQUE

Sherif (1935, 1965) fait figure de pionnier dans le domaine des recherches sur la normalisation. Nous décrirons un peu plus loin son travail. Pourtant, dès 1924, Allport avait observé un phénomène de modération des jugements (évaluation de poids et d'odeurs) en situation de simple co-présence. Il ne complétera qu'en 1962 l'interprétation de ses premiers résultats. Dans l'intervalle, Sherif (1935, 1965) entamait l'exploration de la voie ainsi ouverte. Cette voie devait fournir les premiers éléments d'une meilleure compréhension de la genèse des normes collectives. L'interprétation qu'il donna de ses observations fut, néanmoins, loin de faire l'unanimité. Allport, en 1962, ainsi que Moscovici et Ricateau, en 1972, proposèrent de les expliquer différemment.

III - EXPÉRIENCE DE SHERIF (1935,1965)

Sherif exploite une illusion d'optique bien connue des astronomes, **l'effet autocinétique**, pour placer les sujets de ses expériences face à des stimuli ambigus.

L'effet autocinétique se caractérise par le fait qu'un point lumineux, bien qu'immobile, nous apparaît animé de mouvements erratiques lorsque nous ne disposons pas de point de référence (par exemple, lorsque nous sommes dans le noir) pour estimer sa position.

Sherif ne disait bien entendu pas aux sujets qu'ils étaient victimes d'une illusion d'optique. Ils étaient placés dans une pièce où le noir complet régnait. Un point lumineux apparaissait. Ils devaient estimer l'amplitude de ses déplacements. La moitié des sujets (condition 1) le faisaient d'abord seuls, puis en groupe. Les sujets de l'autre moitié (condition 2) débutaient par l'estimation en groupes puis refaisaient à nouveau la tâche mais cette fois-ci seuls. Les groupes étaient au nombre de 16 : 8 groupes de deux personnes et 8 groupes de trois personnes. Les sujets étaient libres de donner leurs estimations dans l'ordre qu'ils souhaitaient.

Les résultats indiquent que les sujets de la condition 1 établissent dans leurs évaluations un écart de variation et, à l'intérieur de cet écart, un point de référence (une norme) qui leur sont propres et qui peuvent différer de ceux des autres individus. Lorsqu'ensuite ils sont placés en situation de groupe, normes et écarts de variations individuels tendent à converger. Cependant, Sherif note que cette convergence n'est pas aussi marquée que chez les sujets de la condition 2 (débutant par la situation de groupe). L'auteur observe en outre que chaque groupe possède sa propre norme. Le résultat le plus important est qu'une fois seuls, les sujets de la condition 2 adoptent la norme du groupe comme système de réponse.

IV - INTERPRÉTATIONS

A - Interprétation de Sherif

Sherif interprète ces résultats en invoquant l'incertitude éprouvée par des sujets confrontés à des stimuli ambigus et ne disposant d'aucun cadre de référence sur lequel fonder leurs réponses. Les doutes nés de cette incertitude et la nécessité de définir un cadre de référence les conduiraient à appuyer leurs évaluations sur toutes les informations dont ils disposent, en particulier, sur les évaluations d'autrui. La normalisation serait donc un processus essentiellement intrapsychique où les réponses d'autrui seraient des sources d'informations concernant l'objet à évaluer.

B - Sujet statisticien

Flament (1959) et De Montmollin (1966,1967) précisent les opérations mentales effectuées sur les informations apportées par autrui dans les situations de normalisation. Ils conçoivent le sujet comme se livrant à des calculs statistiques et logiques. Il établirait la distribution des réponses, calculerait des moyennes, des écarts de variations et excluerait les réponses considérées comme improbables (De Montmollin, 1966).

C - Évitement du conflit

Allport (1924) expliquait ses observations par le fait que les sujets craindraient d'avoir des jugements en désaccord avec ceux de leurs compagnons. Il complétera en 1962 son interprétation en expliquant la normalisation par l'existence d'un système de concessions réciproques visant à l'établissement d'une interaction non-conflictuelle.

Tout comme Allport (1962), Moscovici (1985) place son interprétation au niveau interindividuel. La prise de conscience de la pluralité des opinions exprimées donnerait, selon lui, naissance à un conflit qui aurait deux conséquences négatives. D'une part, le conflit se déplacerait rapidement sur le terrain intra-individuel. Les sujets en viendraient à s'interroger sur leur réponse. D'autre part, les divergences d'opinion rendraient ambigu ce qui ne l'était initialement pas, ou plus ambigu ce qui ne l'était déjà que trop. Le but des sujets serait alors de dissiper le conflit et les tensions psychiques qui en résultent. Le moyen d'atteindre ce but serait de réduire, par le biais de concessions, l'écart entre les estimations au sein du groupe. Ces concessions ne s'opéreraient sans heurts qu'à trois conditions : 1) elles doivent être réciproques, chaque membre du groupe devant s'impliquer à part égale dans cette voie ; 2) l'implication et l'importance que chacun attache à ses opinions doit être faible et 3) les membres du groupe doivent avoir des statuts égaux. La non-réciprocité des concessions entraînerait une crispation de chacun ou de certains sur leurs opinions personnelles et empêcherait du même coup l'apparition d'une norme commune. Plus l'on attache d'importance à une opinion, moins l'on est disposé à la changer, ce qui constitue bien entendu un obstacle à la normalisation. Enfin, on a pu montrer que les différences de statut entre les membres d'un groupe exercent une influence perturbatrice sur la normalisation.

Pour résumer la position de Moscovici, la normalisation est un processus d'évitement du conflit se fondant sur une convergence opérée de façon négociée et évoluant en fonction de concessions équivalentes et réciproques.

V - RELATION INTERGROUPE ET NORMALISATION

Lemaine, Desportes et Louarn (1969) ont porté leur attention sur l'impact des relations hiérarchiques et des relations d'amitié (vs rejet) entre les membres des groupes placés en situation de normalisation.

Ils montrent que lorsque les membres des groupes ont des liens d'amitié et lorsque, parallèlement, il existe dans ces groupes une forte dissymétrie entre les positions hiérarchiques de chacun, la normalisation se fait dans le sens des membres de haut statut. Autrement dit, les membres de bas statut changent plus que ne le font les membres de haut statut. En outre, cette convergence est plus prononcée que dans les groupes dont les membres se rejettent et où il existe des différences de statut.

Enfin, Abrams, Wetherell, Cochrane, Hogg et Turner (1990) montrent que l'impact de compères sur la formation de la norme collective diminue dès lors que leur appartenance à un groupe social différent est rendue explicite.

Références

Doise, W., & Mugny G. (1995). Les niveaux d'analyse dans l'influence sociale : la normalisation. In G. Mugny, D. Oberlé, & J.L. Beauvois (Eds), *Relations Humaines, groupes et influence sociale* (chap. 11, pp. 239-251). Grenoble : PUG.

Sherif, M. (1965). Influence du groupe sur la formation des normes et des attitudes. In A. Levy (Ed.), *Psychologie Sociale. Textes Fondamentaux anglais et américains* (Vol. 1, pp. 222-240). Paris : Dunod.

FICHE 21

LA POLARISATION COLLECTIVE

I - DÉFINITION

La polarisation collective est le fait que la discussion au sein d'un groupe aboutit à une extrémisation des choix ou des opinions du groupe dans le sens des opinions ou des choix initiaux des membres du groupe. Nous évoquerons tout d'abord un cas particulier de la polarisation collective, le changement vers le risque (Kogan et Wallach, 1964, 1965).

II - PRISE DE RISQUE DANS LES GROUPES

Kogan et Wallach (1964) ont été les premiers à mettre en évidence le fait que les décisions de groupe aboutissaient à des prises de risque plus élevées que les décisions individuelles. Présentons leur recherche :

Les sujets sont assis par groupe de 4 autour d'une table.

Dans un premier temps (phase de pré-consensus), ils répondent individuellement à un questionnaire. Ce questionnaire présente douze situations mettant en scène des personnes confrontées à des choix professionnels, d'études, d'investissement, de pari aux jeux, etc.

L'une d'elles (voir Doise, Deschamps, Mugny, 1978, p. 92), par exemple, met en scène Monsieur A, ingénieur électricien, marié et ayant un enfant. Il travaille dans une usine d'électronique qui lui assure un emploi à vie, pour une rémunération modeste, et une bonne retraite. Lors d'un congrès, cette personne se voit proposer un emploi dans une entreprise nouvellement créée. Cet emploi serait bien mieux rémunéré, mais l'avenir de l'entreprise reste incertain.

On propose aux sujets de la recherche une série de probabilités pour que cette nouvelle compagnie s'avère financièrement saine : elle a 1 chance sur 10, 3 chances sur 10, 5 sur 10, 7 sur 10 ou 9 chances sur 10 d'être saine. Les sujets doivent alors imaginer qu'ils ont à conseiller cette personne. Ils doivent indiquer à partir de quelle probabilité minimale de réussite ils conseilleraient à M. A de choisir l'alternative la moins prudente (changer d'emploi vs ne pas en changer).

Dans un deuxième temps (phase de consensus), on donne aux sujets une nouvelle copie du questionnaire. Ils doivent à nouveau jouer leur rôle de conseiller, cette fois, non plus individuellement, mais collectivement. La consigne qui leur est donnée est d'arriver à une réponse unanime pour chaque problème.

Enfin, les sujets répondent, à nouveau individuellement, au même questionnaire (phase de post-consensus).

On s'est intéressé à la différence entre les réponses données aux phases de consensus et de post-consensus et celles données à la phase de pré-consensus. On observe que les décisions prises lors des phases de consensus et de post-consensus sont plus risquées que les décisions prises lors de la phase de pré-consensus. Autrement dit, la discussion en groupe aboutit à des prises de décisions plus risquées. Qui plus est, elle amène le sujet seul à adopter ce type de décision.

On notera que ces effets ont été répliqués dans plusieurs pays et dans des situations où les problèmes soumis impliquaient directement les sujets et leur groupe.

Puisque la discussion aboutit à une prise de risque plus importante, il est intéressant de connaître la ou les propriétés de la discussion expliquant cette prise de risque. Kogan et Wallach (1965) ont étudié les effets de trois types de discussion. Cette recherche suivait le déroulement général et reprenait le matériel décrit plus haut. Cette fois, on faisait varier le type de discussion (les caractéristiques de la phase de consensus). Dans une première condition expérimentale, les sujets devaient (comme précédemment) atteindre, par le biais de la discussion, un consensus. Dans une seconde condition, ils avaient quelques minutes pour discuter de chaque problème posé, puis donnaient leurs réponses individuellement. Dans la troisième condition, il n'y avait pas de discussion. Les sujets devaient voter dans le silence. Leurs réponses étaient inscrites sur un tableau. Le scrutin devait aboutir pour chaque problème à une réponse unanime, aussi, le nombre de tours de scrutin nécessaires, pouvait-il varier.

On observe que la dernière condition expérimentale, contrairement aux deux autres, ne donne pas lieu à un changement vers le risque : la discussion en groupe favorise la polarisation.

III - LA POLARISATION COLLECTIVE

Comme nous le disions plus haut, le changement vers le risque est généralement conçu comme un cas particulier d'un processus d'ordre plus général : la polarisation collective.

Moscovici et Zavalloni (1969) ont été les premiers à mettre en lumière ce dernier effet. Nous allons voir comment.

Cette recherche se déroulait comme précédemment en trois phases. Le matériel utilisé était, en revanche, très différent.

Dans une première condition, les sujets devaient répondre à un questionnaire concernant leur attitude à l'égard du général de Gaulle. Les sujets répondaient sur une échelle en 7 points, de type Likert. Dans une deuxième condition, les sujets répondaient à un questionnaire portant sur leur attitude à l'égard des Nord-Américains. Là encore, l'échelle était en 7 points et de type Likert. Enfin, dans une troisième condition, on présentait aux sujets les propositions issues du questionnaire, auquel répondaient les sujets de la première condition. Leur tâche était de classer ces propositions en fonction de leur caractère favorable ou défavorable. Cette dernière condition était introduite afin d'induire chez les sujets un état de désimplication, comparé aux sujets de la première condition.

Les sujets répondaient aux demandes des chercheurs d'abord individuellement, puis en groupe et pour finir à nouveau individuellement. Les résultats montrent que la discussion a pour conséquence une extrémisation des opinions, et ce, dans les trois conditions expérimentales. Cependant, cette extrémisation est plus importante lorsque les sujets discutent de leurs propres opinions. Elle se manifeste par un effet de polarisation, les sujets dont les opinions étaient favorables au général de Gaulle l'étaient encore plus après la discussion. Parallèlement, ceux dont les opinions étaient défavorables le devenaient encore plus après la discussion.

Selon Moscovici et Zavalloni (1969), l'effet de polarisation a pour origine l'implication plus ou moins grande du sujet dans l'interaction. Moscovici et Lecuyer (1972) manipulent le niveau d'implication des sujets en agissant directement sur la configuration des réseaux d'interactions au sein du groupe. Dans une condition, la discussion se déroulait alors que les sujets étaient disposés de manière linéaire : ils étaient assis l'un à côté de l'autre. On sait que ce type de disposition appauvrit les interactions en les rendant plus formelles. Dans une seconde condition, les sujets étaient disposés en carré. Chacun pouvait aisément faire face aux autres membres du groupe, ce qui devait avoir pour conséquence des interactions plus riches et un engagement plus important de chacun lors de la discussion de groupe. Les auteurs observent un effet de polarisation nettement plus important dans les groupes de cette condition que dans les groupes en condition « linéaire ».

IV - EXPLICATIONS

Deux familles d'explications s'affrontent pour rendre compte des effets de polarisation (pour une revue, voir Isenberg, 1986). Un premier type d'explication invoque les processus de comparaison sociale. Le second type d'explication insiste sur les produits argumentatifs de la discussion en groupe. Le corpus empirique et théorique dominant ce second type d'explication est la théorie des arguments persuasifs (voir par exemple Vinokur et Burnstein, 1978a, 1978b).

A - Comparaison sociale

Selon cette perspective, l'individu serait constamment motivé à se percevoir et à se présenter sous un jour socialement favorable et désirable. Il serait en permanence engagé dans un traitement des informations portant sur la manière dont autrui se présente, de façon, en particulier, à y ajuster l'image qu'il donne de lui-même. Un certain nombre de ces informations concerne les opinions et ce, tout particulièrement dans les discussions en groupe, où elles constituent la seule source d'indices dont le sujet dispose. A cela, s'ajoute le fait que l'individu tente, de manière toute aussi constante, à créer une différenciation positive entre lui et autrui : il tâchera de se présenter sous un jour plus favorable que les autres. L'effet de polarisation serait donc le résultat de l'engagement de chaque membre du groupe dans ce processus de comparaison sociale.

B - Théorie des arguments persuasifs

Cette théorie pose que les opinions et les choix individuels concernant un problème sont fonctions du nombre et du caractère persuasif des arguments pour et contre dont l'individu se rappelle lorsqu'il doit formuler sa position. Ainsi, la discussion en groupe aboutira à des changements individuels dans une direction donnée, dans la mesure où elle expose l'individu à des arguments persuasifs favorisant cette direction.

L'effort des chercheurs a porté sur la définition de ce que l'individu considère comme un argument persuasif. Ils ont isolé deux dimensions essentielles à cette définition : d'une part, la validité perçue de l'argument (les faits évoqués doivent être vrais, ils doivent correspondre aux vues de l'individu, et découler logiquement de faits ou d'assertions acceptées par lui), d'autre part, la nouveauté perçue de l'argument.

Références

Doise, W. (1978). Décision et polarisations collectives. In W. Doise, J.C. Deschamps, & G. Mugny (Eds), *Psychologie Sociale Expérimentale* (pp. 91-104). Paris : A. Collin.

Moscovici S., & Doise W. (1992). *Dissension et consensus*. Paris : Presses Universitaires de France.

FICHE 22 LA SOUMISSION À L'AUTORITÉ

I - DÉFINITION

À l'inverse du conformisme, la soumission à l'autorité implique une pression explicite de la part de la source d'influence. Cette pression se manifeste par des ordres et des injonctions. La seconde condition d'apparition de la soumission est l'existence d'une dissymétrie de statut et de pouvoir à l'avantage de la source d'influence.

II - EXPÉRIENCE

A - DÉROULEMENT

Pour recruter ses sujets, Milgram fait passer une annonce dans la presse locale proposant 4 dollars et une indemnité de déplacement pour participer à une étude sur l'apprentissage. Les candidatures étaient retenues en fonction de l'âge et du niveau socioprofessionnel des candidats. Les sujets de cette recherche étaient, excepté pour l'une des variantes de l'expérience princeps, tous de sexe masculin.

Les sujets sélectionnés étaient accueillis dans les locaux de l'université de Yale, institution jouissant d'un grand prestige. Ils étaient rémunérés et recevaient leurs instructions pour la suite de la recherche. On leur précisait qu'elle portait sur le rôle de la sanction dans des tâches de mémorisation et qu'il s'agissait d'évaluer l'intensité de la punition la plus efficace. On leur disait qu'ils auraient à jouer soit le rôle de l'élève, soit le rôle de l'enseignant. Le truquage du tirage au sort leur assignait à chaque reprise le rôle de l'enseignant. Le rôle de l'élève était tenu par un compère, homme d'une cinquantaine d'années arrivé en même temps qu'eux au laboratoire. Il s'agissait, bien entendu, toujours de la même personne.

Cette personne était attachée, sous le regard du sujet, sur une chaise électrique, dans un local adjacent à la salle d'expérience.

La tâche du sujet naïf était de lire plusieurs séries de 4 termes auxquels il associait d'autres termes, puis d'effectuer un test de rappel. Le compère donnait des réponses fausses en suivant une séquence préétablie. Le sujet devait punir le compère à chacune de ses réponses erronées. Pour cela, il disposait d'un générateur électrique, sur lequel étaient disposées 30 manettes, libérant des charges électriques allant de 15 à 450 volts. Le voltage de chaque manette était indiqué et les manettes étaient elles-mêmes regroupées en catégories d'intensité allant de « choc léger » à « choc dangereux ». En réalité les chocs électriques n'étaient pas administrés. Cependant, pour rendre la situation plus crédible, le sujet se voyait administrer un choc de 45 volts avant que l'expérience ne débute. La consigne précisait, en outre, que pour chaque nouvelle erreur, il lui fallait augmenter l'intensité du choc. L'expérience s'arrêtait lorsque le sujet était parvenu à donner 3 chocs de 450 volts, les plus dangereux donc, ou lorsqu'il refusait de continuer plus avant.

On faisait varier la nature du feed-back provenant de l'élève : en condition de « feed-back réaliste », le sujet entendait les plaintes de l'élève graduées en fonction du voltage choisi. Pour cela, une bande magnétique était utilisée.

En condition de « feed-back vocal », la victime suppliait que l'on arrête.

En condition de « feed-back à distance », la victime ne se faisait entendre que par les coups qu'elle donnait dans les parois du local où elle se trouvait.

En condition de « proximité », le sujet voyait et entendait l'élève souffrir.

Enfin en condition de contact, le sujet devait veiller à ce que la victime maintienne sa main sur les électrodes.

Bien entendu, le feed-back était toujours gradué en fonction de l'intensité des chocs électrique délivrés.

L'expérimentateur quant à lui intervenait à chaque hésitation du sujet, pour l'inciter à continuer. Ses incitations, au nombre de 4, étaient graduées, et étaient reprises à chaque hésitation du sujet. Si le sujet refusait d'obéir après la quatrième injonction, l'expérience prenait fin.

B - RÉSULTATS

En condition de feed-back à distance, 65 % des sujets donnaient le choc électrique maximal (450 volts), contre 62,5 % dans la condition de feed-back vocal, 40 % dans la condition de proximité et 30 % dans la condition de contact. L'intensité des chocs donnés était donc fonction de la proximité exécutant-victime.

C - VARIANTES

Ces 5 premières expériences ont eu plusieurs variantes. Lorsque l'expérience se déroulait dans des locaux bien moins prestigieux que ceux de l'université de Yale, la soumission ne différait pas. Elle était par contre nulle ou plus faible lorsqu'un compère ordonnait au sujet d'infliger un choc à la victime en l'absence de l'expérimentateur, lorsque deux expérimentateurs donnaient aux sujets des ordres contradictoires et lorsque deux compères présents aux côtés du sujet se refusaient, après un certain laps de temps, à continuer. Enfin, lorsque le rôle du sujet était de transmettre les ordres de l'expérimentateur à un compère devant donner les chocs, ils étaient 92 % à ordonner le choc maximal. On notera, pour conclure, qu'une autre expérience montre qu'il n'existe pas de différences homme/femme dans la soumission.

D - Interprétations

L'interprétation avancée par Milgram est que le sujet se place dans un « **état agentique** ». Il se considère comme l'instrument d'une volonté institutionnelle et souveraine dont les buts le dépassent. Ce faisant, aucune des responsabilités dont il jugerait qu'elles lui incombent s'il était le seul initiateur de ses actes ne semble peser sur lui, l'institution prenant à sa charge les torts qu'il pourrait causer à autrui.

III - IMPLICATIONS

Ces travaux sont riches d'enseignements.

Tout d'abord, ils montrent, ou nous rappellent, que la soumission à l'autorité est un phénomène transversal aux individus, aux cultures et à l'histoire des hommes. Les horreurs nazies, que l'on attribuait encore à la culture de l'ordre et de la soumission du peuple allemand, trouvaient un écho quelques années plus tard, en temps de paix, dans un pays démocratique, de culture individualiste et chez des gens pour lesquels le souvenir de l'holocauste commençait à peine à subir l'érosion des vingt années qui venaient de s'écouler.

Ils ont conduit les chercheurs en psychologie à redéfinir leur rôle. Le chercheur, dans les sciences humaines en particulier, n'est pas seulement celui qui questionne ou celui qui demande au sujet, simplement à des fins de connaissance, d'effectuer « une tâche ». Il est le représentant d'une institution le plus souvent respectée et incontestée. De par son statut, de par son rôle social et les représentations dont il est le centre, il possède une autorité et une emprise sur le sujet. En cela au moins, il n'est pas si différent d'un chef militaire ou d'un patron d'entreprise. Autrement dit, le chercheur est un élément à part entière de la situation dans laquelle il place et étudie le sujet. Sa présence aux côtés du sujet peut, de manière générale, être une source de biais.

Enfin, ils posent une question d'ordre **éthique**. Il s'agit de savoir si les idées, croyances ou représentations que le chercheur a, en quelque sorte, injectées dans l'esprit du sujet ont le pouvoir de modifier à moyen ou à long terme sa représentation du monde et ses relations avec autrui. Ce problème trouve une solution satisfaisante dans la pratique très largement répandue du **debriefing**. Il s'agit de consacrer quelques minutes, en fin d'expérimentation, à expliquer aux sujets les buts réels de la recherche et à dévoiler le caractère fictif ou aléatoire des éléments de la situation vécue par le sujet. Il va sans dire que Milgram a effectué ce travail. Les sujets ayant participé à ses recherches ont pu ainsi prendre conscience de la facilité avec laquelle ils s'étaient soumis à une autorité.

Référence

Milgram, S. (1974). *Soumission à l'autorité*. Paris : Calman-Levy.

FICHE 23

APPLICATION : LES SECTES

I - ÉVÉNEMENTS D'HIER ET D'AUJOURD'HUI

A - HIER

Souvenons-nous du suicide collectif des disciples du Temple de Jésus. Obéissant aux ordres du leader Jimmy Jones, tous les disciples se sont donnés la mort par empoisonnement après avoir tué leurs enfants. (Ils étaient plus de 900.)

B - AUJOURD'HUI

Aujourd'hui, Jacques Guyard, député PS de l'Essonne, nous informe que « l'audience des sectes a augmenté de 50 % en dix ans avec la prolifération des filiales dans tout le pays. Le recrutement s'effectue chez des sujets de plus en plus jeunes et qualifiés. On trouve des adhérents d'organisations sectaires de haut niveau scientifique ou placés à des postes de décision et de contrôle ».

II - DE LA THÉORIE A LA PRATIQUE

A - THÉORIE ET PRATIQUE

La **soumission à l'autorité** résulte d'une pression sociale explicite à laquelle le sujet se doit d'obéir.

L'**obéissance** représente une forme de **conformité** due à une autorité reconnue comme légitime.

Cette autorité légitime, un individu peut l'acquérir lorsqu'il possède une « position hiérarchique ou une compétence reconnue à l'intérieur d'une organisation » et que les personnes qui font partie de cette organisation se conforment « aux normes édictées » et obéissent aux ordres sans avoir subi de violence, « avec le seul système de sanctions positives ou négatives prévues par l'organisation » (Enriquez, 1994, p. 91).

À l'intérieur des sectes, les « gourous » font preuve d'une autorité dite charismatique telle qu'elle est définie par Max Weber (1965).

« Elle est fondée sur les qualités exceptionnelles du chef, que celles-ci soient réelles ou prétendues. Ce qui amène les subordonnés à obéir au chef, ce qui légitime son autorité, c'est leur croyance en ses dons exceptionnels… » (Aebischer & Oberlé, 1990, p. 171).

Le gourou fait d'ailleurs preuve d'un don personnel de persuasion, ce don de convaincre insufflant ainsi la confiance aveugle. Étant convaincu d'être investi d'une mission et proposant un projet collectif pour le bien de la communauté, faisant preuve **d'engagement** dans la tâche commune et décuplant d'énergie pour parvenir au but escompté, le gourou parvient à subjuguer son entourage.

Ainsi, comme le montre, entre autres, l'expérience de Milgram (*cf.* Fiche 22) ou encore celle de Zimbardo (Haney, Banks & Zimbardo, 1973), un individu, dans un contexte où il se trouve face à ce type d'autorité ou de tout autre type à partir du moment où cette autorité est considérée comme légitime, cet individu passe d'un état d'autonomie (où il est maître de ses actions) à un état « agentique », état dans lequel, se pliant aux exigences de l'autorité, il n'est plus qu'un exécutant, déresponsabilisé de ses actes. Il peut ainsi être amené à commettre des actes contraires à ses opinions personnelles, à sa « morale », ce jusqu'à la violence, voire mort d'homme, se considérant comme l'agent exécutif d'une volonté qui le transcende.

Bion (1965) décèle trois états affectifs différents qui se développent dans un groupe et qui s'adaptent entièrement aux adeptes des sectes.

« – La dépendance

Quand les membres d'un groupe fonctionnent sur ce mode, ils se conduisent comme s'ils attendaient du leader suggestions, idées, sécurité, au fond comme si celui-ci était seul capable de satisfaire les besoins du groupe, à la façon d'un sorcier ou d'un démiurge aux pouvoirs plus ou moins magiques.

– L'attaque fuite

Dans ce schéma à tonalité persécutive, les individus du groupe se conduisent comme s'ils étaient menacés par un danger qu'il faut attaquer ou fuir. Le leader dans ce cadre est celui qui attise leur haine et leur colère et qui fournit un ennemi ou un traître contre qui lutter.

– Le couplage

Dans ce cas, l'attention du groupe semble tournée vers un événement à venir, heureux, capable de transformer le groupe ; celui-ci, comme en attente, est aussi plein d'espoir messianique, tendu vers ce qui peut sauver le groupe, nouveau **leader**, idée ou utopie encore à venir et à construire. » (Aebischer & Oberlé, 1990, p. 184).

B - Exemples d'hier et d'aujourd'hui

1. Hier

Un exemple donné par Serge Guimond illustre bien les trois états affectifs décelés par Bion :

« **L'engagement** dans une secte religieuse apparaît souvent mystérieux et suscite beaucoup de commentaires. Pourquoi des individus changent-ils complètement de style de vie et, apparemment, retirent-ils très peu d'avantages en contrepartie ? Festinger, Riecken et Schachter (1956) ont mené une enquête auprès d'une secte au moment où, selon ses adhérents, la fin du monde devait se produire. Le leader de ce groupe affirmait en effet qu'il avait reçu des messages l'avertissant de la destruction imminente du monde et l'informant que lui et ses disciples seraient sauvés avant la date fatidique du 21 décembre.

Que se passerait-il après le 21 décembre ? Le groupe se désagrégerait-il en se rendant compte de la fausseté des déclarations de son chef spirituel ?

À mesure que le 21 décembre approchait, le coût de l'appartenance à la secte augmentait. Pendant des semaines, les membres avaient soutenu la prévision du groupe souvent à l'encontre de leurs amis et au péril de leur sécurité financière. Certains, encore aux études, avaient cessé d'étudier, car ils n'en voyaient plus du tout l'importance. D'autres avaient quitté leur travail et accumulaient des dettes. Mais lorsque la journée du 21 décembre s'écoula sans problème, la secte, loin de vivre son éclatement, sortit en quelque sorte grandie par l'expérience. Le **leader** affirma qu'il avait reçu de nouveaux messages lui révélant que le dévouement du groupe avait été tel qu'il avait sauvé le monde. Dans les jours suivant le « miracle », l'engagement des membres à l'égard de la secte augmenta. Chacun accomplissait avec encore plus d'ardeur les activités du groupe et le recrutement de nouveaux membres. Le coût de l'appartenance à la secte était donc des plus élevés, mais tout ce passait comme si chaque investissement rassemblait davantage les membres. » (Guimond, 1994, p. 680).

2. Aujourd'hui

Voici un exemple pris dans l'actualité : à Saint-Pierre-de-Chérennes (Isère), trois enfants de 2, 4 et 6 ans ont été exécutés par des adultes fanatisés. Deux d'entre eux, abattus d'une balle dans le front, ont probablement été tués par leur propre père. Ce massacre pourrait s'expliquer de la façon suivante selon un ancien adepte : « La terre étant devenue irrécupérable, leur mission sur notre planète était donc terminée. Ils devaient donc rejoindre leur demeure en famille. » Dans cette secte, le passage pour aller sur « Sirius » – environnement autrement plus accueillant que la Terre – ne peut se faire qu'une fois débarrassé de son enveloppe charnelle.

C - Retour sur la théorie

L'exemple de Guimond illustre le concept **d'engagement** (*cf.* tome 2, Fiche 23). L'individu qui s'engage dans une organisation sectaire investit beaucoup dans le groupe, si ce n'est tout, pensant agir librement. La théorie de la **dissonance cognitive** (*cf.* tome 2, titre I, chap. 3) peut donner une explication de cette « escalade ». L'individu se soumettant à l'autorité « légitime » (ici au gourou), commet des actes qu'il ne ferait pas spontanément et souvent même allant à l'encontre de ses convictions personnelles. Investissant ainsi beaucoup de sa personne, de son temps, etc., pour la communauté, cet investissement ne peut être congruent avec la pensée que ce groupe n'a que peu d'importance pour lui. Si tel est le cas, l'état de tension désagréable né de la mise en commun de ces deux éléments incongrus entre eux, devra être réduit par l'individu, et cette réduction pourra se faire en surestimant les avantages que peut lui procurer le groupe ainsi que l'importance de ce groupe. L'individu croit alors réellement en ce qu'il fait, il est en accord avec ses comportements, la communauté pouvant ainsi lui extorquer tous les comportements aussi coûteux que cela puisse paraître allant dans le sens et dans l'objectif d'atteindre les buts visés. Autrement dit, le sujet est amené « d'une part par intériorisation des valeurs environnantes, d'autre part par des circonstances manipulées à se conduire conformément à son engagement en éprouvant néanmoins un sentiment de liberté. » (Enriquez, 1994, p. 91).

À partir de ces recherches menées sur des situations très spécifiques, peut être dégagé un thème plus général, celui de **l'influence sociale** qui peut prendre des formes et des intensités diverses dans nos sociétés. Peut-être également, en élucidant le fonctionnement de l'influence sociale, contribue-t-on à éviter de succomber à certaines influences néfastes.

Références

Aebischer, V., & Oberlé, D. (1990). *Le groupe en psychologie sociale*. Paris : Bordas.

Guimond, S. (1994). *Les groupes sociaux*. In R. J. Vallerand (Ed.). *Les fondements de la psychologie sociale* (pp. 655-705). Montréal, Paris, Casablanca : Gaëtan Morin.

FICHE **24**

LE CONFORMISME

I - DÉFINITION

Le terme « conformisme » désigne le changement d'opinion d'un individu (la cible d'influence) dans le sens des opinions affichées par une ou plusieurs autres personnes (la ou les sources d'influence). Contrairement à la **soumission** (*cf.* Fiche 22), ces changements sont obtenus sans pression explicite de la part de la source d'influence.

II - EXPÉRIENCE : ASCH (1956, 1971)

Cette étude a été effectuée auprès de 123 sujets de sexe masculin. Chaque sujet était amené dans une salle où se trouvaient déjà installées 7 à 9 personnes. Ces personnes avaient été préalablement formées par le chercheur à donner des réponses préétablies aux questions qui allaient suivre. Les compères, c'est ainsi que nous les appellerons, étaient assis sur deux rangs. Le sujet (sujet « naïf ») quant à lui était amené à s'asseoir au second rang à l'avant dernière place. Le but de cette manœuvre était de faire en sorte qu'il ne donne sa réponse qu'après avoir entendu celles des compères. Il ne savait bien entendu rien de la connivence qui les unissait au chercheur.

La tâche à effectuer était présentée aux sujets naïfs comme une tâche de discrimination perceptive. Neuf séries de deux cartons leur étaient présentées : sur le premier figurait une ligne (ligne étalon), sur le second étaient dessinées trois lignes. La hauteur de l'une d'elles était toujours égale à la ligne étalon, les deux autres étaient de hauteur, à l'évidence, très différentes. Bien entendu, la hauteur des lignes variait d'une série à l'autre. Les sujets devaient dire laquelle, parmi les trois lignes du second carton, était égale à la ligne étalon. Les neuf séries de cartons étaient présentées une première fois puis une seconde fois.

Les compères du chercheur donnaient, toujours de façon unanime, une réponse erronée pour les deux tiers des séries et une réponse juste dans un tiers des cas.

Le pourcentage d'erreurs observées chez les sujets naïfs fut de 36,8 %. Or, dans une autre situation ne différant de la première que sur un point – les sujets n'avaient pas connaissance des réponses d'autrui – ce pourcentage tombait à 2 %.

III - DÉTERMINANTS DU CONFORMISME

A - Caractéristiques de la source

Quatre éléments essentiels définissent la situation créée par Asch : les compères du chercheur donnaient le plus souvent des réponses erronées, le sujet naïf était confronté aux réponses de plusieurs personnes, ces réponses étaient toujours unanimes, il en résulte que le sujet naïf était le plus souvent isolé. Le but des recherches qui ont suivi a été de faire varier certains de ces éléments afin d'étudier la façon dont ils déterminaient les réponses du sujet naïf.

1. Impact du soutien sur le conformisme

D'autres travaux de Asch (1956, 1971) ont permis de montrer que lorsque les sujets naïfs reçoivent l'appui d'un autre sujet naïf, le taux d'erreur enregistré est de 10,4 %, et lorsqu'il reçoit l'appui d'un compère du chercheur, ce taux tombe à 5,5 %. La différence observée entre la situation avec sujet naïf et avec sujet compère tient au fait que les réponses du second ne sont pas soumises à l'influence.

2. Persistance dans l'erreur

Les manipulations de Asch (1956, 1971) ont aussi porté sur la persistance dans l'erreur du groupe source d'influence. Le conformisme du sujet naïf y était directement fonction du rapport entre le nombre de réponses correctes et le nombre de réponses incorrectes. Il était maximal lorsque la source donnait 1 bonne réponse pour 6 mauvaises (53 % d'erreurs) et minimale lorsqu'elle donnait 4 réponses correctes pour 1 incorrecte (26,2 % d'erreurs).

3. Taille du groupe source d'influence

Enfin, Asch (1971) a porté son attention sur le rôle que pouvait jouer la taille du groupe source d'influence. Les sujets étaient confrontés aux réponses erronées de 1, 2, 3, 4, 8 ou 10-15 personnes. Le conformisme augmentait régulièrement jusqu'à atteindre son niveau maximal lorsque le groupe était composé de 4 personnes, puis, diminuait légèrement pour 8 et 10-15 personnes.

B. Relation source/cible d'influence

Les caractéristiques du groupe source d'influence fournissent au sujet des informations qui lui permettent de définir un état des relations actuelles, possibles et souhaitables avec la source d'influence. La réponse que donne le sujet, la convergence ou au contraire la divergence de ses opinions et évaluations, est un signal qu'il envoie à la source d'influence et qu'elle pourra interpréter comme indiquant la nature de la relation qu'il a décidé d'instaurer avec elle.

Kelman (1958) distingue trois niveaux de conformisme variant sur le plan de la profondeur et de la durée des changements d'opinion. L'auteur insiste essentiellement sur le fait que l'apparition d'un niveau d'influence est déterminée par la nature de la relation source-cible d'influence.

Ces trois niveaux d'influence sont :

- **l'acquiescement** (**suivisme** ou **complaisance**) : il s'agit pour le sujet de gagner une approbation sociale ou d'éviter les conséquences négatives pouvant résulter d'un non-conformisme. Superficiels et de courte durée, ces changements d'opinion ont un rôle instrumental et surviennent, selon Kelman (1958), lorsque la source d'influence possède une emprise sociale sur la cible.
- **l'identification** : elle se produit lorsque la cible désire établir ou conserver des relations positives avec une source attractive ou un groupe de référence important. Les changements d'opinion seraient ici plus durables et plus profonds que précédemment. Abrams, Wetherell, Cochrane, Hogg et Turner (1990) montrent que les sujets confrontés aux opinions de leur groupe d'appartenance changent d'opinion, non pas seulement en public, mais aussi lorsque leurs réponses sont anonymes et donc incontrôlables par la source.
- **l'intériorisation** : cette dernière forme de changement s'appuierait sur la perception de la source d'influence comme crédible, experte et sincère. Elle pourrait aboutir à des remaniements profonds du système de croyances du sujet.

C - Caractéristiques de la cible d'influence

1. Traits de personnalité

Il a été montré que les sujets ayant une faible estime de soi sont plus susceptibles de se conformer que les autres. Il en irait de même pour les personnes ayant un score élevé aux échelles d'autoritarisme ou ayant un plus grand besoin d'affiliation.

2. Sexe

On a pu montrer à plusieurs reprises que les femmes se conformaient plus que les hommes. Néanmoins, Sistrunk et McDavid (1971) ont observé que cette différence était attribuable au fait que les questions posées au cours de ces recherches se rapportaient à des domaines pour lesquels les hommes avaient de meilleures connaissances que les femmes (autos, sports, etc.). Ainsi, lorsque l'on posait des questions se rapportant à la cosmétique ou à l'habillement, les hommes se conformaient plus que les femmes. Lorsque les questions posées étaient « asexuées », la différence homme-femme disparaissait.

D - Facteurs culturels

Bond et Smith (1996), dans une revue méta-analytique fondée sur les résultats de 133 recherches effectuées dans 17 pays et publiées depuis les travaux de Asch jusqu'à nos jours, mettent en évidence que le conformisme a décliné depuis les années 50 et qu'il est fortement lié aux cultures collectivistes où il se révèle être plus élevé que dans les cultures individualistes.

Références

Asch, S.E. (1971). Influence interpersonnelle : les effets de la pression de groupe sur la modification et la distorsion des jugements. In C. Faucheux, & S. Moscovici (Eds), *Psychologie sociale théorique et expérimentale* (pp. 235-245). Paris : Mouton.

Butéra F., & Pérez J.A., (1995). Les modèles explicatifs de l'influence sociale. Dans : G. Mugny, D. Oberlé, & J.L. Beauvois (Eds), *Relations humaines, groupes et influence sociale* . Grenoble : PUG (chap. 10).

FICHE 25 — CONVERSION MINORITAIRE

I - DÉFINITION

Les premiers apports empiriques à l'étude des caractéristiques de l'influence minoritaire nous sont fournis par les travaux de Moscovici, Lage et Naffrechoux (1969). Ces études, et celles qui suivirent, montrent qu'influences minoritaires et majoritaires sont de nature fondamentalement différentes. Les minorités auraient sur nos idées un impact profond, quoique souvent latent ou différé, au contraire de la majorité, qui, plus qu'une adhésion, engendrerait un conformisme de façade. Ce conformisme disparaît au profit des attitudes initiales du sujet, dès que la majorité n'est plus perçue par lui comme étant en mesure d'opérer un contrôle sur ses idées ou d'en sanctionner la déviance.

Si les minorités se voient dans l'incapacité d'obtenir le suivisme obtenu par la majorité, les majorités se montrent incapables d'obtenir une influence latente, ou différée.

Moscovici (1980) désignera sous le terme d'effet de conversion le fait que les sujets confrontés à une minorité ne concèdent pas d'influence manifeste (directe ou publique) mais une influence latente (indirecte, différée, ou privée).

II - EXPÉRIENCE FONDATRICE

Décrivons la recherche de Moscovici, Lage et Naffrechoux (1969, 1971) : chaque groupe expérimental était composé de quatre sujets naïfs et de deux compères de l'expérimentateur. Ils étaient installés face à un écran sur lequel étaient projetées successivement et à 6 reprises, 6 diapositives de couleur bleue. La tâche des sujets (compères et naïfs) était de dire qu'elle était la couleur et le niveau de luminosité des diapositives. Avant de commencer ce travail, on demandait aux membres du groupe de passer un test perceptif. Ce test était destiné à montrer que chacun possédait une vision normale. Puis, la projection commençait. Les compères répondaient toujours « vert ». Dans 12 groupes, ils donnaient en premier leur réponse et dans 20 autres groupes, ils étaient placés en position 1 et 4. On avait en outre constitué 4 groupes témoins de 6 personnes. Dans ces groupes, les sujets devaient simplement donner par écrit leurs estimations. Cette première série de mesures permettait de connaître l'impact direct et manifeste que pouvaient avoir les réponses des compères sur celles des sujets naïfs. 8,24 % des sujets expérimentaux ont donnés la réponse verte contre 0,25 % pour les sujets des groupes témoins.

Une seconde série de mesure était effectuée auprès de 10 groupes expérimentaux et des 4 groupes témoins. Elle était destinée à mesurer l'influence latente induite par les compères. On présentait aux sujets successivement 16 pastilles, dont la couleur passait progressivement du bleu au vert. Les sujets devaient donner leur estimation de la couleur de chaque pastille. On observe que le seuil de détection du vert est beaucoup plus faible chez les sujets expérimentaux que chez les sujets témoins. Autrement dit, les premiers sont plus sensibles au vert et plus prompts à le détecter.

III - EXPLICATIONS

A - NIVEAU DIRECT : LA COMPARAISON SOCIALE

Les théories de l'influence sociale posent que les opinions sont une façon de se catégoriser et de catégoriser autrui comme appartenant à tel ou tel groupe social. Toutes s'accordent également pour dire que le sujet a, dans de nombreuses circonstances sociales, pour but de maintenir ou d'acquérir une identité sociale positive (*cf.* Fiche 46). Les situations d'influence sociale sont un exemple de circonstances où ces motivations interviennent. Enfin, il a été montré que nous attribuons des valeurs parfois positives, parfois négatives aux caractéristiques des groupes sociaux présents dans le champ social. Il découle de ceci que les sujets changeront d'opinion afin de se catégoriser, ou de se voir catégoriser par autrui, comme appartenant à un groupe dont les caractéristiques sont positivement évaluées dans le champ social. À l'inverse, confrontés à des sources d'influences qu'ils évaluent ou qu'autrui évalue négativement, ils ne concéderont pas d'influence. Les groupes majoritaires font partie de ces groupes que nous jugeons positivement et auxquelles nous souhaitons appartenir. En revanche, nous évaluons spontanément de manière négative et nous discriminons aisément les groupes minoritaires. La conséquence de ce processus, où la comparaison sociale tient un rôle prépondérant, est que nous souhaitons marquer notre accord de manière explicite avec les positions majoritaires et que, de manière toute aussi explicite, nous souhaitons montrer que la minorité n'a pas d'influence sur nous.

Ceci explique pourquoi, contrairement aux majorités, les minorités n'obtiennent pas d'influence directe, manifeste ou publique. **On résumera cette présentation en disant que le processus de comparaison sociale règle notre accord manifeste avec des sources d'influence minoritaire et majoritaire.**

B - NIVEAU INDIRECT : LA VALIDATION

Les réponses du sujet à un niveau indirect ou latent seraient largement dépendantes de celles qu'il a données au niveau manifeste ou direct, ainsi que de la conflictualité des positions de la source.

Ici, on postule que tout conflit doit trouver une résolution. Les sujets confrontés à une majorité l'ont déjà résolu en marquant leur accord manifeste avec les positions majoritaires.

Les sujets confrontés à une minorité s'y sont, en quelque sorte, refusés. Le conflit sera alors résolu à un autre niveau, latent celui-là. La minorité attirera l'attention du sujet et l'amènera à se centrer cognitivement sur le contenu de son message. Elle le conduira à assimiler activement ses positions dans les cadres de pensée dont il dispose : on désignera ce processus sous le terme de validation.

L'effort des chercheurs au cours des quinze dernières années a porté sur l'étude des relations entre processus de comparaison et de validation. On s'est parallèlement efforcé de préciser la nature des processus cognitifs se produisant lors du traitement des informations provenant des groupes minoritaires, et on s'est, plus généralement, penché sur les facteurs déclenchant ou inhibant l'apparition de l'effet de conversion.

IV - DISSOCIATION COMPARAISON/VALIDATION

La thèse de Mugny et Pérez (1986) est qu'une influence indirecte n'est possible qu'à la condition que le sujet soit amené à dissocier ses activités de comparaison sociale et de validation. Lorsque l'activité cognitive du sujet est tout entière absorbée et tournée vers la gestion de ses relations avec la source et par ses efforts pour s'en distinguer, l'activité de validation ne pourra avoir lieu.

Pérez et Mugny (1989) placent les sujets tantôt dans un univers unidimensionnel de comparaison avec la source, univers censé favoriser l'indissociation entre comparaison et validation, tantôt dans un univers multidimensionnel, censé quant à lui faciliter cette dissociation. Les sujets prenaient connaissance d'un plaidoyer favorable à l'avortement attribué à un groupe minoritaire. On redonnait ensuite aux sujets cinq arguments résumant la position minoritaire. Ils devaient en juger le degré de tolérance (ou de moralité). Pour ce faire, ils avaient, pour chaque argument, tantôt à répartir 100 points de tolérance (ou de moralité) entre la « minorité pour » et la « majorité contre » l'avortement (condition de comparaison unidimensionnelle), tantôt, ils pouvaient donner entre 0 et 100 points à la « minorité pour » et entre 0 et 100 points à la « majorité contre » (condition de comparaison multidimensionnelle). Les sujets de la première condition devaient pour conserver à la majorité sa supériorité en terme de tolérance juger comme peu tolérante la minorité. Les sujets de la seconde condition pouvaient, à loisir, dire de la minorité et de la majorité qu'elles étaient ou non toutes deux également très tolérantes. Les auteurs supposèrent que les sujets de la première condition concéderaient moins d'influence indirecte que les sujets de la seconde condition. C'est en effet ce qu'ils ont observé.

V - FORMES DE LA VALIDATION

On a pu mettre en évidence (Nemeth, 1986) que, pour certains types de tâches, les réponses de la minorité avaient pour conséquences d'orienter les formes même de la pensée, ainsi que la quantité et la qualité des productions cognitives des sujets cibles de son influence. Les sujets se révélaient produire des solutions plus nombreuses et plus originales que les sujets confrontés à une majorité et adoptaient un mode de pensée divergent par rapport aux réponses de la minorité. Plus récemment, Legrenzi, Butera, Mugny et Pérez (1991) ont montré que les minorités amènent le sujet à mettre en œuvre des stratégies, plus efficientes, d'infirmation dans le test d'hypothèses visant à résoudre des problèmes logiques. On a également mis en évidence une centration cognitive plus intense (Personnaz et Guillon, 1985) et une meilleure mémorisation du contenu du message minoritaire (Nemeth, Mayseless, Sherman et Brown, 1990).

Référence

Huguet, P., Nemeth, C.J., & Personnaz, B. (1995). *La conversion minoritaire.* In G. Mugny, D. Oberlé, & J.L. Beauvois (Eds), *Relations humaines, groupes et influence sociale* (chap. 13, pp. 283-299). Grenoble : PUG.

FICHE 26

MINORITÉS ET CONFLIT

I - INTRODUCTION

Les recherches sur **l'influence minoritaire** continuent à occuper une place importante dans les publications européennes de psychologie sociale. Sur le plan théorique, ce courant de recherche est né du renversement opéré par Moscovici des perspectives suggérées par les travaux de Asch concernant les effets de **conformisme** (*cf.* Fiche 23). À ne définir le rapport source-cible d'influence que dans les limites de la salle de laboratoire où se déroulait cette recherche, les sujets étaient confrontés à une majorité. Si, par contre, comme le fait Moscovici, on replace cette situation dans un cadre plus large, ce qui n'était qu'une réponse majoritaire devient une réponse minoritaire, puisqu'elle est contraire à celle qu'aurait donnée, en situation normale, la majorité des sujets. Les observations de Asch seraient ainsi la preuve que les minorités peuvent, elles aussi, modifier nos croyances et nos perceptions du monde, et que, par là, elles ont le pouvoir d'infléchir le fonctionnement de nos sociétés. Dès lors, l'étude des influences sociales, jusqu'alors centrée sur les dynamiques conservatrices à l'œuvre dans l'influence sociale (le conformisme), se trouvait complétée par un axe de recherche portant sur les processus d'innovation.

II - CONFLIT ET DISTINCTIVITÉ

Pour être une source d'innovation, la minorité doit être nomique. Elle doit, en effet, définir, proposer et défendre un point de vue et des normes cohérentes, qui lui sont propres et qui la distinguent des normes dominantes. Cette **distinctivité** lui assure, de fait, une existence sociale, mais reste insuffisante. La minorité doit également acquérir une visibilité et être reconnue comme distincte dans le champ social. Il s'agira pour elle d'attirer l'attention et de marquer de son empreinte la mémoire des acteurs du champ social. Pour cela, elle possède une arme : le **conflit**. En modulant son intensité, par sa consistance et, surtout, par son style de négociation, elle attirera l'attention et accroîtra ainsi la probabilité d'une centration cognitive sur ses idées.

III - FACTEURS MODULANT L'INTENSITÉ DU CONFLIT

A - CONSISTANCE DIACHRONIQUE ET SYNCHRONIQUE

Faucheux et Moscovici (1967, 1971) montrent les effets sur l'influence sociale de la consistance diachronique d'une minorité. On expliquait aux sujets qu'« avec les développements récents de la transmission d'informations, notamment dans la navigation aérienne et spatiale, des opérateurs ont à lire des informations » très nombreuses et qu'il est donc important d'en augmenter la lisibilité et la discrimination. On présentait aux sujets une série de dessins variant suivant quatre dimensions : la taille (les dessins étaient grands ou petits), la couleur (ils étaient rouges ou verts), le contour (dessin en ligne continue ou pointillée), la forme (arrondie ou anguleuse). 64 dessins variant sur ces 4 dimensions leur étaient présentés, ils devaient dire pour chaque dessin, laquelle des 4 dimensions leur apparaissait la plus appropriée pour transmettre une information. Les tests se déroulaient par groupe de 4 ou 5. Dans la condition expérimentale, l'une de ces personnes était un compère des chercheurs et donnait constamment, pour chaque dessin, la réponse « couleur ». Dans la condition de contrôle, tous les sujets étaient « naïfs ». On constate une nette augmentation des réponses couleur en condition expérimentale comparée à la condition de contrôle.

Ce n'est que très récemment que l'on s'est intéressé à l'impact de la consistance minoritaire synchronique. Papastamou et Mugny (1990) montrent que deux textes attribués à deux minorités distinctes avaient plus de poids dans les changements d'opinions des sujets lorsqu'ils présentaient des positions identiques que lorsqu'ils présentaient des positions divergentes. Toutefois, ceci n'était vrai que chez les sujets dont les positions initiales concernant le thème abordé étaient proches de celles de la minorité. Les sujets dont les opinions étaient initialement distantes de celles évoquées dans le texte changeaient plus d'opinions lorsqu'ils étaient confrontés aux discours contradictoires de deux membres d'une même minorité.

B - STYLE DE NÉGOCIATION ET CADRE NORMATIF

Mugny, Rilliet et Papastamou (1981, cités par Mugny et Pérez, 1986) montrent l'impact du contexte normatif et du style de négociation de la minorité sur les changements d'opinions. Les sujets de cette recherche avaient à lire un plaidoyer minoritaire soit flexible, soit rigide portant sur la pollution. Le plaidoyer rigide contenait des propositions très conflictuelles (par ex. : « Empêchons immédiatement la production de lessives aux industries ») alors que les propositions du plaidoyer flexible l'étaient beaucoup moins (par ex. : « Réglementons la production des lessives par les industries »). La recherche était présentée aux sujets comme visant à détecter les tendances individuelles soit à l'originalité soit à la déviance. On insérait ainsi les opinions des sujets dans un cadre d'évaluation normative favorisant tantôt l'expression d'opinions originales, tantôt l'expression d'opinions non déviantes. Bien entendu, on mesurait l'attitude des sujets à l'égard de la pollution avant et après lecture du plaidoyer. Les sujets changent plus dans un contexte d'originalité que dans un contexte où leurs réponses seraient jugées déviantes. On constate également qu'une minorité flexible obtient plus d'influence qu'une minorité rigide. Ce résultat est à mettre en perspective avec les résultats de la recherche que nous allons évoquer maintenant.

C - Niveaux appropriés du conflit

Mugny et Pérez (1985) montrent qu'il existe un niveau approprié de conflit en dessous et au-dessus duquel la minorité échouerait à obtenir une influence. Dans leur recherche, les sujets, pour une moitié des suisses autochtones, pour l'autre moitié des immigrés, étaient soumis à un texte. Ce texte au style de négociation, tantôt flexible, tantôt rigide, portait sur l'immigration et était présenté pour la moitié des sujets comme écrit par une minorité suisse, et pour l'autre moitié présenté comme écrit par un groupe minoritaire constitué d'immigrés. On mesurait également l'attitude des sujets à propos de l'immigration avant et après lecture du texte. Les résultats montrent qu'une minorité hors-groupe (immigrés) obtenait plus d'influence lorsqu'elle adoptait un style de négociation flexible que lorsqu'elle adoptait un style de négociation rigide. L'inverse était vrai pour une source minoritaire intragroupe (suisse), qui obtenait plus d'influence lorsqu'elle adoptait un style de négociation rigide.

IV - THÉORIE DE L'ÉLABORATION DU CONFLIT

Les effets des opinions et des réponses d'autrui sur nos opinions, sur nos perceptions ou sur nos performances ont été démontrés à de très nombreuses reprises. La grande diversité des contextes, des tâches et des sources donnant lieu à des influences sociales fait que s'imposait la nécessité d'organiser et d'intégrer de manière à la fois souple et étroite les observations effectuées jusqu'à ce jour.

C'est dans ce but que Pérez et Mugny (1993) proposent une théorie de l'élaboration du conflit, cadre intégrateur fondé sur une taxonomie des tâches par le biais desquelles l'influence sociale a été étudiée. Selon les auteurs, deux dimensions définissent ces tâches : le fait qu'elles soient ou non ancrées socialement et le fait qu'il soit possible, ou non, d'établir objectivement qu'une réponse est plus correcte qu'une autre. Cette seconde dimension définit la pertinence de l'erreur pour la réponse donnée.

Si l'on « orthogonalise » ces deux dimensions, on obtient 4 types de tâches : les tâches ancrées socialement et à haute pertinence de l'erreur (désignées sous l'acronyme TAP, pour tâches d'aptitude), il s'agira par exemple de tâches de résolution de problème ; les tâches ancrées socialement et à faible pertinence de l'erreur (TOP pour tâches d'opinion), qui sont aussi les plus étudiées ; les tâches à faible ancrage social et à haute pertinence de l'erreur (TONA pour tâches objectives non ambiguës), la tâche que proposait Asch à ses sujets entre dans cette dernière catégorie ; et les tâches à faible ancrage social et à faible pertinence de l'erreur (TANI pour tâches non impliquantes), c'est-à-dire des tâches où l'on demandera, par exemple, au sujet d'exprimer des préférences.

L'idée des auteurs est que le conflit né des réponses d'une source d'influence sera élaboré différemment (il prendra des significations différentes) suivant le type de tâche impliqué (TAP, TOP, TONA ou TANI) et suivant les caractéristiques de la source d'influence.

Le conflit induit par une minorité donnant des réponses fausses à une tâche objective non ambiguë n'aura pas la même signification, ni la même intensité que celui induit par une majorité donnant les mêmes réponses. De la même façon, la réponse donnée par une minorité de gens à un problème de mathématique n'aura pas le même impact sur les réponses des sujets que la réponse donnée par une majorité de gens.

Références

Doms, M., & Moscovici, S. (1984). *Innovation et influence des minorités.* In S. Moscovici (Ed.), *Psychologie Sociale* (pp. 51-89). Paris : PUF.

Pérez, J.A., & Mugny, G. (1993). *Influences sociales : la théorie de l'élaboration du conflit.* Neuchâtel : Delachaux et Niestlé.

FICHE 27 INFLUENCE MINORITAIRE ET PSYCHOLOGISATION

Parce qu'elle s'inscrit le plus souvent dans un contexte normatif d'objectivité, la position d'une minorité dans un groupe est perçue comme socialement déviante. Le groupe a alors tendance à résister à l'influence minoritaire soit par un rejet explicite de la source déviante, soit par la mise en œuvre d'un mécanisme plus subtil appelé « naturalisation ». Celui-ci peut prendre des formes diverses et parmi elles, la « psychologisation ».

I - QU'EST-CE QUE LA PSYCHOLOGISATION ?

A - Définition

Par « psychologisation », les auteurs entendent l'établissement d'une relation causale entre le discours, les opinions d'une minorité et ses caractéristiques psychologiques. La position du déviant est ainsi réduite à ses propriétés internes, naturelles, c'est-à-dire à ses traits caractériels. On dira par exemple de la source qu'elle est paranoïaque, incompétente, rigide, qu'elle manque de consistance. La psychologisation permet donc une immunisation, au moyen de laquelle un système social dénigre la position minoritaire et résiste à son influence en lui ôtant toute crédibilité.

B - Illustration

1. Expérience

Une expérience menée par Mugny (1975) auprès de quatre-vingt-huit collégiens illustre bien ce phénomène. On les interrogeait, au moyen d'un questionnaire, sur leurs opinions à propos des responsabilités dans les problèmes de pollution. Le questionnaire se composait de seize items dont la moitié accusait soit les groupes industriels (usines, fabricants de lessive...) soit les individus (agriculteurs, automobilistes, etc.). L'autre moitié des items déculpabilisait ces mêmes industries ou individus. Les réponses des sujets à ce questionnaire montrent qu'ils jugent les individus plus responsables des problèmes de pollution que les industries. Une semaine après, on les invitait à lire un texte qui accusait les groupes industriels et qui se refusait à incriminer les catégories individuelles, ce qui était contraire à l'opinion majoritaire. Avant la lecture de ce texte, on demandait à certains sujets de se centrer sur les caractéristiques psychologiques de l'auteur de ce texte, sur sa personnalité et à d'autres de se centrer sur le contenu du discours. Après la lecture, ils répondaient au même questionnaire que précédemment et surtout, ils devaient décrire l'auteur du texte au moyen d'une liste de quarante adjectifs ; la moitié était connotée positivement, l'autre moitié négativement.

2. Résultats

Lorsque l'on induit les sujets à se centrer sur les particularités psychologiques de l'auteur ayant prétendument rédigé ce texte, ils en ont une image nettement moins favorable que si on les induit à se centrer sur le contenu. De plus, ils accordent beaucoup moins de crédit à la position minoritaire défendue dans le texte et résistent davantage à son influence. Ce résultat révèle la mise en œuvre d'une stratégie qui consiste à stigmatiser la position de la minorité de façon à discréditer son objectivité et par là même son impact.

II - LES EFFETS DE LA PSYCHOLOGISATION

L'effet direct, manifeste de la psychologisation dépend de trois facteurs principaux ; ils sont caractéristiques des situations d'influence minoritaire : le contexte normatif, le style comportemental et les caractéristiques de la cible.

A - CONTEXTE NORMATIF

Le contexte normatif dans lequel s'exerce l'influence de la minorité joue un rôle essentiel. Lorsque la minorité défend son point de vue dans un contexte où prédomine l'objectivité, alors les individus sont fortement enclins à opérer un processus de psychologisation. La déviance est en effet connotée négativement puisque contraire à la norme en vigueur. Par contre, la résistance à l'influence minoritaire est moindre si elle a lieu dans un contexte où c'est l'originalité, c'est-à-dire la recherche d'idées nouvelles, qui est valorisée. La source sera jugée plus positivement et décrite comme une personne ouverte, novatrice, créatrice, etc. (Mugny, Rilliet et Papastamou, 1981).

B - STYLE COMPORTEMENTAL

Le style de comportement adopté par la minorité influe sur son impact. Si celle-ci adopte un style flexible, elle exercera une influence manifeste plus forte que si elle adopte un style rigide. Dans ce second cas, on aura tendance à lui accorder des caractéristiques défavorables telles que « autoritaire », « bornée » ou « intransigeante », et donc à moins rejoindre sa position (Mugny et Papastamou, 1984).

C - Caractéristiques de la cible

Lorsque le sujet-cible partage plusieurs caractéristiques avec la source minoritaire (âge, sexe, catégorie socioprofessionnelle, appartenance politique, etc.), il se laisse plus facilement influencer que s'il ne partage aucune ou seulement une seule de ces caractéristiques (Mugny et Papastamou, 1982). Cela est vrai seulement dans le cas où les particularités de la source sont connotées positivement par le sujet. Dans le cas contraire, elle sera dénigrée et son influence sera réduite (Mugny, Kaiser et Papastamou, 1983).

Résister à l'influence d'une minorité par le biais de la psychologisation est un effet qui dure dans le temps. Il semble même que cet effet soit un frein à un aspect fondamental de l'influence minoritaire à savoir l'influence à retardement (Moscovici, Mugny et Papastamou, 1981).

Références

Moscovici, S., Mugny, G., & Papastamou, S. (1981). « Sleeper-effect » et/ou influence minoritaire ? Étude théorique et expérimentale de l'influence sociale à retardement. *Cahiers de Psychologie Cognitive*, I, 2, 199-221.

Mugny, G. (1975). Negociations, images of the other and the process of minority influence. *European Journal of Social Psychology*, 5, 209-228.

Mugny, G., & Papastamou, S. (1982-1983). Rigidité et influence minoritaire : le discours comme régulateur d'appartenance. *Bulletin de Psychologie*, 36, 723-734.

Mugny, G., & Papastamou, S. (1984). Les styles de comportement et leur représentation sociale. In S. Moscovici (Éd.), *Psychologie sociale*. Paris : P.U.F. (pp. 291-314).

Mugny, G., Rilliet, D., & Papastamou, S. (1981). Influence minoritaire et identification sociale dans des contextes d'originalité et de déviance. *Revue suisse de Psychologie*, 40, 4, 314-332.

Mugny, G., Kaiser, C. & Papastamou, S. (1983). Influence minoritaire, identification et relation entre groupes : étude expérimentale autour d'une vocation. *Cahiers de Psychologie Sociale, 19*, 1-30.

► Voir fiches 15 et 25.

FICHE 28

CONVERSION ET RACISME

I - CADRAGE

L'attitude de nos sociétés à l'égard des étrangers immigrés, ou des nationaux d'origine immigrée, est ambivalente. Les grands pays démocratiques proclament l'égalité raciale et leurs Parlements votent des lois destinées à combattre les discriminations et la ségrégation raciale. Pourtant, il n'est pas un jour sans que l'on constate que les Noirs, les gitans, les Turcs, ou les Nord-Africains font l'objet de discriminations systématiques. Elles prennent des formes d'ailleurs très variées, allant des plus violentes (meurtres, destruction de biens, agressions physiques), fort heureusement rares, aux plus quotidiennes. Comment expliquer qu'aux États-Unis l'espérance de vie des Noirs est de 6 ans inférieure à celle des Blancs ? Comment expliquer, qu'en France, les nationaux d'origine immigrée sont plus fréquemment victimes du chômage que les nationaux de souche française ?

Si la discrimination est diffuse et quotidienne, c'est que l'attitude du citoyen à l'égard de l'étranger est également entachée de racisme et de xénophobie. Pourtant, lorsque l'on interroge les Français en leur demandant s'ils se considèrent ou non comme racistes ou xénophobes, la très grande majorité d'entre eux répond par la négative. Comment l'expliquer ? Pérez, Mugny, Llavata et Fierres (1993) proposent une hypothèse issue des recherches sur les **influences minoritaire** et **majoritaire**.

II - HYPOTHÈSE

Les médias pointent, stigmatisent et condamnent les actes racistes ainsi que ceux qui les perpètrent, il est donc très probable que l'individu considère que l'expression d'une attitude antiraciste est préférable à l'expression d'une attitude raciste et qu'il choisisse de se conformer aux normes humanistes promues par le discours médiatique. En revanche, ses attitudes privées, latentes ou inconscientes demeureront inchangées. Les auteurs expliquent cet immobilisme (paralysie) par le fait que, dans la mesure où l'individu voit condamner les actes racistes, il se perçoit comme non-raciste. Ces comportements et attitudes entrant dans les cadres valorisés, il ne sentirait plus de pression au changement et ne traiterait le problème du racisme que de manière superficielle et dépersonnalisée, c'est-à-dire en se fondant exclusivement sur le matériau (arguments, croyances, idées) produit par son groupe de référence concernant le racisme et sans élaboration de sa part de nouveaux matériaux. D'une certaine façon, les auteurs proposent que le **conformisme** est à l'origine de l'immobilité des attitudes profondes de l'individu.

L'implication principale de cette hypothèse est qu'un individu placé dans l'impossibilité de se conformer à un plaidoyer antiraciste et qui, parallèlement, est amené à agir de manière discriminatoire à l'égard des étrangers changera au niveau latent.

III - ILLUSTRATIONS EMPIRIQUES

Dans une recherche, Sanchez-Mazas, Pérez, Navarro, Mugny et Jovanovic (1993) testent partiellement la validité de cette hypothèse. Les sujets étaient amenés à adopter clairement ou non un comportement discriminatoire à l'égard des étrangers et étaient confrontés aux comportements, tantôt, majoritairement discriminatoires, tantôt, majoritairement égalitaires de leur groupe. Les attitudes latentes des sujets à l'égard des étrangers étaient mesurées après introduction de ces manipulations expérimentales. Détaillons de manière plus précise le déroulement de cette recherche.

Dans un premier temps, on demandait à des sujets suisses de distribuer diverses ressources entre Suisses et étrangers. Cette distribution symbolique se faisait sur un mode interdépendant (condition de forte discrimination), ou bien, sur un mode indépendant (condition de faible discrimination) : dans la première condition, les sujets devaient répartir 100 points entre Suisses et étrangers ; les points qu'ils donnaient aux étrangers étaient autant de points qu'ils retiraient aux Suisses. Aussi, les sujets devaient-ils avoir dans cette condition une plus grande conscience du caractère discriminatoire de leur distribution. Dans la seconde condition, ils disposaient de 100 points pour les Suisses et de 100 autres points pour les étrangers. Puisque le fait de favoriser les Suisses ne se traduisait pas par une réduction complémentaire du nombre de points alloués aux étrangers, cette condition rendait moins saillants les comportements discriminatoires du sujet.

Les sujets devaient ensuite juger cinq paires de propositions énonçant des principes normatifs, l'une toujours formulée en terme égalitaire (ex. : « le droit au logement pour chacun »), l'autre toujours formulée en termes discriminatoires (ex. : « les Suisses doivent être prioritaires en matière de logement »). La seconde variable indépendante était introduite ici : on fournissait aux sujets une information fictive concernant les réponses majoritairement données à ces questions par les membres de leur groupe d'appartenance (« des jeunes suivant la même formation que vous »).

En condition de « norme égalitaire », cette majorité fictive donnait en moyenne 80 points aux propositions égalitaires et 20 points aux propositions discriminatoires. En condition de « norme discriminatoire », l'inverse était vrai. Pour finir, on demandait aux sujets de répondre à un questionnaire d'attitude comprenant 8 propositions telles que : « il est normal que les étrangers n'aient pas les mêmes droits que les Suisses », « tout individu devrait s'engager, à sa manière, pour combattre la xénophobie ».

L'hypothèse des chercheurs était que les sujets placés en condition de forte discrimination et dont les comportements entrent en conflit avec la norme égalitaire de leur groupe devraient avoir des attitudes plus antiracistes que les sujets en condition de faible discrimination ou que les sujets confrontés à la norme discriminatoire de leur groupe.

Notons tout d'abord qu'aussi bien en condition de « forte discrimination » qu'en condition de « faible discrimination », les Suisses se voient attribuer plus de points que les étrangers. Cependant les étrangers se voient attribuer plus de points dans la seconde condition que dans la première.

Les attitudes des sujets suivent bien les hypothèses des chercheurs. Ayant fait face à la réponse xénophile de leurs pairs, les sujets en condition de « forte discrimination » sont plus xénophiles que les sujets de la condition de « faible discrimination ». En outre, les sujets de la condition de « forte discrimination » sont plus xénophiles lorsqu'ils ont été confrontés à la réponse xénophile de leur groupe que lorsqu'ils ont été confrontés à sa réponse xénophobe.

Dans une seconde recherche, les mêmes auteurs amènent les sujets à s'engager dans des comportements discriminatoires soit avant, soit après avoir pris connaissance de la norme xénophile majoritairement partagée par les membres de leur groupe.

Cent quarante-cinq sujets suisses participaient à cette recherche. Comme pour l'expérience précédente, les sujets devaient répartir 100 points entre des propositions discriminatoires et des propositions égalitaires. Au cours de cette tâche, ils prenaient connaissance de la norme fictive, cette fois toujours égalitaire, et majoritairement partagée par les membres de leur groupe. Là encore, ils distribuaient des ressources symboliques aux Suisses et aux étrangers, tantôt sur un mode interdépendant (100 points à partager entre Suisses et étrangers), tantôt sur un mode indépendant (100 points maximum attribuables aux Suisses et 100 aux étrangers). Dans une première condition, ils le faisaient avant d'avoir pris connaissance de la norme de leur groupe ; dans une seconde condition, ils le faisaient après avoir pris connaissance de cette norme. Pour finir, on demandait aux sujets de répondre à un questionnaire d'attitude destiné à mesurer leur xénophobie.

Comme prévu, les sujets discriminaient moins les étrangers lorsqu'ils avaient connaissance au préalable de la norme égalitaire de leur groupe, que lorsqu'ils ne la connaissaient pas encore. En outre, les sujets ayant eu l'occasion de discriminer (distribution des ressources sur un mode interdépendant) les étrangers ont des attitudes plus xénophiles lorsqu'ils ont discriminé avant de connaître la norme xénophile de leur groupe que lorsqu'ils l'on fait après en avoir pris connaissance.

Ces résultats valident l'hypothèse de départ : les sujets n'ayant pas eu la possibilité de se conformer aux normes de leur groupe, parce qu'ils ne la connaissaient pas encore, et qui ont, par ailleurs, été amenés à discriminer les étrangers, étaient aussi ceux qui adoptaient à la fin les attitudes les plus xénophiles.

IV - AUX ORIGINES DU RACISME

De nombreuses analyses définissent le racisme comme prenant ses racines dans des conditions économiques, historiques et sociales particulières. Il est fort probable que ces facteurs jouent en effet un rôle essentiel. Ils permettent d'expliquer pourquoi, à un moment de leur histoire, des populations prennent pour cible de leur haine les membres de groupes humains particuliers. Ils n'offrent cependant aucune explication au fait que le racisme est un phénomène qui a traversé les siècles sans rien perdre de sa vigueur, ni au fait qu'il trouve des expressions dans chacune des cultures que nous connaissons. Le racisme est une constante, il ne peut donc être appréhendé que de manière générale et fondamentale. La psychologie sociale le conçoit comme trouvant son origine dans les processus cognitifs se produisant lorsqu'un individu, membre d'un groupe social, est au contact d'un autre individu, membre d'un groupe social différent. Il s'agit pour chacun de créer une différenciation positive à l'avantage de son groupe. Il favorise son groupe d'appartenance en lui attribuant des caractéristiques positives et discrimine l'autre groupe en lui attribuant des caractéristiques négatives. Lorsque deux groupes se perçoivent en compétition pour le partage de ressources (le travail, l'argent, le prestige, etc.) qu'ils considèrent comme étant en quantité limitée, favoritisme et discrimination s'amplifient. Si à cela s'ajoute le fait que les deux groupes en présence ne se perçoivent plus seulement comme différents mais comme étrangers l'un à l'autre, les conditions nécessaires à l'apparition du racisme sont réunies.

On sait que le recours à des **catégorisations** supra-ordonnées, autrement dit, le fait de dire aux membres de deux groupes qu'ils appartiennent à une catégorie d'ordre supérieur (par ex. : l'humanité) atténue le favoritisme de l'intra-groupe et la discrimination du hors-groupe. On sait également que lorsque les individus sont amenés à penser que les ressources pour le partage desquelles leur groupe est en compétition avec un autre groupe, sont en quantité quasi illimitée, les comportements de favoritisme et de discrimination s'atténuent là aussi. En effet, les travaux que nous avons décrits plus haut suggèrent que la distribution des ressources sur un mode interdépendant, c'est-à-dire lorsque les points attribués au hors-groupe sont autant de points qui ne peuvent être attribués à l'intra-groupe, favorisent la discrimination du hors-groupe alors que la distribution sur un mode indépendant atténue cette tendance.

FICHE
29 LEADERSHIP

I - DÉFINITIONS

A - Leadership ?

C'est l'influence d'un individu sur le groupe. Le leadership se différencie du pouvoir et de l'autorité dans la mesure où c'est une source d'influence personnelle, non coercitive et fondée sur la communication. En d'autres termes, elle ne s'appuie pas sur des acquis politiques, économiques ou sur la position sociale du protagoniste.

B - Leader ?

C'est une personne dite de confiance, dont les ambitions et le destin sont liés à ceux du groupe dans le but de satisfaire des objectifs communs. Le leader se caractérise par son charisme et ses qualités d'orateur. Par cette personnalité, il déclenche l'enthousiasme et une soumission spontanée des membres du groupe qu'il dirige.

II - APPROCHES THÉORIQUES

Nous exposons ci-dessous les deux approches théoriques essentielles du leadership.

A - Approche personnaliste

Elle se fonde sur l'idée que le leadership résiderait dans les traits de personnalité et/ou les comportements du leader.

1. Les traits physiques et psychologiques du leader

Forsyth (1990) met en évidence que le leader est une personne qui s'adapte facilement à toute situation et qui a le sens des responsabilités. Le leader est talentueux ou bien bénéficie de capacités et « habiletés » socialement appréciées par autrui.

Des études montrent qu'il existerait une corrélation entre le leadership et la taille des personnes. Le leader serait le plus fréquemment un homme de grande taille, mais ces résultats sont parfois contrariés par la réalité. Exemple : Napoléon.

2. Le comportement du leader

Le comportement du leader est défini selon deux dimensions.

– L'orientation vers la tâche

Selon cette dimension, la préoccupation première du leader est de réaliser correctement les objectifs communs. Ainsi, il privilégie l'efficacité du groupe aux dépens des relations entre les membres.

– L'orientation vers les relations

Le leader accorde plus d'intérêt aux émotions et affects des membres du groupe. Il se soucie peu des performances du groupe mais cherche à maintenir un bien-être dans les relations interindividuelles.

Ces deux dimensions sont synthétisées dans la grille managériale de Blake et Mouton (1978). Cette échelle sert à définir les différents types de leadership selon que les leaders accordent plus d'importance à la tâche, aux relations ou aux deux dimensions.

B - Approche interactionniste

Cette approche soutient l'idée que le leadership est efficace seulement si les relations interindividuelles s'accordent avec le style du leader.

Le modèle de Fiedler (1978) ajoute aux comportements précédemment décrits, des dimensions sur lesquelles se définit la situation de groupe. Il présente plusieurs situations qui s'échelonnent de très favorable à très défavorable au leader. Cette échelle correspond au degré de maîtrise du leader sur les membres du groupe.

Ce modèle est élaboré dans le but de savoir dans quelles situations de groupe le leadership est le plus efficace. Le leadership orienté vers la tâche serait plus efficace lorsque le groupe est très défavorable au leader ou lorsque le leader a une grande maîtrise sur les membres.

Le leadership orienté vers les relations serait meilleur dans les situations intermédiaires.

III - LEADERSHIP ET CRÉATIVITÉ

Lippitt et White (1947-1965) ont réalisé plusieurs recherches sur ce thème auprès d'enfants. Ils ont déterminé trois styles de leadership :

- leadership autoritaire : le leader est le seul à prendre les décisions concernant les activités du groupe ;
- leadership démocratique : toutes les décisions concernant le groupe sont prises après communication entre le leader et les membres ;
- leadership laissez faire : le groupe travaille en toute liberté et le leader demeure passif.

Il s'avère que le style adopté par le leader détermine les comportements des membres du groupe. La performance et le climat affectif sont meilleurs dans les deux premiers cas que dans le troisième.

Références

Bergeron, J.L. (1979). Le leadership I : Traits personnels et comportements des leaders. In J.L. Bergeron, N.C. Leger, J.J. Belanger, & L. Belanger (Eds), Les aspects humains de l'organisation. Chicoutimi : Gaëtan Morin.

Fiedler, F. (1967). *A theory of leadership effectiveness.* New York. McGraw-Hill.

Lippitt, R., & White, R.R. (1965). *Une étude expérimentale du commandement et de la vie de groupe.* In A. Levy (Eds). *Psychologie sociale, textes fondamentaux.* Paris : Dunod.

FICHE 30

LE CONCEPT D'ATTITUDE

I - HISTORIQUE

Ce concept a suscité, depuis les origines de la psychologie jusqu'à nos jours, un intérêt qui ne semble pas devoir se démentir. Le nombre de publications, un millier par an en moyenne, depuis 1970, en témoigne.

La première méthode systématique visant à mesurer les attitudes a été élaborée dès 1929 par Thurstone et Chave. Mais ce n'est que six ans plus tard (Allport, 1935) qu'une définition rigoureuse du concept d'attitude est proposée. Cette définition fait, encore de nos jours, référence. Le premier modèle d'intérêt majeur visant à décrire la structure des attitudes a été élaboré en 1960 par Rosenberg et Hovland. Quelques années plus tôt, un groupe de chercheurs (l'École de Yale), avec à leur tête Hovland, entamait un vaste programme de recherche visant à explorer les déterminants des changements d'attitudes. En 1980, Ajzen et Fishbein perfectionnent un modèle se proposant de prédire les comportements d'un individu à partir de ses attitudes. À la même période, Eagly et Chaiken (1984) puis Petty et Cacioppo (1986) proposaient pour appréhender les changements attitudinaux, un cadre théorique novateur.

II - ATTITUDE

A - Définition

La définition que donne Allport (1935) de l'attitude est la suivante :

« Une attitude est un état mental et neuropsychologique de préparation à répondre, organisée par l'expérience du sujet et exerçant une influence directrice ou dynamique sur sa réponse à tous les objets et à toutes les situations s'y rapportant ».

Précisons quelques éléments de cette définition :

- **Premier élément** : l'attitude est une **expérience privée reposant sur un substrat neurobiologique**. À moins de faire appel aux méthodes introspectives abandonnées, à juste titre, depuis de nombreuses années, elle ne peut être appréhendée par le psychologue que de façon très indirecte : par ses manifestations linguistiques, comportementales ou psychophysiologiques. Nous verrons dans la Fiche 32 certaines de ces mesures et nous expliquerons comment construire certaines échelles verbales de mesure des attitudes.

- **Deuxième élément** : les attitudes peuvent être considérées comme un ensemble d'éléments cognitifs de différentes natures (informations, croyances, idées, arguments les appuyant, etc.) concernant un objet et auxquels sont associés des évaluations ou des affects positifs ou négatifs. **Ces éléments seront organisés** en fonction de leur polarité évaluative et de leur statut épistémique (les informations y seront distinguées des croyances).

- **Troisième élément** de cette définition, plus central celui-là : les attitudes sont des **précurseurs de nos comportements**. Qu'il s'agisse de paroles ou d'actions, **elles en sont les moteurs et leur donnent une direction**. Nul doute que sa répulsion (attitude) pour les araignées (objet de l'attitude) poussera un individu (influence dynamique) à entreprendre des actions négatives (direction) plutôt que positives à l'encontre des araignées auxquelles il sera confronté.

- Enfin, **quatrième élément** : les situations, les discours et objets dérivés (pour reprendre notre exemple : araignées en plastique, toiles d'araignées, représentations iconographiques) associés à l'objet (l'Araignée) auront pour effet de susciter chez l'individu des réactions adaptées mais toujours consistantes avec l'attitude le concernant.

B - PROPRIÉTÉS DE L'ATTITUDE

Elles sont au nombre de quatre :

1. Direction (ou valence)

Cette propriété renvoie à la position qu'occupe l'attitude sur des dimensions évaluatives et affectives. Une attitude peut être positive ou négative, favorable ou défavorable à un objet. Plus précisément, il est possible de décomposer nos attitudes en éléments cognitifs auxquels sont associées des étiquettes évaluatives ou affectives allant de très positives à très négatives. Ces éléments cognitifs sont organisés de façon unipolaire ou bipolaire. Chaque pôle regroupe les éléments cognitifs possédant une même « tonalité » évaluative ou affective. La direction de l'attitude résulte de la prédominance d'un pôle sur un autre, cette prédominance étant déterminée par le nombre d'éléments cognitifs constituant chaque pôle, l'importance que le sujet attribue à chacun de ces éléments et l'intensité des évaluations et affects qui leur sont associés.

2. Intensité

Ce terme désigne la position qu'occupent nos attitudes sur des échelles continues et bipolaires du type « favorable/défavorable », « positif/négatif »» utilisées pour les mesurer. Plus une attitude se rapprochera de l'une ou l'autre extrémité de ces échelles, plus elle sera considérée comme intense. L'intérêt de cette propriété est sa sensibilité aux tentatives de persuasion. En comparant l'intensité d'une attitude avant et après sa tentative de persuasion, le chercheur aura une idée précise de l'ampleur des changements d'attitudes qu'il aura induit. Un accroissement d'intensité de l'attitude sera désigné par le terme de « polarisation » et le terme de « dépolarisation » désignera au contraire une baisse d'intensité de l'attitude.

3. Centralité

Cette propriété renvoie à la position qu'occupe l'attitude au sein de ce que le sujet considère comme le définissant : à savoir ses valeurs, ses appartenances sociales, les définitions en termes de personnalité et d'aptitudes de ce qu'il est. L'association plus ou moins forte d'une attitude à l'un ou à certains de ces différents aspects déterminera son degré de centralité.

4. Accessibilité

Cette dernière propriété se rapporte à la force du lien unissant l'attitude à son objet. Plus ce lien sera fort, plus la probabilité et la rapidité d'activation de l'attitude seront élevées en présence de l'objet. On verra (*cf.* Fiche 40) que cette propriété est utilisée dans les études portant sur la relation attitude-comportement.

III - FONCTIONS DES ATTITUDES

Elles assument, selon Katz (1960), quatre fonctions essentielles : une fonction épistémique (ou de connaissance), une fonction adaptative, une fonction expressive et une fonction de défense du soi.

A - Fonction de connaissance

L'attitude servirait de cadre de référence aux évaluations que nous faisons des objets ou événements se produisant autour de nous. Elles établissent des liens entre eux et les organisent de façon bipolaire (positif/négatif) ou unipolaire (positif ou négatif). Elles constituent une sorte de résumé des évaluations que nous faisons d'un objet.

B - Fonction d'adaptation

On parlera aussi de fonction utilitaire ou instrumentale de l'attitude. Nous élaborons des attitudes favorables à l'égard des objets qui nous sont utiles en nous permettant de satisfaire nos besoins et des attitudes négatives à l'encontre d'objets qui sont à l'origine de sentiments de peur ou de frustration. Elles assument, enfin, une fonction d'adaptation sociale. Nous avons tendance à exprimer des attitudes, qui, dans un contexte social donné, nous permettent de recevoir l'approbation ou d'éviter la désapprobation d'autrui.

C - Fonction expressive

Nos attitudes nous servent également à extérioriser nos croyances et les valeurs que nous jugeons centrales. Elles nous permettent, en outre, d'obtenir une gratification du simple fait qu'elles nous offrent la possibilité de nous distinguer d'autrui.

D - Fonction de défense du soi

Nos attitudes nous permettent d'améliorer ou de protéger notre estime de soi contre des menaces extérieures ou des conflits internes.

Référence

Lafrenaye, Y. (1994). Les attitudes et le changement des attitudes. In R.J. Vallerand (Ed.), *Les fondements de la psychologie sociale* (chap. 6, pp. 329-405). Montréal : Gaëtan Morin.

FICHE 31 STRUCTURES DES ATTITUDES

I - MODÈLE UNIDIMENSIONNEL

Le **modèle unidimensionnel** est le plus largement accepté (Olson et Zanna, 1993). L'attitude y est définie comme une évaluation globale de l'objet d'attitude sur une dimension continue de type « favorable/défavorable ».

II - MODÈLE TRIPARTITE

A - Présentation

Ce modèle a été proposé par Rosenberg et Hovland (1960). Son intérêt réside dans le fait qu'il précise la nature des réponses de l'individu aux objets d'attitude. Il distingue et délimite trois classes de réponses : les réponses cognitives, affectives et comportementales. Ces trois types de réponses varieraient de manière consistante (c'est-à-dire, varieraient dans le même sens) le long d'un continuum évaluatif.

Selon, Rosenberg et Hovland (1960), le terme « affect » renvoie aux réponses émotionnelles, ainsi qu'à l'activité du système nerveux sympathique. La réponse affective de l'individu est donc mesurable tant par le biais de réponses verbales grâce auxquelles le sujet décrit son état émotionnel et son humeur, qu'en utilisant la palette d'instruments de mesure que la médecine met à notre disposition (électrocardiographe, électromyographe, électrodermographe, etc.).

On mesurera la réponse comportementale en interrogeant l'individu sur ses intentions comportementales, mais aussi par l'observation directe de ses comportements.

Enfin, les réponses cognitives renvoient aux croyances, aux connaissances, aux réponses perceptives et aux idées suscitées par l'objet. Elles pourront être appréhendée par des mesures, là encore, de nature verbale.

B - Validation empirique

Breckler (1984) a mené une recherche, qui est de l'avis de nombreux chercheurs, la première validation empirique du modèle tripartite de l'attitude.

Les sujets de cette recherche étaient exposés physiquement à un serpent vivant. L'auteur leur faisait passer 3 séries de mesures : l'une concernant leur réaction affective, l'autre leurs réponses comportementales, la dernière leurs réactions cognitives à l'égard des serpents.

On mesurait la réponse affective à l'aide de 4 mesures, trois d'entre elles étaient de nature verbale, la dernière de nature physiologique. Le rythme cardiaque était mesuré lors de plusieurs séries d'enregistrements, dont l'une, lorsque le serpent était sorti de son aquarium.

Les réponses comportementales étaient mesurées de trois façons. Les deux mesures non verbales consistaient, pour la première, en une évaluation de la distance que le sujet souhaitait mettre entre lui et des serpents. Pour la seconde mesure, les sujets devaient dire successivement s'ils souhaitaient ou non 1) que le serpent reste dans la pièce, 2) qu'il soit sorti de son aquarium, 3) s'ils souhaitaient ou non le toucher, et enfin 4) s'ils voulaient bien le tenir.

Les trois mesures de la réponse cognitive étaient de nature verbale : le sujet devait par exemple faire la liste des idées qui lui étaient venues à l'esprit lors de l'expérience.

Les observations montrent que chacune des trois classes de réponses, affectives, cognitives et comportementales étaient liées à un facteur principal d'évaluation, mais que la corrélation entre classes de réponses restait modérée. Autrement dit, chaque type de réponse tenait un rôle distinct dans l'attitude des sujets tout en allant dans le même sens que les deux autres sur le plan de l'évaluation globale.

III - MODÈLE TRIPARTITE RÉVISÉ

Zanna et Rempel (1988, cités par Lafrenaye, 1994) proposent une version révisée du modèle tripartite. Les auteurs distinguent le jugement global concernant l'objet, c'est-à-dire sa catégorisation, sur une dimension favorable/défavorable, des réponses cognitives, comportementales et affectives qu'il suscite. Le premier s'appuierait sur les secondes, qui constitueraient, pour une grande partie, la base d'informations à partir de laquelle le jugement serait établi et structuré. Les diverses réponses de l'individu seraient, en quelques sortes, le matériau de construction d'un jugement global.

Référence

Lafrenaye, Y. (1994). Les attitudes et le changement des attitudes. In R.J. Vallerand (Ed.), *Les fondements de la psychologie sociale* (chap. 6, pp. 329-405). Montréal : Gaëtan Morin.

FICHE 32

MESURES DES ATTITUDES

Quand on mesure les attitudes, on utilise en général 5 techniques, présentées ici : les échelles d'intervalles apparemment égaux (ou **échelle de Thurstone**), les échelles d'estimations additionnées (type Likert), ainsi que **les échelles de différenciateur sémantique** (Osgood, Suci et Tannenbaum, 1957), **de distance sociale (échelle de Bogardus)** et la technique du **pipeline bidon** (Jones et Sigall, 1971).

I - ÉCHELLE D'INTERVALLES APPAREMMENT ÉGAUX

La première étape est la collecte d'un grand nombre de propositions exprimant des opinions possibles concernant l'objet que le chercheur aura choisi. Thurstone et Chave (1929) illustrent leur méthode par la construction d'une échelle d'attitude concernant l'Église. Ces propositions peuvent être construites par le chercheur ou bien issues d'ouvrages et d'articles de journaux traitant du problème choisi. Ces propositions sont habituellement au nombre de 100 à 150.

La seconde étape consiste à demander à des juges de placer chaque proposition dans une catégorie, parmi plusieurs, variant sur la dimension favorable/défavorable. Les juges doivent classer chaque proposition dans une catégorie, et une seulement, (parmi 9 ou 11), allant de très favorable à très défavorable. On demande clairement aux juges de ne pas effectuer ce classement en se fondant sur leurs propres opinions. Ils doivent dire, le plus objectivement possible, si, selon eux, la proposition exprime une position favorable ou défavorable à l'égard de l'objet en question. Le nombre de juges nécessaires à la réalisation de cette tâche est d'au moins 100. À la fin, chaque proposition peut être caractérisée par les diverses catégories dans lesquelles elle a été placée et le nombre de personnes l'ayant placée dans chacune de ces catégories. On obtient ainsi une distribution des jugements concernant chaque proposition, dont on calculera la médiane ainsi que les écarts inter-quartiles. Ce dernier calcul permet de diviser la population en 2 ou 4 parties égales, en fonction des réponses, et d'avoir une idée de la variabilité des jugements. Ces deux données permettent de sélectionner la vingtaine de propositions qui figureront dans le questionnaire d'attitude final. On ne sélectionnera que les propositions pour lesquelles on a observé des jugements variant faiblement.

La troisième étape consiste en la présentation, dans un ordre aléatoire, des propositions sélectionnées. Les sujets devront dire, si oui ou non, ils sont d'accord avec chacune d'elles. Pour finir, on calculera l'attitude globale du sujet concernant l'objet, en faisant la moyenne de ses réponses.

II - ÉCHELLE D'ESTIMATIONS ADDITIONNÉES

Cette échelle correspond aux **échelles de type Likert**.

Dans un premier temps, on choisit un certain nombre de propositions (items) concernant l'objet d'attitude choisi. Là encore, les sources d'inspiration peuvent être variées. On classera les items en deux grandes catégories : ceux qui sont favorables à l'objet, ceux qui lui sont défavorables. On pourra ainsi faire en sorte qu'il y ait autant de propositions défavorables que de propositions favorables à l'objet. En outre, il est important d'apporter le plus grand soin à leur formulation. Un certain nombre de règles doivent être suivies : leur formulation doit rester intelligible et simple, elles ne doivent pas évoquer le passé, ou des faits connus. On doit en bannir les mots techniques, abstraits, au sens vague ou changeant, et surtout elles ne doivent exprimer qu'une seule idée. De façon plus générale, il est essentiel d'adapter le registre du lexique employé à celui de la population ciblée.

Dans un deuxième temps, on soumettra les propositions aux sujets. Ils devront indiquer sur une échelle en plusieurs points (en 5 points chez Likert) allant de « Pas du tout d'accord » à « Tout à fait d'accord », leur degré précis d'accord avec chaque item. Il existe de nombreuses variantes à cette échelle : elle peut comprendre 5, 6, 7, 10, 11 ou plus d'échelons. Un nombre impair d'échelons permet au sujet de donner une réponse neutre qui restera difficile à interpréter. Il sera en effet impossible de distinguer le souhait du sujet de ne pas répondre à la question, de son indécision, ou de son absence d'avis. À chaque échelon peut correspondre un chiffre ou bien une expression verbale indiquant un niveau précis d'accord ou de désaccord. Les expressions employées peuvent également varier d'une recherche à l'autre. Les réponses des sujets seront cotées de 0 à n – 1 échelons (par ex. : de 0 à 4 pour une échelle en 5 points) lorsqu'elles concernent des propositions favorables à l'objet d'attitude et dans l'ordre inverse lorsqu'elles concernent des propositions défavorables. En effet, une réponse « pas du tout d'accord » à un item défavorable indique que le sujet est favorable à l'objet. On additionnera pour chaque sujet les réponses données aux divers items.

La dernière phase consistera à sélectionner les propositions qui figureront dans le questionnaire final : elles devront permettre de différencier au mieux les personnes favorables des personnes défavorables à l'objet. On divisera en trois l'effectif ayant répondu au questionnaire : on s'intéressera aux 25 % de l'effectif très favorables à l'objet et aux 25 % très défavorables à l'objet. On calculera avec ce nouvel effectif les corrélations entre les réponses à un item et le score total à l'échelle. Les propositions sélectionnées seront celles pour lesquelles on observe les plus fortes corrélations (positives et négatives).

III - ÉCHELLE DE DIFFÉRENCIATEURS SÉMANTIQUES

Cette technique mise au point par Osgood et col. (1957) consiste pour le sujet à évaluer l'objet d'attitude (ex. : la peine de mort) sur une série d'échelles (généralement) en 7 points, allant de – 3 à + 3 et opposant des paires d'adjectifs antonymes (bien/mal, laid/beau, propre/sale, mauvais/bon, agréable/désagréable, etc.). On s'attachera à inverser de manière aléatoire les pôles négatif et positif de façon à éviter que le pôle de gauche ou de droite représente toujours le côté négatif ou positif. On insérera également parmi ces paires d'adjectifs, des paires leurres qui ne sont pas évaluativement reliées à l'objet d'attitude. Là encore, le plus grand soin doit être apporté au choix des paires d'adjectifs. Il est important qu'elles soient constituées d'adjectifs s'opposant fortement. Certaines paires d'adjectifs peuvent également avoir des significations différentes ou plus ou moins précises suivant qu'elles sont appliquées à un objet ou à un autre. La meilleure solution est de pré-tester les adjectifs auprès de sujets dont l'on sait qu'ils auront des attitudes extrêmes (positives et négatives) à l'égard de l'objet et de ne sélectionner que les paires d'adjectifs qui permettent au mieux de distinguer les personnes ayant une attitude très positive de celles ayant une attitude très négative.

IV - ÉCHELLE DE DISTANCE SOCIALE

Cette échelle proposée par Bogardus permet de mesurer la distance sociale entre groupes sociaux. Elle se compose d'une série de propositions ordonnées de manière croissante et exprimant chacune un degré d'acceptation du groupe. Bogardus utilise cette méthode pour connaître la proximité que des sujets blancs acceptent d'avoir avec les Noirs.

- « J'accepte volontiers qu'il y ait des Noirs dans mon pays »
- « J'accepte volontiers que les Noirs habitent la même ville que moi »
- « Je serre volontiers la main d'un Noir »
- « J'aime avoir des amis noirs »
- « J'accepterais volontiers que ma fille épouse un Noir »

Les sujets doivent donc dire pour chaque proposition, s'ils sont ou non d'accord. Ces opinions étant *a priori* logiquement échelonnées, le fait d'accepter l'une d'elle implique l'acceptation de celles qui précèdent. Mais ceci ne sera vrai que si ces propositions sont reliées par une variable sous-jacente : l'attitude (ici l'attitude à l'égard des Noirs). L'analyse hiérarchique des réponses des sujets permet de savoir si l'ensemble des énoncés relèvent bien d'une même et unique variable. Si c'est le cas, on pourra faire passer cette échelle comme instrument de mesure de l'attitude à l'égard du groupe social en question.

V - TECHNIQUE DU PIPELINE BIDON

Cette méthode mise au point par Jones et Sigall (1971) a pour principe le « combat de la dissimulation par le mensonge ». On applique sur les avant-bras du sujet des électrodes reliées à un appareil munis de cadrans, dont on dit au sujet qu'il enregistre ses pensées. Le sujet répond donc aux questions qui lui sont posées en pensant qu'il est relié à une sorte de détecteur de mensonge très sophistiqué. Des essais préliminaires sont effectués de façon à ancrer dans l'esprit du sujet cette croyance. On lui soumet plusieurs questions pour lesquelles on sait qu'il aura tendance à mentir et pour lesquelles on connaît les réponses qu'il aurait données s'il était resté sincère. Lorsque le sujet répond par un mensonge, les cadrans de l'appareil indiquent l'intensité et la direction de leur véritable opinion. C'est muni de la croyance que le chercheur est en mesure de connaître ses véritables opinions que le sujet répond à une seconde série de questions intéressant le chercheur. L'idée est que le sujet préférera répondre sincèrement plutôt que d'être pris à mentir. Jones et Sigall (1971) ont ainsi pu établir l'attitude de sujets américains à l'égard des Noirs. Les sujets exprimaient des attitudes plus négatives à l'égard des Noirs lorsqu'ils étaient reliés à ce prétendu détecteur de mensonge que lorsqu'ils ne l'étaient pas.

FICHE 33

LA FORMATION DES ATTITUDES

En concordance avec le **modèle tripartite** de la structure des attitudes, on considère (Lafrenaye, 1994, et Yzerbyt et Corneille, 1994) que les attitudes ont trois sources : l'une affective, l'autre comportementale et la dernière cognitive.

I - SOURCES AFFECTIVES

Les études portant sur les sources affectives de l'attitude sont nombreuses. Elles s'appuient, d'une part, sur l'étude du conditionnement pavlovien et, d'autre part, sur l'effet de simple exposition.

A - CONDITIONNEMENT PAVLOVIEN

1. Principe

Le conditionnement pavlovien est le résultat de l'exposition d'un organisme à deux types de stimuli : l'un neutre (le son d'une cloche, dans le cas des travaux effectués par Pavlov) que l'on appellera le stimulus conditionnel et un autre, stimulus inconditionnel (présentation de nourriture), dont l'on sait qu'il déclenche une réponse particulière, appelée réponse inconditionnelle (la salivation). Après un nombre suffisant d'appariement des deux stimuli (stimuli conditionnels et inconditionnels), on n'expose plus l'organisme qu'au stimulus conditionnel. On observe alors l'apparition de la réponse inconditionnelle qui n'était initialement déclenchée que par le stimulus inconditionnel.

2. Expérience fondatrice

Staats et Staats (1958, 1994) ont été les premiers à montrer que les attitudes pouvaient faire l'objet d'un conditionnement. Ils présentaient aux sujets deux types de mots. Ceux du premier type, les stimuli conditionnels, étaient des noms de nationalités (Allemand, Suédois, Hollandais, Italien, Français et Grec). Chaque mot présenté était suivi d'un second appartenant au second type de stimuli, les stimuli inconditionnels. Ces derniers se divisaient en trois catégories : des mots évaluativement neutres (ex : chaise, douze), des mots évaluativement négatifs (ex. : amer, laid, échec) et des mots évaluativement positifs (ex. : cadeau, sacré, heureux). Les mots « Suédois » et « Hollandais » étaient les seuls stimuli conditionnels à être suivis de mots négatifs ou positifs. Pour la moitié des sujets, le mot « Suédois » était suivi de mots négatifs, pour l'autre moitié, il était suivit de mots positifs et inversement pour le mot « Hollandais ». Enfin, on demandait aux sujets de donner leur évaluation de chaque mot de nationalité sur une échelle en 7 points allant d'agréable à désagréable : les évaluations critiques concernaient les mots « Suédois » et « Hollandais ». L'évaluation de ces deux stimuli conditionnels étaient plus positive lorsqu'ils étaient suivis d'un stimulus inconditionnel positif que lorsqu'ils l'étaient d'un mot à connotation négative.

3. Travaux récents

Perdue, Dovidio, Gurtman et Tyler (1990) donnent à lire à des sujets placés dans une situation intergroupe des syllabes n'ayant aucun sens. Elles étaient appariées à des pronoms personnels tantôt à la première personne du pluriel (nous), renvoyant ainsi les sujets à leur intragroupe, tantôt à la troisième personne du pluriel (ils, eux) pour le hors groupe. Les syllabes étaient plus positivement évaluées dans la première condition que dans la seconde.

Krosnick, Betz, Jussim, Lynn et Stephens (1992) montrent que les attitudes peuvent être le fruit d'un **conditionnement subliminal.** Ils montraient aux sujets les diapositives d'une jeune femme occupée à des activités quotidiennes. Immédiatement avant chaque diapositive, on projetait de manière subliminale une autre photo ayant une valence affective positive (des chatons) ou négative (un visage entouré de flammes). Les sujets exposés à des photos censées induire des affects positifs exprimaient une attitude plus positive à l'égard de la jeune femme que les sujets exposés à des photos censées induire des affects négatifs. Autrement dit, les sujets étaient conditionnés par des stimuli dont ils n'avaient pas conscience.

B - Effet de simple exposition

De nombreuses recherches ont mis en évidence le fait que l'exposition répétée et inconsciente à un stimulus accroît notre attirance pour ce stimulus. La fiche 34 expose de manière plus détaillée les recherches réalisées dans ce domaine et montre la variété des stimuli auxquels cet effet s'applique.

II - SOURCES COMPORTEMENTALES

Les sources comportementales des attitudes ont été essentiellement étudiées au travers de deux cadres théoriques : le conditionnement skinnerien et la perception de soi.

A - Le conditionnement skinnerien

1. Principe

Un événement positif consécutif (renforcement positif) à une réponse entraîne une augmentation de la probabilité d'apparition de cette réponse (effet de renforcement proprement dit). En revanche, lorsque la réponse est suivie d'un renforcement négatif (événement désagréable par exemple), on constate une diminution de sa probabilité d'apparition. Ainsi, en considérant le fait qu'une attitude est une réponse d'un individu face à un objet, on peut prédire qu'une attitude renforcée positivement verra sa probabilité de réapparition augmenter et qu'à l'inverse une attitude renforcée négativement aura plus de chances de disparaître.

2. Illustrations expérimentales

Scott (1957, cité par Lafrenaye, 1994) a pu démontrer que ceci était vrai. Les sujets étaient amenés à défendre une position attitudinale lors d'un débat. A la fin de leur prestation, on leur disait tantôt qu'ils étaient sortis perdants (renforcement négatif de l'attitude), tantôt qu'ils étaient sortis gagnants (renforcement positif) du débat. Enfin, on mesurait leur attitude à l'égard de la position qu'ils venaient de défendre. Les sujets gagnants adoptèrent davantage cette position que les sujets perdants.

Diamond et Loewy (1991, cités par Lafrenaye, 1994) obtiennent des résultats similaires. L'attitude visée dans leur travail concernait les comportements de recyclage des déchets domestiques. Ils comparaient deux méthodes de renforcement positif. Dans une condition, les sujets se voyaient remettre une petite somme d'argent pour chaque sac plastique retourné à l'épicerie. Dans une seconde condition, ils se voyaient remettre un billet de loterie. Les sujets de cette seconde condition adoptaient, à l'égard du recyclage des déchets domestiques, une attitude plus favorable que les sujets de la première condition.

B - La perception de soi

Bem (1972) suppose que lorsque nous souhaitons connaître nos états intérieurs (notamment nos émotions), nous nous appuyons au moins autant sur des stimuli internes (par exemple : rythme cardiaque, tensions musculaires, viscérales, etc.) que sur les stimuli utilisés habituellement par autrui pour connaître nos états internes (ex. : paroles, expression du visage, postures, comportements). De la même façon, les opinions que nous exprimons oralement ou par le biais d'échelles d'attitudes, ainsi que nos comportements effectifs à l'égard d'un objet constituent des sources d'informations importantes nous aidant à définir nos attitudes.

Une recherche de Salancik et Conway (1975) a montré que ce processus peut tenir un rôle important dans la formation des attitudes. Ils manipulaient la formulation de leurs questions de façon à orienter de manière précise les réponses des sujets. Ces derniers, des étudiants, remplissaient un questionnaire comportant plusieurs énoncés portant sur des conduites pro ou anti religieuses. Pour une première moitié des sujets, les énoncés proreligieux contenaient l'expression « à l'occasion » (ex. : À l'occasion, je vais à l'église), à l'inverse les énoncés antireligieux contenaient l'adverbe « fréquemment » (ex. : Je pense fréquemment que la religion est l'opium du peuple). Pour les sujets de la seconde condition, les énoncés proreligieux contenaient l'adverbe fréquemment (ex. : Je vais fréquemment à l'église) et les énoncés antireligieux contenaient l'expression « à l'occasion ». L'idée était que les sujets se refuseraient spontanément à répondre affirmativement à un énoncé contenant l'expression « fréquemment ». Les sujets de la première condition devraient donc se percevoir comme plus proreligieux et les sujets de la seconde condition comme plus antireligieux. C'est ce qui fut observé.

III - SOURCES COGNITIVES

Très peu de travaux empiriques portent sur ce dernier aspect. On verra (voir Fiche 48) que des contacts directs avec des personnes ou les membres de groupes sociaux qui nous sont initialement étrangers ou à propos desquels nous possédons des **stéréotypes** négatifs influencent positivement notre attitude à l'égard de ces personnes (Hewstone, Johnston et Aird, 1992, et Hewstone, Hopkins et Routh, 1992).

Nos parents, nos pairs, les médias, l'école, contribuent quotidiennement à édifier et à façonner nos attitudes en nous apportant des informations à propos d'objets avec lesquels nous n'avons pas encore été en contact ou avec lesquels nous ne serons jamais en contact

FICHE 34 EFFET DE SIMPLE EXPOSITION

On doit à Zajonc (1968) l'inauguration des recherches systématiques sur l'**effet de simple exposition** (*cf.* Bornstein, 1989 ; Harrison, 1977 ; Stang, 1974, pour des présentations de ces travaux).

I - DÉFINITIONS

Zajonc pose l'hypothèse centrale selon laquelle « la simple exposition répétée à un stimulus suffit à [est une cause suffisante pour] rendre plus favorable l'**attitude** d'un sujet envers ce stimulus » (Zajonc, 1968, p. 1).

Dans ce cadre, Zajonc définit une situaton de « simple exposition » comme « une situation dans laquelle le stimulus est rendu juste accessible à la perception des sujets ».

II - ILLUSTRATIONS

Dans une expérience (Zajonc, 1968), on présentait à des sujets douze mots de sept lettres sans signification (iktitaf, kadirga, dilikli, civadra, etc.). On disait aux sujets qu'il s'agissait de mots turcs et que l'expérience portait sur les effets de la répétition sur la prononciation des mots étrangers. Selon les conditions, ces mots étaient présentés 0, 1, 2, 5, 10 ou 25 fois. On demandait ensuite aux sujets d'estimer dans quelle mesure chacun de ces mots signifiait selon eux quelque chose de « bien » ou de « mal ». Les résultats indiquent qu'il existe une relation très forte entre la fréquence d'exposition aux mots et le sens global qui leur est attribué. En effet, les sujets estiment que les mots présentés un grand nombre de fois (5, 10, et 25 fois) expriment des notions plus positives que les mots présentés peu fréquemment (0, 1 et 2 fois).

Ces résultats ont été reproduits de nombreuses fois avec des stimuli divers (Bornstein, 1989 ; Zajonc, 1968). De plus, cet effet a été retrouvé lorsque les stimuli étaient présentés aux sujets pendant une durée trop brève (de 1 à 5 millisecondes) pour être ensuite reconnus (Kunst-Wilson & Zajonc, 1980 ; Zajonc, 1980). Dans ce dernier cas, l'**effet de simple exposition** semble plus fort que lorsque les stimuli peuvent être reconnus (Bornstein, 1989 ; Bornstein & D'Agostino, 1992).

III - INTERPRÉTATIONS

L'**effet de simple exposition** reste encore mal expliqué malgré un nombre impressionnant de recherches.

Selon Zajonc (1980), il existerait une séparation entre la pensée et les sentiments. Dans ce cadre, l'**effet de simple exposition** révèlerait l'existence de réponses affectives (basées sur des caractéristiques vagues, grossières et globales des stimuli, et appelées *preferenda*) indépendantes d'une discrimination des éléments qui permettent la reconnaisance des stimuli (*discriminanda*).

Par opposition à cette explication purement « affective », de nombreuses autres explications ont été proposées.

A - Processus d'opposition

Certains travaux suggèrent que lorsqu'un stimulus produit une réponse émotionnelle, la supression de ce stimulus s'accompagne d'un effet de « rebond » dans lequel l'émotion opposée est ressentie par les sujets. Une exposition répétée à des stimuli aurait donc pour effet de réduire la première réponse émotionnelle et de renforcer la réponse émotionnelle opposée.

Par conséquent, un stimulus non familier pourrait évoquer en premier lieu une réponse négative (peur, tension, angoisse...). La répétition du stimulus pourrait réduire les émotions négatives et renforcer les émotions positives à l'égard du stimulus (Harrison, 1977).

B - Éveil physiologique

Les organismes recherchent et préfèrent les niveaux d'éveil physiologiques modérés. La sur-stimulation et la sous-stimulation sont ressenties par les sujets comme des états déplaisants qui entraînent une réduction de l'attrait pour le stimulus associé avec ces degrés de stimulation. On peut donc penser que la répétition d'un stimulus nouveau pourrait permettre d'abaisser le niveau d'éveil induit par celui-ci. Par conséquent, l'**effet de simple exposition** pourrait être dû à une réduction du niveau de sur-stimulation (grâce à la répétition) produit par des stimuli nouveaux (Harrison, 1977).

Toutefois, cette explication implique que les stimuli doivent être reconnus pour induire des changements dans le niveau d'éveil alors que l'on sait que ces effets peuvent être enregistrés avec **des stimuli non reconnus** (Bornstein, 1989).

C - Compétition de réponses

Selon le modèle de la compétition de réponses (Bornstein, 1993 ; Harrison, 1977), la présentation d'un stimulus nouveau entraîne un grand nombre de réponses concurrentes (curiosité, peur, surprise...). La compétition de réponses induit un état ressenti comme déplaisant par le sujet qui tente de déterminer la réponse la plus appropriée au stimulus. Cet état émotionnel déplaisant se traduit par une évaluation négative du stimulus présenté. Toutefois, au fur et à mesure que le stimulus est présenté, certaines réponses sont privilégiées (intérêt, curiosité) et d'autres sont inhibées (surprise, peur). La réduction de la compétition entre les réponses entraîne une amélioration de l'état émotionnel des sujets. Elle pourrait donc produire une amélioration des sentiments à l'égard du stimulus.

Selon Bornstein (1993), on ne peut expliquer l'**effet de simple exposition** par ces processus que si l'on admet l'existence de **processus cognitifs « implicites »** (qui fonctionnent sans que le sujet en soit conscient). En effet, on sait que l'**effet de simple exposition** est enregistré même lorsque les **stimuli présentés ne peuvent pas être reconnus**. Par conséquent, il faut faire l'hypothèse de l'existence de processus permettant aux sujets, sans qu'ils en soient conscients, de « disconfirmer » leurs attentes négatives à l'égard du stimulus.

D - Modèle des deux facteurs

Selon le modèle des deux facteurs (Harrison, 1977 ; Stang, 1974), l'**effet de simple exposition** serait dû aux effets combinés de l'habituation (l'attrait pour un stimulus augmente à mesure que celui-ci devient familier, donc moins menaçant) et de l'ennui. Dans un premier temps, la confrontation avec un stimulus nouveau entraînerait des sentiments négatifs (peur). Après un certain nombre d'expositions, et en l'absence de menace provenant du stimulus, les sujets trouveraient celui-ci plus attrayant. Enfin, à partir d'un certain nombre d'expositions, les sujets n'auraient plus le même intérêt pour le stimulus (ennui), ce qui devrait entraîner des sentiments moins positifs à son égard.

Ce modèle est en accord avec les résultats qui indiquent que lorsque les stimuli utilisés sont simples – par comparaison avec des stimuli complexes – et/ou présentés pendant une durée « longue » – par comparaison avec des durées courtes – (facteurs censés augmenter l'ennui), l'**effet de simple exposition est réduit** (Bornstein, 1989).

Toutefois, selon le modèle des deux facteurs, l'augmentation de l'attrait pour le stimulus est fonction de la familiarité et de la reconnaissance du stimulus. Par conséquent, ce modèle n'est pas adapté pour rendre compte des effets enregistrés avec des **stimuli non reconnaissables** (présentés un temps très bref). Pour répondre à ce problème, Bornstein

(1989) suggère l'existence de **processus d'apprentissage implicites** (Gordon & Holyoak, 1983 ; *cf.* C) qu'il intègre à ce modèle.

Par ailleurs, l'**effet de simple exposition** est plus important lorsque les stimuli sont présentés de manière « subliminale » que lorsqu'ils peuvent être reconnus par les sujets. Pour expliquer ce résultat, Bornstein suggère que les sujets qui reconnaissent les stimuli pourraient tenter de contrecarrer l'influence dont ils pensent avoir fait l'objet en « corrigeant » leurs jugements à l'égard du stimulus (Gilbert, 1989 ; Trope, 1986).

Références

Bornstein, R.F. (1989). Exposure and affect : Overview and meta-analysis of research, 1968-1987. *Psychological Bulletin*, 106, 265-289.

Harrison, A.A. (1977). Mere exposure. In L. Berkowitz (Ed.), *Advances in experimental social psychology* (vol. 10, pp. 39-83). New York : Academic Press.

Zajonc, R.B. (1968). Attitudinal effects of mere exposure. *Journal of Personality and Social Psychology* (Monograph Supplement, n° 2, part. 2), chap. 9, 1-27.

FICHE

35 LA PERSUASION

I - DÉFINITION

On définit la **persuasion** (Yzerbyt et Corneille, 1994) comme un acte de communication ayant pour but de modifier l'état mental d'un individu. Deux caractéristiques la distinguent d'autres formes d'influence. La cible de la persuasion a ou croit avoir une liberté totale. La persuasion a pour but de modifier les comportements de la cible en gagnant son accord et l'intériorisation de cet accord.

II - SCHÉMA DE COMMUNICATION

Lorsqu'il s'agit d'analyser une communication, on se pose les questions suivantes : qui dit quoi, à qui et comment ? On peut ainsi décrire la communication par un schéma distinguant la **source** du changement, un **message**, le **canal** par lequel transite ce message (écrit, vocal, audiovisuel) et le **récepteur** de ce message. McGuire (1985) reprend ce schéma tout en y ajoutant l'**attitude-cible** du message. Nos attitudes ne sont pas également sensibles à une tentative de persuasion. Elles peuvent être, ou non, organisées en systèmes. Elles peuvent être plus ou moins centrales dans la définition que le sujet donne de lui-même, plus ou moins labiles et plus ou moins accessibles cognitivement. Il est donc important de compléter ce modèle de communication par des spécifications concernant la nature des attitudes visées par le message. Enfin, on peut y ajouter une distinction entre récepteur et **personne cible** du message. Cette distinction souligne le fait qu'un message est construit et diffusé dans l'intention d'atteindre des personnes particulières. La prise en compte de l'intentionnalité du message ouvre la voie à l'étude des stratégies de construction rhétorique, thématique et donc, à un niveau plus fondamental, aboutit à l'étude des aspects pragmatiques et sociaux du discours. Un message visant à persuader indique, en effet, l'existence de rapports sociaux source-cible différents de ceux qu'implique un message visant à séduire, à décrire ou ayant un caractère conflictuel. La distinction récepteur-cible souligne également le fait qu'un message est entendu et analysé par des gens qui ne sont initialement pas visés par le message. Cette distinction permet, entre autres, d'intégrer dans l'étude des changements d'attitudes l'impact d'une « troisième personne » dans la situation de communication. Certaines recherches montrent par exemple, que les réactions d'une audience à un message ont un impact sur nos changements d'attitudes (Axsom, Yates, et Chaiken, 1987).

Les recherches expérimentales font varier bon nombre des caractéristiques de chacun de ces éléments (source, message, canal, etc.) afin d'étudier l'impact de ces variations sur les changements d'attitudes. Nous décrirons un certain nombre de ces recherches dans la fiche 36.

III - PROCESSUS DE CHANGEMENT

A - DESCRIPTION DU PROCESSUS

On définit le changement comme un « processus stochastique » (De Montmollin, 1984), c'est-à-dire « comme une séquence d'étapes qui se conditionnent l'une l'autre » (De Montmollin, 1984, p. 94). McGuire (1985) distingue 12 étapes dans le processus de persuasion. Elles décrivent les différents niveaux de réponses du sujet à un message persuasif. En cela, elles peuvent être étudiées, à la condition de posséder un instrument de mesure valide, comme autant de variables dépendant des manipulations du chercheur.

• **Étape 1** : le récepteur doit être réglé de façon a être en position d'exposition au message persuasif. Ce réglage est de nature cognitive et attentionnelle. Cette étape est nécessaire. En effet, une personne en état de sommeil ou dont l'activité cognitive est entièrement tournée vers une tâche n'est pas en position d'être exposée au message.

• **Étape 2** : le récepteur doit diriger son attention vers le message.

• **Étape 3** : une fois obtenue, la prise attentionnelle doit être assurée et maintenue. Le sujet doit trouver un intérêt au message ou le trouver agréable. La ou les dimensions sur lesquelles le sujet trouve le message agréable ou intéressant, est un facteur essentiel. Elles ne sont pas, à ses yeux, toutes d'égale importance.

• **Étape 4** : la compréhension du contenu du message.

• **Étape 5** : la génération de cognitions reliées au message (idées, arguments appuyant ou s'opposant au contenu du message).

• **Étape 6** : l'acquisition de compétences pertinentes par rapport au message. Cette étape est souvent nécessaire, notamment dans les campagnes de santé publique (ex. : lutte contre le tabagisme). On ne s'y contente pas de dire que telle ou telle pratique nuit à la santé, on le démontre en s'appuyant sur des preuves scientifiques. Ces preuves restent, cependant, insuffisantes lorsque le sujet ne dispose pas des connaissances nécessaires pour être en mesure de les définir comme telles.

• **Étape 7** : accord avec les positions tenues dans le message.

• **Étape 8** : stockage en mémoire des changements.

• **Étape 9** : récupération en mémoire du matériel cognitif pertinent (accord, idées, arguments autogénérés ou appris lors du message).

• **Étape 10** : prise de décision sur la base du matériel récupéré.

• **Étape 11** : comportement en accord avec la décision prise.

• **Étape 12** : consolidation post-comportementale des nouvelles réponses (prenant, par exemple, la forme d'une réorganisation du système de croyances ou du prosélytisme).

B - Quelques raccourcis

Les **publicités** et autres messages peu impliquants peuvent affecter nos comportements sans que nous ayons à nous engager dans un processus exhaustif de compréhension du message (Petty et Cacioppo, 1981). Les travaux concernant l'impact de **la suggestion hypnotique** sur les comportements montrent que nos comportements ne sont pas nécessairement déterminés par une prise de décision. Les travaux sur la **communication subliminale** (Bargh et Pietromonaco, 1982) montrent également que nos attitudes peuvent être influencées sans que les processus attentionnels soient impliqués.

Enfin, il n'est pas rare que les changements d'opinion suivent une séquence inverse de celle proposée ici. Dans les études de la **soumission forcée**, on amène le sujet à changer de comportement avant de changer d'attitude. On ajoutera que l'accord détermine parfois l'exposition plutôt que l'inverse : les lecteurs assidus du *Figaro* et de *Libération* sont pour la majorité, respectivement, des électeurs de droite et de gauche.

C - Précautions

McGuire (1985) attire notre attention sur plusieurs erreurs qui pourraient être commises dans l'utilisation « naïve » de ce modèle. Nous en évoquerons deux.

Il est essentiel de ne pas négliger le fait qu'il existe entre deux points de la séquence décrite, un certain nombre d'étapes intermédiaires. Un chercheur s'intéressera, par exemple, à l'impact du style métaphorique sur les changements d'attitudes. Il fera l'hypothèse que ce facteur détermine les changements en amenant le sujet à porter une plus grande attention au message (étape 2). Il devra néanmoins garder à l'esprit que le style métaphorique affecte également la compréhension du message ainsi que la récupération en mémoire des cognitions suscitées par le message.

Deuxièmement, il n'est pas rare que les variables manipulées ou invoquées agissent à différents endroits de la séquence de manière opposée et qu'au final leurs effets s'annulent. Il est donc nécessaire de fonder l'étude des facteurs du changement sur plusieurs types de mesures (réponses attitudinelles, cognitives, mnésiques, pour un exemple *cf.* Fiche 41).

IV - QUESTIONS DE MÉTHODE

Les situations expérimentales permettant d'étudier les changements d'attitudes suivent généralement trois étapes.

- Le sujet répond tout d'abord à une ou plusieurs questions concernant son attitude à propos d'un objet ou d'un problème social. Les réponses du sujet nous donnent des indications sur ses positions avant communication.
- Le sujet est ensuite exposé à un message attribué à une personne ou à un groupe de personnes.
- Enfin, on interroge à nouveau le sujet sur ce qu'il pense de l'objet.

On comparera ses réponses avant et après exposition au message. On pourra ainsi répondre à la question de savoir s'il a changé d'opinion. On comparera également ses réponses après réception du message aux opinions proposées par le message. On saura alors s'il s'est rapproché ou éloigné de la position exprimée dans le message. Ce plan classique « pré-test/message/post-test » implique l'utilisation d'un groupe contrôle, où les sujets ne sont pas soumis au message. Ce dispositif est destiné à mesurer la part de changement spontané entre le pré-test et le post-test.

Le désavantage de cette procédure tient au fait que les sujets y sont interrogés à deux reprises. Les sujets peuvent ainsi deviner que le but du chercheur est de les faire changer d'avis, ce qui les amènera tantôt à changer pour complaire au chercheur tantôt à ne pas changer par souci de cohérence.

Une variante du plan pré-test/post-test consiste à interroger les sujets expérimentaux sur leurs attitudes après lecture du texte et à comparer leurs réponses à celles d'un groupe de référence n'ayant pas lu le texte et également soumis au questionnaire d'attitude. Cette procédure oblige le chercheur à constituer des groupes comparables tant au niveau des caractéristiques sociales que des caractéristiques personnelles des sujets qui les constituent.

Références

McGuire, W.J. (1985). Attitudes and Attitudinal change. In G. Lindzey, & E. Aronson (Eds), *The handbook of social psychology* (vol. 2, pp. 258-262). Reading, M.A. : Addison-Wesley.

Yzerbyt, V.Y., & Corneille, O. (1994). *Textes de bases en sciences sociales : la persuasion.* Delachaux et Niestlé : Neuchâtel.

FICHE 36 CHANGEMENT D'ATTITUDE

Dans la fiche précédente, nous avons brièvement décrit un schéma de communication. Il est accepté dans la grande majorité des recherches consacrées à l'étude des changements d'attitudes. L'impact de chacun de ces éléments (source, canal, message, récepteur) sur les changements a été abondamment étudié. La démarche expérimentale se révèle ici particulièrement fructueuse et sa mise en œuvre est, plus qu'ailleurs, naturelle : on fera varier les caractéristiques de la source d'influence, celles de la cible, les caractéristiques du message, la nature du canal par lequel ce dernier transite, et l'on observera l'impact de ces variations sur les réponses de la cible : changements d'attitude, attention, mémorisation du message, productions cognitives, comportements ultérieurs, etc. Il est impossible ici de faire une revue exhaustive des études portant sur les changements d'attitudes, un ouvrage complet n'y suffirait probablement pas. Nous nous attacherons simplement à évoquer les principales sources de changements attitudinaux. Nous n'aborderons pas ici les modèles récents permettant d'organiser ce corpus empirique conséquent (la fiche 37 le fera de manière détaillée).

I - FACTEURS DU CHANGEMENT : LA SOURCE

A - CRÉDIBILITÉ

De façon générale, on observe qu'une source perçue comme très crédible obtient plus d'influence que celle perçue comme peu crédible. On a précisé les caractéristiques définissant ce qu'est, aux yeux du sujet, une source crédible ou non. Cette définition repose sur deux grands ensembles d'indices : l'un se rapporte à la compétence de la source, la seconde à son honnêteté. On a ainsi pu montrer que le niveau général de connaissance de la source, son statut social, sa profession, son niveau d'éducation, son intelligence ainsi que son expertise ou sa familiarité avec les problèmes sur lesquels elle se prononce ont un impact positif sur le changement d'attitude (pour une revue, voir Hass, 1981). L'honnêteté perçue de la source se révèle cependant être un déterminant plus essentiel du changement d'attitude. Dans le même ordre d'idée, une personne prônant des solutions contraires à ses intérêts, ou aux préférences de son auditoire, obtiendra plus d'influence qu'une personne adoptant des stratégies inverses (Eagly, Wood et Chaiken, 1978). De la même façon, une source dont le but est d'informer en toute objectivité aura un impact plus important sur les opinions de la cible qu'une personne dont le but manifeste est de persuader (McGinnies et Ward, 1980).

B - Attractivité

L'attractivité perçue de la source résulte de trois facteurs : le fait qu'elle soit familière à la cible, le fait qu'elle lui soit similaire, et sympathique. Une source se révèle plus persuasive lorsqu'elle apparaît comme plus sympathique et ce, tout particulièrement, lorsque la position qu'elle défend est indésirable (Eagly et Chaiken, 1975). On a pu également montrer qu'une source physiquement attractive obtenait, quel que soit son sexe, plus de changements d'opinions qu'une source peu attractive (Dion et Stein, 1978). Parallèlement, Stoneman et Brody (1981, cités par McGuire, 1985) montrent qu'une source, qu'elle soit représentée comme similaire ou qu'elle soit objectivement similaire à la cible, a plus d'impact persuasif qu'une source différente de la cible. De nombreux travaux soulignent également le fait que la similarité socio-démographique (couleur de la peau par exemple) a un poids plus grand que la similarité idéologique sur les changements d'opinion.

C - Pouvoir et sexe de la source

Heilman (1976) montre que la source obtiendra plus d'influence lorsqu'elle est perçue comme ayant la volonté autant que la possibilité de punir les réponses non conformes de la cible. D'autres travaux confirment ces résultats. L'auteur montre en outre que les sources ayant du pouvoir ont un impact sur les opinions publiques de la cible, mais également sur ses opinions privées. Dion et Stein (1978) montrent qu'un homme a plus d'impact qu'une femme sur les opinions aussi bien d'hommes que de femmes. Comme le prévoit le sens commun, les auteurs montrent également que la beauté d'une femme accroît son impact sur les opinions des hommes.

II - La cible

Il semble que l'influençabilité varie avec l'âge de manière non monotone : ainsi le maximum d'influençabilité a été observé auprès d'enfants de 8 à 12 ans. Elle décroît ensuite, au fil des années. On a par contre échoué à établir une relation fiable entre le niveau intellectuel et l'influençabilité. Quelques travaux montrent néanmoins que les sujets plus intelligents seraient moins influençables que les sujets moins intelligents (pour une revue, voir Rhodes et Wood, 1992). Le rôle du sexe a, quant à lui, été beaucoup plus étudié. Eagly et Carli (1981), dans une méta-analyse portant sur près de 150 études, montrent que les femmes sont plus influençables que les hommes.

III - LE MESSAGE

A - Argumentaire

On notera en préambule, qu'il n'existe pas d'études empiriques portant sur l'efficacité d'un message en fonction du type d'arguments qu'il contient (arguments par analogie, par généralisation, causale, etc. (Pour une présentation des techniques argumentatives, voir Plantin, 1996). De manière générale, on observe que l'impact du message est moins fort lorsqu'il contient des arguments faibles que lorsqu'il contient des arguments forts. Vinokur et Burnstein (1978a, 1978b) montrent par ailleurs que des arguments perçus comme valides ou comme nouveaux ont plus d'impact que des arguments déjà connus du sujet ou perçus comme manquant de validité. On a pu également montrer qu'il était préférable de citer et de réfuter les arguments de la partie adverse que de les omettre (*cf.* Fiche 38). L'ordre dans lequel la source devra présenter les arguments favorables à ses positions et ceux s'y opposant dépendrait largement du fait que la source a une connaissance préalable ou non des arguments « contre » (Hass et Linder, 1972). Si elle les connaît, on commencera par réfuter les arguments adverses pour conclure sur les arguments « pour ». Lorsque la cible n'a pas connaissance des arguments adverses, on ne les mentionnera pas. On s'est également penché sur le fait de savoir s'il était préférable de laisser ou non la conclusion d'un texte dans l'implicite. Il semble que la réponse à cette question soit négative (McGuire, 1985). L'impact sur les changements d'opinions de messages faisant **appel à la peur** a été également étudié. Les résultats des recherches effectuées montrent, en majorité, que l'efficacité du message croît avec l'intensité de la peur qu'il suscite (pour une revue, voir Higbee, 1969).

B - Style

La clarté du message aurait un impact positif sur les changements d'opinion : l'effet de cette variable serait médiatisé par les processus de compréhension (Eagly, 1974) et par la perception de crédibilité de la source. Vitesse de prononciation et impact persuasif seraient également liés de manière positive. On a, par ailleurs, pu montrer qu'une grande intensité rhétorique dans la présentation du message (le volume, l'amplitude vocale et les variations fréquentes du ton de la voix) accroît son impact et ceci tout particulièrement lorsque la source possède un grand prestige ou que la cible est peu impliquée par le message. Enfin, de nombreuses recherches ont permis d'établir que l'emploi de certaines figures rhétoriques, comme les métaphores ou les analogies accroît l'impact du message en augmentant l'attention qui lui est portée.

IV - LE CANAL

Chaiken et Eagly (1983) ont étudié de manière directe l'impact sur les changements d'opinion du média par lequel était transmis le message. Les auteurs comparaient l'impact d'un message selon qu'il est délivré par une source sympathique (vs antipathique) au cours d'un enregistrement vidéo et audio ou par le biais d'un texte écrit. Les résultats indiquent qu'une source sympathique dont le message transite par la vidéo a plus d'impact qu'une source peu sympathique dont le message transite par l'écrit, mais que la source peu sympathique obtient plus de changements lorsque son message transite par l'écrit que lorsqu'il transite par la vidéo.

Référence

Bromberg (1990). La communication : le « pourquoi ». In R. Ghiglione, C. Bonnet, & J.F. Richard (Eds.), *Traité de psychologie cognitive* (vol. 3, pp. 227-274). Paris : Dunod.

FICHE 37 PERSUASION : DEUX MODÈLES RÉCENTS

Le **modèle de la probabilité d'élaboration** (Elaboration Likelihood Model : Petty & Cacioppo, 1986) et le **modèle heuristique-systématique** (Heuristic-Systematic Model : Chaiken, 1980; Chaiken, Liberman & Eagly, 1989) sont deux modèles importants dans le champ de recherche sur la **persuasion.** Ils ont été élaborés à partir de la fin des années soixante-dix et comportent de nombreuses similitudes. Ces deux modèles postulent notamment que les gens sont motivés pour adopter des **attitudes** correctes ou valides.

I - MODÈLE DE LA PROBABILITÉ D'ÉLABORATION (ELM)

Selon Petty & Cacioppo (1986), une attitude valide peut être atteinte selon deux voies : une **voie « centrale »** et une **voie « périphérique ».**

La persuasion par « voie centrale » renvoie à l'adoption d'une **attitude** qui résulte d'un examen attentif des arguments disponibles en faveur (ou en défaveur) d'une position. Les gens créent de nouveaux arguments et intègrent certains des arguments présentés dans une structure de croyance en rapport avec l'objet d'attitude (ils « élaborent » le message). Un tel traitement de l'information nécessite que les gens soient fortement motivés et disposent des capacités cognitives suffisantes. Les attitudes formées à partir d'un tel traitement seront stables dans le temps, prédictives du comportement futur des individus, et résistantes face à des tentatives de contre-persuasion.

La persuasion par « voie périphérique » renvoie à l'adoption d'une **attitude** sans que cela nécessite de la part des individus un traitement approfondi des arguments présentés. Petty et Cacioppo placent sous cette appellation tous les changements d'attitude obtenus sans élaboration du message persuasif, c'est-à-dire aussi bien ceux renvoyant au conditionnement classique ou opérant, que les **changements d'attitude** basés sur l'identification (*cf.* Fiche 36), ou encore le **traitement heuristique** tel qu'il est défini par Chaiken et ses collègues (*cf.* II). Ce type de traitement du message persuasif apparaît lorsque les gens ne sont pas suffisamment motivés pour traiter les arguments de manière approfondie, et/ou ne disposent pas des ressources cognitives nécessaires à un tel traitement.

Un autre facteur important du changement d'attitude dans le ELM concerne les connaissances que les individus possèdent sur l'objet d'attitude. Plus ils disposent de connaissances intégrées sur un objet d'attitude et moins ils seront sensibles à des tentatives de contre-persuasion.

II - MODÈLE HEURISTIQUE-SYSTÉMATIQUE (HSM)

Selon Chaiken et ses collègues (Chaiken, 1980 ; Chaiken *et al.*, 1989 ; Chaiken & Stangor, 1987 ; Eagly & Chaiken, 1984), les sujets peuvent chercher à obtenir une **attitude** valide en traitant l'information persuasive de manière « systématique » ou de manière « heuristique ».

Le **« traitement systématique »** est conçu comme le traitement par « voie centrale » défini par Petty *et al.* (1986).

Le **« traitement heuristique »** de l'information est défini comme « un mode de traitement plus limité qui nécessite moins d'efforts et de capacités que le traitement systématique. Lorsqu'ils traitent l'information de manière heuristique, les gens centrent leur attention sur une partie de l'information disponible qui leur permet d'utiliser des règles inférentielles simples, des schémas, ou des heuristiques cognitives pour formuler leurs jugements » (Chaiken *et al.*, 1989, p. 212). Ce type de traitement renvoie donc à une variété beaucoup moins importante de processus que la **« voie périphérique »** du ELM. Dans ce cadre, les « heuristiques » sont définies comme des règles d'inférence stockées en mémoire comme les autres structures de connaissance et apprises au cours de l'existence. Des exemples de telles règles sont « il faut faire confiance aux experts » ou « la longueur d'une argumentation implique sa force », et les indices heuristiques permettant l'utilisation de ces règles : respectivement, le degré d'expertise perçu de la source et la taille du message.

Selon le HSM, les sujets privilégient généralement le traitement heuristique pour atteindre une attitude valide avec un moindre coût cognitif. Toutefois, si les sujets ne sont pas suffisamment sûrs de leurs jugements, ils peuvent s'engager dans un traitement plus systématique jusqu'à ce que le niveau de confiance soit jugé acceptable. Ce processus est appelé **« principe de suffisance » dans le HSM.** Réciproquement, des sujets engagés dans un traitement systématique peuvent utiliser des **indices heuristiques** lorsque ce traitement ne leur apporte pas un degré suffisant de confiance dans leurs jugements.

Le HSM diffère du ELM sur un autre point important. Alors que le ELM considère que les traitements par voie centrale et par voie périphérique sont mutuellement exclusifs, le HSM propose que les modes de traitement heuristique et systématique fonctionnent en parallèle et qu'ils peuvent donc avoir des actions simultanées sur le jugement formulé à l'égard de l'objet d'attitude. Sur la base de cette proposition, Chaiken et ses collègues formulent deux hypothèses principales : **l'hypothèse d'atténuation** et **l'hypothèse d'additivité**.

Selon « **l'hypothèse d'atténuation** », **le traitement systématique** donne à l'individu de l'information plus pertinente pour le jugement que le **traitement heuristique**. Cette information peut, dans certains cas, contredire l'information basée sur les heuristiques. Dans ce cas, l'impact des indices sera souvent négligeable parce qu'il sera « atténué » par l'information provenant du traitement systématique (Maheswaran & Chaiken, 1991).

Selon « **l'hypothèse d'additivité** », **le traitement heuristique** et le **traitement systématique** peuvent avoir des effets additifs sur le jugement. Notamment, le traitement heuristique peut favoriser certaines inférences concernant la validité du message reçu. Par exemple, le fait de savoir que le message provient d'un expert peut conduire les sujets à s'attendre à ce que le message soit mieux argumenté, ou que les positions défendues soient plus fortes, que lorsqu'il provient d'un novice. Toutefois, pour que le traitement du message puisse être influencé par **des indices heuristiques**, il est nécessaire que le message soit suffisamment ambigu, qu'il ne révèle pas une contradiction flagrante avec les inférences produites à partir du traitement heuristique (Chaiken & Maheswaran, 1994).

III - ILLUSTRATION

Chaiken *et al.* (1994) ont demandé à des étudiants de l'université de New York de participer à une étude commandée par un fabricant de répondeurs téléphoniques. On disait à la moitié des sujets que le produit allait être lancé dans l'état de New York, que l'étude était réalisée sur un très faible échantillon de population et que, par conséquent, les réponses de chaque sujet auraient un poids très important dans la décision finale du fabricant (motivation forte). À l'autre moitié, on disait que le produit serait mis sur le marché du Midwest, que l'étude était réalisée sur un grand échantillon et, par conséquent, que les réponses de chacun n'étaient pas très importantes (motivation faible). Par ailleurs, le message présentant le répondeur téléphonique était attribué soit à un journal spécialisé dans les tests scientifiques (crédibilité forte), soit au département marketing d'une chaîne de magasins de « discount » (crédibilité faible). Enfin, pour un tiers des sujets, le message était fortement argumenté en faveur du répondeur téléphonique (message fort); pour un second tiers, il était faiblement argumenté en faveur du produit (message faible); pour le derniers tiers, il était ambigu (message ambigu). Les sujets devaient, après la lecture du message, indiquer leur attitude à l'égard du répondeur.

La figure 1 illustre les résultats obtenus par Chaiken *et al.* (1994). Lorsque les sujets sont peu motivés pour traiter l'information en profondeur (figure de gauche), ils fondent leurs jugements sur le degré de crédibilité de la source quel que soit le type de message (Ms fort; Ms faible; Ms ambigu).

Figure 1 - Attitude moyenne à l'égard du répondeur téléphonique d'après Chaiken & Maheswaran (1994)

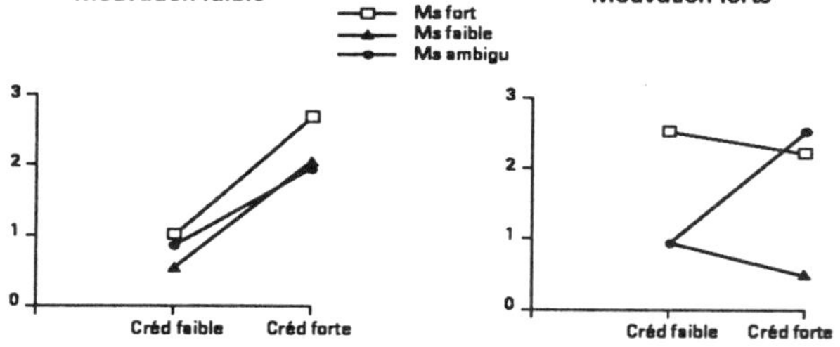

Lorsqu'ils sont fortement motivés pour traiter l'information en profondeur (figure de droite), et comme le prévoient les ELM et HSM, les sujets sont fortement influencés par l'argumentation développée dans le message. Conformément à l'hypothèse d'additivité du HSM, la crédibilité de la source affecte uniquement le jugement des sujets confrontés à un message ambigu.

IV - TÂCHE DE LISTAGE DES IDÉES

La tâche de « listage des idées » (Brock, 1967 ; Greenwald, 1968) est fréquemment employée dans les recherches en rapport avec le ELM et le HSM. Elle permet d'évaluer le degré d'élaboration du message persuasif. Pour cela, avant, pendant, ou après la lecture du message, on donne aux sujets un laps de temps pour écrire tout ce qui leur vient à l'esprit concernant le message et sa présentation (Chaiken *et al.*, 1994 ; Maheswaran *et al.*, 1991 ; Petty & Cacioppo, 1977 ; Petty, Wells & Brock, 1976). Les pensées des sujets sont ensuite classées par des juges indépendants ou par les sujets eux-mêmes (Petty *et al.*, 1976 ; 1977) dans des catégories pertinentes (pensées dirigées vers les arguments, pensées dirigées vers la source du message ; pensées positives, négatives, ou neutres à l'égard de l'objet d'aptitude ; pensées non pertinentes ; etc.). On considère que la proportion de pensées concernant les arguments est un indicateur fiable du niveau d'élaboration du message.

Références

Corneille, O. (1993). Une synthèse critique du modèle de probabilité d'élaboration. *L'Année Psychologique*, 93, 583-602.

Bromberg, M. (1990). La communication : Le « pourquoi ». In R. Ghiglione, C. Bonnet, & J.F. Richards (Eds), *Traité de psychologie cognitive* (tome 3, pp. 227-274). Paris : Dunod.

FICHE 38 — RÉSISTER À LA PERSUASION

Les plus grandes avancées dans la découverte des processus de résistance à la persuasion ont été réalisées durant une période particulière de notre histoire : la guerre froide. Le monde se divisait alors en deux blocs. Chacun avait le double souci à la fois de s'assurer une emprise sur les idées des populations du bloc rival et de protéger sa population contre les tentatives de propagande de l'adversaire.

I - THÉORIE DE L'INOCULATION

A - PRINCIPE

McGuire (1964) développa l'idée que, de la même façon qu'il est possible de stimuler les défenses d'un organisme contre un virus, en lui injectant un virus similaire, mais affaibli, il est possible de stimuler la résistance d'une personne à une tentative de persuasion, en la mettant en contact avec une forme atténuée de l'argumentaire employé par ceux qui tenteront, ultérieurement, de la convaincre. Une seconde stratégie consisterait à « doper » le système immunitaire à l'aide de vitamines ; cette voie trouve son pendant dans le champ de la persuasion, au travers des stratégies, dites de soutien, où l'on fournit à l'individu les contre-arguments qu'il pourra opposer aux arguments de ceux qui tenteront de le persuader. Cette analogie entre immunisation biologique et résistance à la persuasion fonde la théorie de l'inoculation (McGuire,1964).

B - ILLUSTRATIONS EXPÉRIMENTALES

McGuire et Papageorgis (1961) tentent d'évaluer l'efficacité relative de ces deux stratégies. Ils procèdent toujours de la même façon. Lors d'une première phase, dite de défense, on fournit au sujet soit des arguments favorables aux croyances qui feront ultérieurement l'objet d'une attaque (stratégies de soutien), soit des arguments opposés à ces croyances suivis de leur réfutation (stratégie d'inoculation où les arguments sont affaiblis par le biais d'une réfutation). Lors d'une seconde phase, dite d'attaque, les sujets sont soumis aux arguments mettant à mal leurs croyances. Pour finir, on mesurera les opinions de sujets concernant ces croyances. Les résultats montrent un avantage réel de la stratégie d'inoculation sur la stratégie par soutien. Dans une seconde expérience, les auteurs font varier le type de défense par inoculation. Dans un cas, les sujets sont soumis aux mêmes arguments lors de la phase de défense et lors de la phase d'attaque, dans un autre cas, ils sont soumis à des arguments différents. Les observations prouvent que la défense par inoculation est efficace contre des arguments déjà connus, mais aussi, contre des arguments nouveaux et non réfutés préalablement. Ces derniers résultats tendent à démontrer que l'inoculation agit comme un révélateur. Elle fait prendre conscience au sujet de la vulnérabilité de ses croyances et le motive par là même, à les défendre. Dans une troisième série d'expériences, McGuire et Papageorgis (1961) s'intéressent aux effets de la participation ou non des individus à la défense de leurs croyances (défense active vs défense passive). Le résultat essentiel est que la défense active (la génération par les sujets d'arguments en faveur de leurs croyances) a un effet particulièrement important, lorsque le sujet est inoculé et lorsque les arguments utilisés lors des phases de défense et d'attaque sont différents. Autrement dit, une défense active protégerait l'individu contre des arguments pour lesquels il n'a pas été immunisé.

II - MISE EN GARDE ET RÉSISTANCE AU CHANGEMENT

On s'est aussi intéressé aux effets de la mise en garde sur la résistance à une tentative de persuasion. Papageorgis (1968) distingue deux types de mise en garde :

- celles qui portent sur l'intention persuasive. Dans cette condition, on avertit le sujet, uniquement sur le fait qu'il va être la cible d'une tentative de persuasion. Rien ne lui est dit concernant le message auquel il sera exposé ;

- celles qui portent sur le contenu du message. Cette fois, on informe les sujets qu'ils vont entendre un message persuasif dont l'on dévoile le thème et les positions défendues.

Les travaux effectués pour étudier les effets différentiels de ces deux types de mise en garde montrent que si elles augmentent également la résistance à la persuasion, elles le font, en revanche, par des voies différentes. La première susciterait la mise en œuvre d'un processus de réactance (Brehm, 1966). Le sujet sentant sa liberté et son indépendance menacées tendrait à les restaurer et à les affirmer en rejetant les propos du message. La seconde nécessiterait un certain délai entre le moment de la mise en garde et la réception du message. Certains travaux (Freedman et Sears, 1965) montrent en effet que plus ce délai augmente, plus la résistance est élevée. L'hypothèse explicative est que ce laps de temps augmente la probabilité que les sujets s'engagent dans un processus de contre-argumentation. Ceci fut confirmé par Petty et Cacioppo (1977).

Les deux processus évoqués s'opposent sur le plan de la spécificité mais sont, néanmoins, considérés comme complémentaires (Hass et Grady, 1975). La « réactance » aurait en quelque sorte pour conséquence d'élever le niveau général de préparation du sujet à la résistance, tandis que la contre-argumentation aurait pour effet de le préparer à résister à un message en particulier.

III - CRÉDIBILITÉ, SINCÉRITÉ, ATTRACTIVITÉ

Un certain nombre de travaux suggèrent que toute tentative réussie visant à ruiner la crédibilité des auteurs d'un texte, à les rendre antipathiques, à battre en brèche leur expertise, à dénoncer leur dépendance à l'égard d'un pouvoir quelconque ou à faire la lumière sur les intérêts qu'ils ont à défendre les positions qu'ils tiennent sont susceptibles de faire obstacle à leur tentative de persuasion.

Hovland et Weiss (1951, 1994) donnèrent à lire aux sujets des textes présentés comme étant des extraits de journaux et de revues. Ces textes portaient sur divers thèmes allant de la médecine à l'économie, en passant par des questions militaires. Pour la moitié des sujets, ces textes étaient présentés comme ayant été écrits par des personnes jugées, lors d'un pré-test, très crédibles. Pour la seconde moitié, ces textes étaient attribués à des sources peu crédibles (exemple : un journaliste de la Pravda, source peu crédible s'il en est, dans le contexte de l'époque, traitait de questions militaires). Dans ce dernier cas, l'influence était le plus souvent nulle.

Eagly, Wood et Chaiken (1978) montrent qu'un informateur induisait moins ou aucun changement lorsque qu'il défendait une position dont les sujets savaient qu'elle correspondait à ses intérêts personnels ou lorsqu'elle allait dans le sens des opinions de l'audience faisant face à l'orateur.

IV - AUTRES INDUCTIONS DE LA RÉSISTANCE

On a étudié l'effet de **l'engagement** sur la résistance. Les sujets auxquels on demande d'exprimer en public ou de penser à une opinion, ou encore auxquels on demande d'effectuer un acte coûteux allant dans le sens de leurs opinions résistent plus à un message persuasif lié à ces opinions que ceux auxquels on ne demande rien.

On a enfin étudié l'impact sur la résistance de **l'ancrage** de l'attitude dans le système d'opinions et de valeurs du sujet. L'idée est qu'une opinion fortement ancrée aurait un coût de remplacement élevé, coût conduisant le sujet à résister à tout message la remettant en cause. Ainsi, lorsque l'on amène le sujet à dire, à exprimer ou à penser que telle ou telle de ses opinions est fortement liée aux valeurs ou à d'autres idées qui ont une grande importance pour lui, on observe une plus grande résistance aux messages attaquant ces mêmes opinions.

Référence

Bromberg, M. (1990). La communication : le « pourquoi ». In R. Ghiglione, C. Bonnet, & J.F. Richard (Eds). *Traité de psychologie cognitive* (vol. 3, pp. 240-242, 255-258). Paris : Dunod.

FICHE 39 PERSUASION ET ÉMOTIONS

Sommes-nous plus facilement influencés par un discours persuasif lorsque nous sommes de bonne ou de mauvaise **humeur** ? Ce type de problème attire un nombre grandissant de chercheurs (Forgas, 1995).

Les recherches conduites dans ce secteur (*cf.* Schwarz, Bless & Bohner, 1991) indiquent que l'**humeur** négative amène les sujets à **traiter l'information de façon plus systématique** (ou par **voie centrale** : *cf.* Fiche 37). Ces sujets sont plus sensibles à la qualité de l'argumentation développée dans un message que des sujets d'humeur « neutre », et moins sensibles à la présence d'**indices heuristiques** (Bless, Bohner, Schwarz & Strack, 1990). D'un autre côté, les sujets d'humeur positive ont tendance à **traiter l'information de façon plus heuristique** (par **voie périphérique**) que des sujets d'**humeur** « neutre ». Ils sont moins sensibles à la qualité de l'argumentation présentée, et plus sensibles à la présence d'**indices heuristiques**, que les autres sujets (Mackie & Worth, 1989).

I - ILLUSTRATIONS

Bless *et al.* (1990) ont demandé à des étudiants de rapporter par écrit un événement agréable ou un événement désagréable de leur vie. De cette manière, ils ont créé un groupe de sujets d'humeur « positive » et un groupe de sujets d'**humeur** « négative », auxquels ils ont demandé de participer à une seconde étude. Les sujets étaient alors exposés à un message en faveur de l'augmentation des droits de scolarité. Pour la moitié des sujets, ce message était fortement argumenté, pour l'autre moitié, il était faiblement argumenté.

La mesure des **attitudes** des sujets envers l'augmentation des droits de scolarité a montré que les sujets d'**humeur** négative étaient plus influencés par le message lorsque celui-ci était fortement argumenté que lorsqu'il était faiblement argumenté. Ce facteur n'affectait pas les **attitudes** des sujets d'**humeur** positive.

Dans une autre expérience, Mackie *et al.* (1989) ont demandé à des étudiants d'indiquer leur position sur un certain nombre de problèmes. Une des questions posées portait sur leur **attitude** à l'égard du contrôle de la possession d'armes à feu aux États-Unis. Ensuite, une partie des sujets visionnait un court extrait (5 minutes) d'un programme télévisé distrayant alors que les autres sujets regardaient un programme « neutre » (un reportage sur le vin). Après cette phase, on présentait aux sujets un message sur le contrôle de la possession d'armes à feu qui plaidait toujours pour la position opposée à celle du sujet. Ce message était attribué à un spécialiste de ce type de problème de l'université de Virginie (source experte), ou à un étudiant de première année de l'université de Virginie (source inexperte). Enfin, le message était fortement argumenté ou faiblement argumenté. La principale variable dépendante est le changement d'**attitude** des sujets, évalué par le déplacement vers la position contre-attitudinale défendue dans le message (plus le déplacement vers cette position est grand, plus l'indice est fortement positif).

Figure 1 - Changement d'attitude moyen à l'égard du contrôle de la possession d'armes à feu chez les sujets « joyeux » et « neutres » en fonction du type d'argumentation développé (gauche) et du degré d'expertise de la source (droite), d'après Mackie *et al.* (1989)

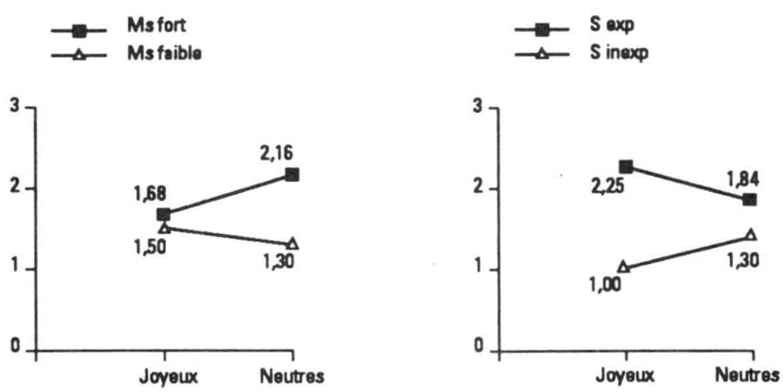

L'**attitude** des sujets joyeux est moins influencée par le type d'argumentation que celle des sujets neutres (figure de gauche). Dans le même temps (figure de droite), l'**attitude** des sujets joyeux est fortement influencée par le degré d'expertise de la source (indice heuristique) alors que les sujets neutres n'y sont pas sensibles.

Toutefois, ces résultats ne sont enregistrés que lorsque l'induction de l'**état émotionnel** (positif ou négatif) intervient avant la présentation de l'argumentation (à l'encodage).

Lorsque l'**état émotionnel** des sujets est induit après la présentation du message et avant le jugement (au rappel), on enregistre un pattern de réponses opposé : les sujets d'**humeur** positive sont plus sensibles à la qualité de l'argumentation que les sujets d'**humeur** négative (Bless, Mackie & Schwartz, 1992). Selon Bless *et al.* (1992), ces résultats sont dus au fait que les sujets d'**humeur** positive utilisent une représentation globale de l'argumentation, alors que les sujets d'humeur négative utilisent un rappel détaillé.

II - INTERPRÉTATIONS

A - Humeur comme information

Deux positions peuvent être envisagées. D'après la théorie du conditionnement classique, si un objet est associé à un indice émotionnel à l'encodage, la simple présentation de l'objet d'**attitude** devrait activer l'**état émotionnel** conditionné et déterminer l'attitude (favorable ou défavorable) à l'égard de l'objet (Staats & Staats, 1958).

Par ailleurs, l'**état émotionnel** pourrait servir au sujet de source d'information concernant son attitude face à un objet. Face à un objet d'attitude, les gens se demanderaient « comment est-ce que je me sens ? ». Si la personne se sent bien (alors même que ce jugement n'a aucun lien avec l'objet d'**attitude**), elle inférera que son attitude à l'égard de cet objet est favorable, et inversement si elle se sent mal. Par exemple, des sujets appelés au téléphone estimaient leur vie de manière plus positive lorsque le temps était ensoleillé que lorsqu'il pleuvait (Schwarz & Clore, 1983). Cependant, ces explications ne permettent pas de prédire l'interaction enregistrée entre l'**état émotionnel** et le type de message présenté (fortement versus faiblement argumenté).

B - Congruence de l'humeur

L'induction d'un **état émotionnel** chez un individu pourrait rendre plus accessible en mémoire le matériel congruent avec l'humeur induite (négative ou positive). Les sujets d'humeur négative devraient être plus négatifs à l'égard du message présenté et devraient donc être moins facilement influencés par celui-ci que les sujets d'humeur positive. Nous avons vu que cela n'était pas toujours le cas puisque les sujets d'humeur positive sont moins sensibles à la qualité de l'argumentation développée dans le message que les sujets d'humeur négative.

C - Hypothèses motivationnelles

On considère souvent que les émotions ont une valeur fonctionnelle. Une émotion négative informerait l'organisme qu'une situation est problématique et qu'il est donc nécessaire de s'investir dans un traitement attentif de l'information. D'un autre côté, une émotion positive pourrait informer l'organisme que l'environnement est sûr et, par conséquent, le conduire à réduire son investissement dans des traitements coûteux de l'information (Bohner, Chaiken & Hunyadi, 1994). Ceci expliquerait pourquoi les sujets chez qui on a induit un état émotionnel négatif **traitent l'information de manière plus systématique** que les autres sujets. Par ailleurs, on a avancé l'idée que les sujets d'**humeur** positive pourraient être motivés pour maintenir leur état émotionnel (plaisant) et éviteraient, dans ce but, toute activité qui pourrait directement ou indirectement affecter cet état.

D - Réduction des capacités cognitives

L'intrusion en mémoire de cognitions reliées à l'émotion pourrait réduire la quantité de ressources cognitives que les sujets peuvent allouer au traitement du message persuasif. Dans ce cadre, on suppose que l'induction d'une émotion positive produit l'activation d'un plus grand nombre de pensées que l'induction d'une émotion négative.

Cette hypothèse est en accord avec des résultats présentés par Mackie *et al.* (1989) qui n'enregistrent plus les effets décrits précédemment (*cf.* Figure 1) lorsqu'ils laissent aux sujets d'**humeur** positive autant de temps qu'ils le souhaitent pour lire le message persuasif. Selon ces chercheurs, le temps laissé aux sujets leur permettrait de compenser leur faible disponibilité en ressources cognitives.

III - DIFFÉRENTES ÉMOTIONS NÉGATIVES

Les recherches évoquées ont opposé des **états émotionnels** positifs à des **états émotionnels** négatifs. Toutefois, Bodenhausen, Sheppard & Kramer (1994) ont montré que les émotions négatives n'ont pas toutes le même effet sur la **persuasion.** En effet, si l'induction de la tristesse conduit généralement les sujets à **traiter l'information de manière systématique**, la colère (Bodenhausen *et al.*, 1994) ou l'anxiété (DeBono & McDermott, 1994) peuvent faciliter le **traitement heuristique.**

Références

Schwarz, N., Bless, H., & Bohner, G. (1991). Mood and persuasion : Affective states influence the processing of persuasive communications. In M.P. Zanna (Ed.), *Advances in experimental social psychology* (vol. 24, pp. 161-199). San Diego, CA : Academic Press.

Bodenhausen, G.V., Sheppard, L.A., & Kramer, G.P. (1994). Negative affect and social judgment : The differential impact of anger and sadness. *European Journal of Social Psychology*, 24, 45-62.

▶ Voir fiche 37.

FICHE 40

PRÉDIRE LES COMPORTEMENTS

I - LES DIFFICULTÉS

LaPiere (1934) se rendit dans près de 200 restaurants et hôtels des États-Unis, accompagné d'un couple chinois. Le couple fut accueilli avec courtoisie dans la très grande majorité des cas. Cependant, lorsque, quelques mois plus tard, LaPiere envoya une lettre à ces mêmes restaurateurs, leur demandant s'ils accepteraient deux Chinois comme clients, il obtint dans 90 % des cas une réponse négative. La conclusion de LaPiere (1934) fut alors que la relation attitude-comportement était illusoire.

On l'aura compris, la difficulté de prédire les comportements d'une personne sur la base de ses attitudes est grande. Les chercheurs ont donc tenté de définir un certain nombre de conditions rendant cette mise en relation possible. Elles sont au nombre de trois.

La plus importante est la **condition de concordance** (Pratkanis et Greenwald, 1989). L'attitude mesurée et le comportement repéré doivent avoir un même niveau de spécificité. Par exemple, on mesure l'attitude des sujets à l'égard des fumeurs en général, et on les interroge sur leurs comportements à l'égard des personnes fumant dans des lieux publics. D'un côté, les sujets ont une attitude tolérante, de l'autre ils déclarent avoir fait le reproche à une personne de fumer dans un lieu public. Pour que l'attitude et le comportement aient un même niveau de spécificité, il serait nécessaire ici d'adapter le questionnaire d'attitude de façon à le faire porter sur les gens fumant dans les lieux publics.

Une autre condition nécessaire à l'observation de la relation attitude-comportement tient **à la mesure des comportements** : il est nécessaire de faire en sorte que cette mesure soit **composite**. Un comportement seul ne permet pas d'inférer les attitudes du sujet, plusieurs le permettent. Ainsi, la relation attitude raciste/comportement raciste sera meilleure lorsque l'on demandera au sujet de dire s'il s'est ou non engagé dans différents comportements racistes et/ou anti-racistes que lorsqu'on lui demandera s'il s'est engagé dans un comportement unique.

Enfin, la troisième condition, moins essentielle mais néanmoins utile, est de faire en sorte que les attitudes et les comportements **soient mesurés à propos d'un exemplaire prototypique** de la classe d'objet sur laquelle porte le questionnement. Lord, Lepper et Mackie (1984) montrent que la relation attitude/comportement vis-à-vis de personnes décrites comme homosexuelles était meilleure lorsque ces dernières étaient décrites de façon à correspondre à ce que les sujets pensaient être un homosexuel prototype que lorsqu'elles étaient décrites comme possédant des traits les rendant atypiques.

II - MODÈLE DE TRIANDIS (1980)

Triandis (1980) résume son modèle par deux équations :

1 - La probabilité d'apparition d'un comportement est fonction de la somme des *habitudes et des intentions comportementales*, multipliées par l'*activation physiologique* (ex. : activation musculaire) de l'organisme et par les *conditions facilitantes*.

2 - *Les intentions comportementales* sont fonction des *facteurs sociaux*, des *affects à l'égard du comportement* et *des valeurs attribuées aux conséquences perçues du comportement*.

L'auteur définit les conditions facilitantes comme pouvant être à la fois internes et externes et comme étant de nature objective. Elles renvoient par exemple au fait que le comportement nécessite une dépense d'énergie faible (condition facilitante interne) mais aussi à l'accord qu'il obtient auprès de juges ou d'observateurs (condition externe).

Triandis (1980) définit les facteurs sociaux comme étant le produit de l'internalisation par le sujet des normes, des valeurs et des rôles de son groupe de référence, ainsi que des accords négociés avec d'autres personnes dans des situations sociales particulières. Ils définissent ce qui est approprié, désirable et moralement correct et constituent la culture subjective du sujet.

III - THÉORIE DE L'ACTION RAISONNÉE : L'INTENTION COMPORTEMENTALE

La réalisation d'un comportement par une personne est, selon Ajzen et Fishbein (1980), fonction de son intention de le réaliser. L'intention comportementale serait, selon ces auteurs, le seul déterminant direct du comportement. À un second niveau, l'intention comportementale serait déterminée à la fois, mais indépendamment, par une **norme subjective** et par l'**attitude du sujet** à l'égard du comportement. Cette dernière résulterait de ses croyances concernant les conséquences possibles de cet acte et de l'évaluation de leur caractère favorable ou défavorable. Il est important de souligner la distinction qui est faite ici entre l'attitude à l'égard d'un objet et l'attitude à l'égard du comportement concernant cet objet. Les auteurs n'intègrent dans leur modèle que ce second type d'attitude. La **norme subjective**, quant à elle, est fonction de la croyance du sujet selon laquelle une personne ou un groupe de référence pense qu'il devrait ou ne devrait pas accomplir l'action. Elle est aussi fonction de sa motivation à se soumettre aux attentes de cette personne ou de ce groupe de référence. Ce dernier facteur permet donc de connaître l'impact qu'ont les opinions d'autrui sur les comportements du sujet. Enfin, les auteurs intègrent un certain nombre de variables, dites exogènes (traits de personnalité, caractéristiques de la situation, et caractéristiques sociodémographiques du sujet), contribuant de façon plus indirecte à l'explication des intentions comportementales de l'individu (Ajzen et Fishbein, 1980). Elles pourront, par contre, déterminer de façon directe (ou indirecte) les normes subjectives et les attitudes du sujet.

IV - THÉORIE DE L'ACTION PLANIFIÉE

La robustesse de la théorie de l'action raisonnée a été amplement démontrée (pour une revue, voir Sheppard, Hartwick et Warshaw, 1988, cités par Madden, Ellen et Ajzen, 1992). Elle néglige cependant le fait que nos comportements ne sont parfois que partiellement volontaires, ou bien, qu'ils sont dépendants du contrôle que nous pensons avoir sur nos actes. C'est pour remédier à ces insuffisances que Ajzen et Madden (1986) proposent une théorie de l'action planifiée. Elle conserve les éléments de la théorie de l'action raisonnée tout en incluant le contrôle comportemental perçu par le sujet comme antécédent des intentions comportementales. Le contrôle comportemental perçu sera lui-même déterminé par les croyances qu'a le sujet concernant ce contrôle. Ces croyances peuvent parfois se révéler être des illusions de contrôle.

V - MODÈLE MODE

Fazio (1990) distingue deux voies par lesquelles nos attitudes guident nos comportements : l'une serait spontanée et quasi automatique, l'autre serait de nature délibérative, à l'image des processus décrit par Ajzen et Fishbein (1980) ou par Ajzen et Madden (1986). L'auteur appuie sa distinction sur un argument fréquemment utilisé par les psychologues sociaux. Il estime qu'un traitement délibératif des informations est long et coûteux en termes de ressources cognitives. Or, au quotidien, nous sommes confrontés, souvent simultanément, à une multitude d'objets, de messages, de problèmes ou de situations différentes, auxquels nous devons réagir. Décider de manière purement délibérative des actions à entreprendre face à cette multitude d'informations constituerait un handicap. Le sujet serait dans l'obligation de ne pas traiter un certain nombre d'informations et verrait ses ressources cognitives s'épuiser rapidement. Fazio (1990) introduit donc l'idée d'un second type de processus, plus spontané et plus automatique celui-là, fondé sur l'**accessibilité de l'attitude**. Nous avons vu Fiche 30 que l'accessibilité renvoyait à la force du lien mnésique unissant un objet à son évaluation. L'idée de Fazio (1990), appuyée sur des données empiriques est que plus une attitude est accessible plus la probabilité pour qu'elle guide les comportements du sujet est élevée. Nous illustrerons de manière plus détaillée cet aspect du modèle de Fazio dans la fiche 41.

Enfin, selon l'auteur, un processus délibératif prendrait place à la condition que le sujet soit motivé à le faire et qu'il en ait l'opportunité. Par défaut, ses comportements seront guidés par l'accessibilité des attitudes.

VI - MODÈLE COMPOSITE DE EAGLY ET CHAIKEN (1992)

Ce modèle tient compte non seulement des attitudes de l'individu à l'égard du comportement mais aussi de son attitude à l'égard de l'objet, ce que ne faisaient pas Ajzen et Fishbein (1980). Les auteurs reprennent, en outre, la distinction opérée par Fazio (1990) entre processus automatiques et processus délibératifs. Ils incluent également les habitudes du sujet et les considèrent comme pouvant déterminer les comportements soit de manière directe, soit de manière indirecte, comme antécédents des attitudes. Un autre trait de ce modèle est qu'il inclue l'identité personnelle comme déterminant l'attitude à l'égard du comportement. De manière plus générale, selon Olson et Zanna (1993), il prend en considération un grand nombre de relations de détermination entre les différents éléments : intention comportementale, attitude à l'égard du comportement, de l'objet, habitudes, identité personnelle, etc.

FICHE 41 CHANGEMENTS D'ATTITUDE : APPLICATION

I - ATTRACTIVITÉ ET PUBLICITÉ

A - CADRAGE THÉORIQUE

La recherche que nous décrivons ici a été réalisée par DeBono et Telesca (1990, 1994), elle s'insère dans le cadre des modèles du **traitement heuristique/systématique** et de la **probabilité d'élaboration** (pour une présentation *cf.* Fiche 37). Les auteurs posent ici que l'impact d'un message persuasif appuyé par une source attractive serait dépendant du fait que l'accord avec le message peut ou non satisfaire certains des besoins de la cible d'influence.

Nous avons vu Fiche 30 que les **attitudes** peuvent remplir diverses **fonctions** : parmi elles, on trouve la **fonction d'ajustement social** et la **fonction d'expression de valeurs**. Les auteurs étudient donc, d'un côté, des sujets chez lesquels on observe un besoin élevé d'ajustement social et, de l'autre, des sujets chez lesquels on observe un intense besoin d'exprimer leurs valeurs personnelles. On sait que les premiers attachent une plus grande importance à l'attractivité de leurs partenaires ou des produits qu'ils consomment que les seconds. Les auteurs s'attendent à ce que la stratégie de traitement du message des premiers soit média-tisée par l'attractivité de la source d'influence. Une source attractive présentant un produit dont la promotion est appuyée par des arguments forts aura plus d'impact chez ces sujets qu'une source peu attractive présentant un produit dont la promotion est appuyée par des arguments forts.

B - DÉROULEMENT DE LA RECHERCHE

Les sujets étaient 123 étudiants, payés 3 dollars pour leur participation à la recherche. Ils étaient divisés en sujets à fort besoin d'ajustement social et en sujets à fort besoin d'expression des valeurs, sur la base de leurs scores à **l'échelle de monitorage de soi** (*cf.* Fiche 18, vol. 2, pour une description).

À leur arrivée, on leur disait qu'un nouvel ambre solaire, « Bronzage Sauvage », allait être lancé sur le marché et que les promoteurs du produit souhaitaient pré-tester leur campagne publicitaire.

La publicité comprenait deux parties. La première consistait en la projection d'une diapositive d'une femme très bronzée décrite comme un mannequin local. Elle apparaissait devant une peinture de coucher de soleil et tenait à la main un flacon d'ambre solaire « Bronzage Sauvage ». Pour la moitié des sujets, cette femme avait été rendue physiquement très attrayante; pour l'autre moitié des sujets, la même femme avait été rendue peu attrayante. La seconde partie de la publicité consistait en un message enregistré sur une cassette audio. Pour la moitié des sujets, le message contenait des arguments relativement forts. On y disait que le produit avait été testé scientifiquement, qu'il avait fait ses preuves en termes de protection contre les rayons ultraviolets et qu'il contenait des ingrédients spéciaux visant à retarder le vieillissement de la peau et les rides. L'autre moitié des sujets se voyait exposée à un message contenant des arguments faibles : le message disait du produit qu'il avait une texture soyeuse, qu'il était d'application aisée et qu'il se présentait sous la forme d'une bouteille dont la poignée avait été redessinée pour en faciliter la prise en main.

Les sujets devaient ensuite évaluer le produit sur plusieurs échelles en 7 points utilisant des différenciateurs sémantiques (inutile/valable, faible/fort, etc.). Ils avaient également trois minutes pour faire la liste des réflexions qui leur étaient venues à l'esprit lors de la présentation du produit. Ils devaient dire si ces idées étaient favorables ou défavorables. Enfin, ils disposaient de quelques minutes pour inscrire les éléments du message dont ils se rappelaient.

C - Résultats

Les hypothèses des auteurs sont en grande partie vérifiées pour les sujets à fort besoin d'ajustement social. Ces sujets ont formé des attitudes plus favorables au produit lorsqu'il était présenté par une femme attrayante et appuyé par des arguments forts que lorsque ces arguments étaient faibles. Par contre, lorsque la femme n'était pas attractive, leurs attitudes n'étaient pas influencées par la qualité des arguments. Les attitudes des sujets à fort besoin d'expression des valeurs étaient uniquement influencées par le facteur « attractivité de la jeune femme ». Pour ce qui concerne la seconde mesure, on observe un patron de résultat similaire. Les idées émises par les sujets à fort besoin d'ajustement social étaient plus favorables, lorsqu'ils étaient confrontés à une femme attractive et que le produit était soutenu par des arguments forts que lorsque les arguments étaient faibles. En revanche, aucun de ces deux facteurs n'affectait les réponses des sujets à besoin d'expression. Enfin, les sujets « ajustement » se rappelaient plus d'éléments du message lorsqu'il accompagnait une source attractive que lorsqu'il accompagnait une source peu attractive. Le rappel des sujets « expression » était insensible aux facteurs « attraction » et « force des arguments ».

II - ÉLECTION ANNONCÉE

La recherche que nous allons décrire a été réalisée par Fazio et Williams (1986). Elle a pour but de montrer que la relation attitude-comportement est déterminée par l'accessibilité de l'attitude à l'égard de l'objet. Ce lien a été illustré dans la prédiction de vote, à l'occasion des élections présidentielles américaines de 1984.

A - HYPOTHÈSES

Nous attribuons aux objets (choses animées ou inanimées, êtres vivants) qui nous entourent des valeurs. Nous les jugeons bons ou mauvais, agréables ou désagréables, répugnants ou attirants. Ces réactions contribuent pour une très grande part à façonner nos attitudes à l'égard des objets. Aussi, définira-t-on l'attitude comme l'évaluation globale d'un objet.

La représentation mentale que nous avons de l'objet ainsi que notre attitude à son égard sont stockées en mémoire. Situés à des emplacements distincts de la mémoire, ces deux ensembles d'informations restent, néanmoins, liés. La force de ce lien déterminera le niveau d'accessibilité de l'attitude. Plus il sera fort, plus l'attitude sera accessible.

L'accessibilité se manifeste en particulier par des variations dans la probabilité et la rapidité d'activation de l'attitude. En termes de mesure, ceci se traduit par le fait que nous serons plus ou moins rapides à donner notre évaluation de l'objet.

L'hypothèse de Fazio est que la **relation attitude-comportement** est fonction de **l'accessibilité de l'attitude**. La rapidité d'activation déterminerait la primauté de telle ou telle attitude dans la détermination du comportement. Plus une attitude est accessible, plus elle est activée rapidement et plus son impact dans la détermination du comportement est probable.

B - DÉROULEMENT DE L'ENQUÊTE

Les sujets participant à cette recherche étaient 245 personnes en âge de voter et résidant à Bloomington (Indiana). Ils étaient recrutés par contact direct ou par le biais d'une petite annonce publiée dans le journal local.

La première partie de l'enquête s'est déroulée durant les mois de juin et de juillet 1984, quelques mois avant les élections du président des États-Unis. Elle était présentée comme une étude politique. Les sujets entendaient 25 propositions diffusées par un magnétophone, ils devaient donner leur degré d'accord sur une échelle en 5 point en appuyant sur l'une des cinq touches d'un clavier d'ordinateur. On demandait aux sujets de répondre le plus rapidement possible. Parmi les 25 propositions diffusées, 2 étaient essentielles. L'une affirmait qu'« un bon président pour les 4 prochaines années serait R. Reagan », la seconde qu'« un bon président pour les 4 prochaines années serait W. Mondale [adversaire de Reagan durant ces élections] ». On enregistrait les réponses ainsi que les temps de réponses des sujets.

La seconde phase s'est déroulée en octobre de la même année. Elle était destinée à connaître la perception que les mêmes 245 personnes avaient de la prestation des deux candidats lors du débat les opposant, et de la prestation de leurs vice-présidents lors d'un second débat. Les sujets étaient contactés le jour suivant chaque débat. Les réponses de 136 personnes furent obtenues.

Enfin, le jour suivant le vote électoral, les mêmes sujets étaient à nouveau contactés, cette fois par téléphone. On leur demandait d'indiquer pour quel candidat ils avaient voté. 155 personnes répondirent.

C - Résultats

Les sujets favorables à Reagan jugeaient que sa performance lors du débat, ainsi que celle de son vice-président G. Bush étaient meilleures que celle de Mondale et de sa vice-présidente G. Ferraro. L'inverse était vrai pour les personnes favorables à Mondale. L'attitude des sujets à l'égard des candidats était prédictive de leur vote lors de l'élection. Les sujets ayant une attitude positive à l'égard de Reagan votaient Reagan, ceux favorables à Mondale votaient Mondale. Il est important d'insister, ici, sur le fait que l'intervalle de temps entre la mesure de l'attitude et le vote était de 3 mois et demi. De manière complémentaire, cette recherche montre que l'extrémisme de l'attitude des sujets à l'égard de leur candidat était corrélé positivement à la rapidité avec laquelle ils donnaient leur réponse. Plus leur attitude était extrême, moins ils mettaient de temps à répondre à la question visant à la mesurer. Autrement dit, les sujets extrêmes avaient des attitudes plus accessibles que les sujets indécis. Enfin, la relation attitude-vote était plus forte pour les sujets dont les attitudes étaient très accessibles que pour les sujets dont les attitudes étaient faiblement accessibles. Ceci était surtout vrai des sujets favorables à R. Reagan.

FICHE 42

RELATIONS ET CONFLITS INTERGROUPES

I - RELATIONS INTERGROUPES

A - DÉFINITION

En 1971, Sherif écrivait dans son ouvrage, *Des tensions intergroupes aux conflits internationaux* : « Cet ouvrage se propose d'explorer l'aspect psychologique du problème actuel le plus important, le plus inquiétant, véritable défi lancé à l'homme d'aujourd'hui. Le problème est résumé par l'expression "**relations intergroupes**"... »

Sherif (1966), puis Tajfel (1982), en proposait la définition suivante : « À chaque fois que des individus appartenant à un groupe interagissent, collectivement ou individuellement, avec un autre groupe ou avec ses membres en termes de leur identité groupale, nous avons un cas de **comportement intergroupe**. » (*cf.* Fiche 7, pour des définitions du « groupe ».)

B - INTRA-GROUPE ET HORS-GROUPE

Dans le cadre des relations intergroupes, on emploie les notions « **d'intra-groupe** » (*ingroup*) et de « **hors-groupe** » (*outgroup*). Pour un individu donné, l'**intra-groupe** correspond au groupe auquel il appartient et aux membres qui composent ce groupe (ce qui pourrait se traduire par le « nous »). Le **hors-groupe** correspond à ce qui n'est pas l'intra-groupe (ce qui pourrait se traduire par le « eux »).

II - CONFLIT INTERGROUPE

L'histoire humaine est marquée de nombreux conflits entre groupes sociaux plus ou moins violents. Pourquoi, et comment, certains groupes en viennent-ils à s'affronter, parfois jusqu'à la mort ? La psychologie sociale tente de répondre à ce type de question. Elle s'interroge notamment sur les processus qui régissent les relations entre les groupes et sur les facteurs qui favorisent ou atténuent le conflit entre les groupes (*cf.* Fiche 48).

Nous présenterons quelques-unes des principales théorisations élaborées par des psychologues sociaux pour rendre compte du conflit intergroupe (*cf.* Fiches 45, 46), à commencer par quelques-unes des traditions de recherche sur ce problème.

A - Modèles individualistes

1. Détournement de l'agression

La **théorie du « bouc émissaire »** correspond à une extension, au niveau des relations intergroupes, de la **théorie « frustration-agression »** (Dollard, Doob, Miller, Mowrer & Sears, 1939). Selon cette théorie, l'agression est directement et systématiquement produite par la frustration. Lorsque des individus sont frustrés dans l'atteinte d'un but, ils subissent une frustration qui entraîne un besoin d'agression dirigée vers la source de la frustration. Cette agression a pour finalité de supprimer la cause de la frustration. Toutefois, si la source de la frustration est trop puissante, une tentative d'agression sur cette cible devient risquée. Les individus frustrés détourneraient leur agression vers d'autres cibles beaucoup moins puissantes qui assumeraient le rôle de « boucs émissaires ». L'agression, alors même qu'elle n'est pas orientée vers la cible responsable de la frustration, aurait une fonction cathartique : elle permettrait aux individus d'évacuer leur besoin d'agression. Dans ce cadre, ce sont les **hors-groupes** les plus faibles et les plus différents par rapport à **l'intra-groupe** qui seraient préférentiellement choisis comme cible d'agression.

À titre d'exemple, on est souvent frappé par le lien entre crise économique et montée du racisme. Selon la **théorie du bouc émissaire**, l'augmentation du racisme serait due à la frustration économique qui amènerait les individus frustrés à agresser les hors-groupes (juifs, maghrébins, noirs, francs-maçons, homosexuels, etc.).

2. Personnalité autoritaire

Adorno, Frenkel-Brunswik, Levinson & Sanford (1950) soutiennent qu'il existe « des tendances de personnalité qui semblent exprimer une prédisposition ou une réceptivité profonde au fascisme » (Frenkel-Brunswik, Levinson & Sanford, 1947). Le développement de cette « **personnalité autoritaire** » ou « potentiellement fasciste » (*cf.* Deconchy, 1984) serait influencé par certains types d'éducation familiale, eux-mêmes déterminés par des facteurs tels que la position économique des parents, leurs appartenances sociales, ethniques et religieuses, ainsi que par leur idéologie relative à l'éducation des enfants. Dans cette perspective, une éducation fortement autoritaire favoriserait le développement de la **personnalité autoritaire**, caractérisée notamment par sa rigidité, sa totale conformité aux valeurs de **l'intra-groupe**, sa soumission à **l'intra-groupe** (ce qui exclut toute tentative de rébellion envers celui-ci), et une hostilité à l'égard des individus n'appartenant pas à l'intra-groupe. De profondes modifications de la société ou de ses institutions pourraient, selon cette approche, avoir un effet sur la proportion d'individus « potentiellement fascistes » à l'intérieur d'une société donnée.

De nombreuses critiques ont été formulées à l'égard des théories individualistes de l'hostilité intergroupe (*cf.* Billig, 1976; Capozza & Volpato, 1994; Sherif & Sherif, 1969). En effet, elles n'expliquent pas comment la frustration individuelle ou l'éducation reçue se traduit en réactions collectives d'hostilité ou d'agression. De plus, elles ne permettent pas de déterminer pourquoi tel groupe particulier devient l'objet d'agression ou d'hostilité.

B - Cohésion intra-groupe et relations intergroupes

La vie en groupe est l'une des conditions de survie de l'espèce humaine. Favoriser la **cohésion de l'intra-groupe** constitue donc une priorité pour l'espèce humaine. Selon Sumner (1906), l'hostilité et l'agression envers les **hors-groupes** auraient pour fonction de renforcer la cohésion à l'intérieur du groupe (*cf.* Brewer, 1986). « La relation de camaraderie et de paix à l'intérieur du groupe et celle d'hostilité et de guerre avec les autres groupes sont corrélées. Les exigences de guerre avec les étrangers produisent la paix dans le groupe » (Sumner, 1906; cité par Tajfel, 1982).

La principale critique que l'on peut adresser à cette approche concerne l'universalité de l'hostilité intergroupe. En effet, les rapports intergroupes ne sont pas exclusivement caractérisés par l'hostilité, certains groupes entretiennent entre eux des rapports de non-hostilité voire « d'amitié » (Sherif & Sherif, 1969). De plus, certains groupes semblent favoriser le **hors-groupe** dans leurs jugements aux dépens de **l'intra-groupe** (Tajfel, 1982).

C - Théorie des conflits réels

La **théorie des conflits réels (TCR)** a été élaborée par Muzaref Sherif (1971; Sherif & Sherif, 1966; 1969). Selon cette approche, il est nécessaire pour comprendre les comportements intergroupes de prendre en considération les relations fonctionnelles qui existent entre ces groupes. Les facteurs principaux qui influent sur les relations intergroupes sont les intérêts réciproques de chacun des groupes et leur importance respective pour le groupe.

Lorsque les intérêts réciproques des deux groupes sont incompatibles et suffisamment importants aux yeux de chacun de ces groupes, il s'ensuit un conflit intergroupe. Les enjeux du conflit intergroupe peuvent concerner « des valeurs ou des buts communs aux membres du groupe : une menace réelle ou imaginaire contre la sécurité du groupe, des intérêts économiques, des avantages politiques, des considérations d'ordre militaire, une question de prestige, etc. » (Sherif, 1971).

D'un autre côté, les rapports entre les membres de groupes différents peuvent être plus amicaux lorsque des relations de coopération sont instaurées entre ces groupes ; lorsque les membres de ces différents groupes travaillent ensemble pour atteindre un but commun qui ne peut être atteint sans une coopération active entre les groupes et dont tous les groupes profiteront également. Ce type de but est appelé « **but supra-ordonné** ».

La portée de cette théorie est exemplifiée par une série d'expérimentations en milieu naturel réalisées dans des camps de vacances pour adolescents (voir notamment Sherif *et al.*, 1969). Dans celles-ci, Sherif et ses collègues manipulent la formation de groupes, créent des conflits intergroupes (par l'organisation de jeux opposant les deux groupes avec des récompenses pour les membres du groupe vainqueur) avant de proposer des **buts supra-ordonnés** (on invoque une rupture de canalisation qui prive le camp d'eau ; la recherche de la fuite d'eau nécessite la participation de tous).

Il faut noter que, selon cette théorie, la compétition entre groupes est une condition suffisante pour l'émergence du conflit et non une condition nécessaire (Sherif *et al.*, 1969). L'hostilité à l'égard du **hors-groupe** n'est donc pas toujours due à l'existence de buts communs incompatibles (*cf.* Fiches 43, 44, 45, 46).

Références

Cappozza, D., & Volpato, C. (1994). Relations intergroupes : Approches classiques et contemporaines. In R.Y. Bourhis, & J.-P. Leyens (Eds.), *Stéréotypes, discrimination et relations intergroupes* (pp. 13-39). Liège : Mardaga.

Sherif, M., & Sherif, C.W. (1969/1979 trad. franç.). Les relations intra et intergroupes, analyse expérimentale. In W. Doise (Ed.), *Expériences entre groupes*, Paris : Mouton. pp. 15-58.

► Voir fiches 43, 44, 45, 46, 47, 48, 49, 50, 51, 52.

FICHE 43

DISCRIMINATION, PRÉJUGÉ ET STÉRÉOTYPE

I - PRÉJUGÉ

Le **préjugé** correspond à « une **attitude** négative injustifiable envers un groupe et ses membres individuels » (Myers & Lamarche, 1992).

Exemple :

Dans la société nord-américaine, les individus appartenant à la communauté hispanique sont généralement jugés agressifs par les membres de la communauté blanche (Bodenhausen & Wyer, 1985).

II - STÉRÉOTYPE

On attribue à Walter Lippmann (1922) l'introduction de la notion de **stéréotype** en psychologie.

A - Définition

On entend par **stéréotype** « le lien qui est établi entre l'appartenance à un groupe donné et la possession de certaines caractéristiques. [...] Un **stéréotype** est donc un ensemble de croyances sur n'importe quel groupe de personnes » (Beauvois & Deschamps, 1990 ; *cf.* Stangor & Lange, 1994, pour d'autres définitions).

Exemple :

En reprenant l'exemple précédent, la généralisation du caractère agressif à tous les membres de la communauté hispanique correspond à l'utilisation d'un **stéréotype** : « les personnes d'origine hispanique sont agressives ». Le simple fait d'appartenir à cette catégorie (hispanique) implique la possession des caractéristiques attribuées au groupe.

On peut distinguer conceptuellement **préjugés** et **stéréotypes** en disant que les premiers sont des **attitudes** envers un groupe donné qui reposent sur les croyances que sont **les stéréotypes**. Certains **stéréotypes** contiennent des éléments positifs qui n'engendrent pas, *a priori*, de préjugés : « les Suédois sont grands, blonds, avec des yeux bleus ».

On peut distinguer les *auto-stéréotypes* qui correspondent aux croyances concernant les membres de son propre groupe (y compris soi) des *hétéro-stéréotypes* qui correspondent aux croyances concernant les membres d'autres groupes (Beauvois *et al.*, 1990).

Enfin, on peut distinguer *stéréotypes sociaux* et *stéréotypes individuels*. Les **stéréotypes sociaux** renvoient à des croyances socialement partagées sur un groupe de personnes. En revanche, les **stéréotypes individuels** renvoient aux croyances d'un individu concernant un groupe social donné, que ces croyances soient socialement partagées ou non. Ainsi, un homme peut penser que les femmes sont dépendantes (croyance socialement partagée) mais aussi qu'elles sont paresseuses (croyance peu partagée ou individuelle) (Esses, Haddock & Zanna, 1993) (*cf.* Fiche 54, une présentation de différentes mesures des **stéréotypes**).

Le **stéréotype** n'est pas systématiquement interprété comme négatif. Un nombre croissant de chercheurs considèrent les stéréotypes comme des outils précieux pour l'individu qui les utilise (Yzerbyt & Schadron, 1994) même si les généralisations qu'ils impliquent conduisent parfois l'observateur à commettre des « erreurs » de jugement.

B - Réalité des stéréotypes ?

Selon Beauvois (1993), on peut envisager trois positions sur ce problème :

- Les **stéréotypes** n'ont aucun lien avec la réalité. Ils permettent néanmoins de différencier « notre » groupe de manière positive par rapport aux autres et de justifier les actions de notre groupe à l'égard des membres du hors-groupe. À un autre niveau, ils peuvent aussi permettre de justifier l'existence d'un système social donné et de maintenir le statu quo dans ce système (Jost & Banaji, 1994). Par exemple, si nous considérons qu'une femme est plus émotive qu'un homme et recherche moins la compétition, nous envisageons qu'elle ne peut pas accéder à des postes à hautes responsabilités.
- Les stéréotypes comportent « un fond de vérité » (Leyens, Yzerbyt & Schadron, 1994). Le problème réside alors dans la généralisation de ce fond de vérité à l'ensemble des membres du groupe auquel il est appliqué : beaucoup de Suédois sont grands et blonds, mais tous ne le sont pas.
- Les stéréotypes peuvent créer la réalité. S'appuyant sur les travaux relatifs aux **prophéties s'auto-réalisant** (*cf.* Fiche 41, vol. 2), certains auteurs affirment que les **stéréotypes** impliquent un style de comportement particulier envers les membres des groupes sur lesquels ils portent. En retour, ce style de comportement pourrait amener les membres de ces groupes à accorder leur conduite avec les **stéréotypes** (Snyder, Tanke & Berscheid, 1977).

III - DISCRIMINATION

A - DÉFINITION

On entend par « discrimination » un comportement négatif injustifiable à l'encontre d'un groupe donné et de ses membres individuels (Myers & Lamarche, 1992).

Exemple :

De très nombreux exemples de **discrimination** sont disponibles de par le monde, qu'il s'agisse de l'institutionnalisation de l'apartheid en Afrique du sud, ou du comportement à l'égard des Noirs dans la société américaine. Plus près de chez nous, les études réalisées en France sur les salaires indiquent constamment qu'à emploi égal, les femmes sont moins bien rémunérées que les hommes. Il s'agit bien là d'un comportement (allocation de ressources) négatif injustifiable (sur quelles bases pourrait-on justifier cette différence dans les salaires ?).

B - BIAIS DE FAVORITISME INTRA-GROUPE

Le principal effet servant de modèle pour l'étude de la discrimination est le *biais de favoritisme intra-groupe*.

Le **biais de favoritisme intra-groupe** consiste, pour des individus donnés, dans « la tendance à favoriser l'**intra-groupe** par rapport au **hors-groupe** dans les évaluations et le comportement » (Tajfel & Turner, 1986).

Cet effet s'exprime sur une grande variété de dimensions. Il peut être observé aussi bien dans la rémunération de l'intra-groupe par rapport au hors-groupe (Tajfel, Billig, Bundy & Flament, 1971 ; *cf.* Fiche 44), que dans la description des membres de chacun de ces groupes (Locksley, Ortiz & Hepburn, 1980), ou dans l'évaluation de leurs productions respectives (Deschamps & Doise, 1979).

Références

Aebischer, V., & Oberlé, D. (1990). *Le groupe en psychologie sociale*. Paris : Dunod.

Beauvois, J.L. (1993). Bases des fonctionnements sociocognitifs. In R. Ghiglione, & J.F. Richard (Eds.), *Cours de psychologie : Bases, méthodes, épistémologie* (vol. 2, pp. 101-225). Paris : Dunod.

Beauvois, J.L., & Deschamps, J.C. (1990). Vers la cognition sociale. In R. Ghiglione, C. Bonnet, & J.F. Richard (Eds.) *Traité de psychologie cognitive : Cognition, représentation, communication* (vol. 3, pp. 1-110). Paris : Dunod.

Myers, D.G., & Lamarche, L. (1992). *Psychologie sociale*. Montréal : McGraw-Hill.

Yzerbyt, V., & Schadron, G. (1994). Stéréotypes et jugement social. In R.Y. Bourhis, & J.P. Leyens (Eds.), *Stéréotypes, discrimination et relations intergroupes* (pp. 127-160). Liège : Mardaga.

▶ Voir fiches 44, 49, 54.

FICHE
44 GROUPE MINIMAL

Tajfel et ses collaborateurs ont recherché les conditions minimales suffisant à l'apparition du **biais de favoritisme intra-groupe**. Ils ont découvert que le simple fait d'appartenir à un groupe, en l'absence de tout autre facteur (rivalité, anticipation de compétition, etc.), suffit à l'expression d'un comportement discriminatoire envers le hors-groupe.

I - DÉFINITION D'UN GROUPE MINIMAL

On parle de **groupes minimaux** lorsque différentes conditions sont remplies.

- Les groupes sont constitués au hasard. Par exemple, on fait croire aux sujets que leur appartenance groupale est liée à leurs préférences esthétiques (Tajfel, Billig, Bundy & Flament, 1971). Dans ce cas, la répartition des sujets dans les groupes (par exemple : « Klee » et « Kandinsky ») est fonction du hasard, mais les sujets l'ignorent. Dans d'autres cas, l'intervention du hasard dans la constitution des groupes est explicite. C'est le cas d'une expérience de Locksley, Ortiz & Hepburn (1980), dans laquelle la répartition des sujets dans les groupes est fonction d'une loterie.
- Il n'y a pas de contact ou d'interaction entre les membres de groupes différents et entre les membres à l'intérieur d'un groupe.
- L'appartenance à un groupe est anonyme. Le sujet sait à quel groupe il appartient mais ne sait pas à quel groupe appartient tel autre sujet.
- Il n'existe aucun lien entre le critère de formation des groupes et l'objet du jugement (sur lequel on mesurera le **favoritisme intra-groupe**).
- Il n'existe aucun lien entre l'intérêt personnel et l'appartenance à un groupe. Par exemple, si l'objet du jugement consiste à allouer une somme d'argent à des membres de l'**intra-groupe** et du **hors-groupe**, les sujets sont informés que le montant de leur propre rémunération est indépendant de leurs jugements (il est déterminé par les choix des autres sujets participant à l'expérience).

II - MESURE DU FAVORITISME INTRA-GROUPE

A - Matrices

Tajfel et ses collaborateurs ont mis au point un système de « matrices » permettant, outre la mise en évidence du **favoritisme intra-groupe**, d'évaluer les stratégies des sujets. Des sujets sont informés de leur appartenance groupale, puis on leur présente un cahier contenant un certain nombre de ces matrices (*cf.* tableau 1). Chaque **matrice** est composée de 13 cases, portant chacune deux valeurs. Pour chaque **matrice,** le sujet doit choisir une case indiquant le gain pour deux individus participant à l'expérience. Selon les conditions expérimentales, la case du haut indique le gain pour un membre de l'**intra-groupe** (IN) alors que la case du bas indique le gain pour un membre du **hors-groupe** (HS), ou bien ce choix est inversé (version 1 et 2 des matrices présentées dans la figure 1). Les deux cases peuvent aussi concerner deux membres d'un même groupe.

On s'intéresse principalement à quatre types de choix :

- **La récompense commune maximale (RCM)** qui correspond au choix, dans une matrice, qui entraîne le plus grand bénéfice commun possible pour les deux individus à qui le choix est destiné. Il s'agit de la case de la matrice qui correspond au plus grand nombre de points pouvant être attribués.
- **La récompense intra-groupe maximale (RIM)** qui correspond au choix, dans une matrice, qui permet d'attribuer le plus grand nombre possible de points au membre de l'intragroupe.
- **La différence maximale en faveur de l'intra-groupe (DM)** qui correspond au choix, dans une matrice, entraînant la plus grande différence possible entre les points attribués aux deux individus à qui le choix est destiné, cette différence étant en faveur du membre de l'intra-groupe.
- **La parité (P)** qui correspond au choix qui permet de répartir les points de la manière la plus équitable (égalité) entre les deux groupes.

Le premier type de matrice (A) permet de mettre en évidence l'influence de RCM sur les choix formulés. En effet, dans la matrice A2, RCM croît à mesure que l'on se déplace vers la droite de la matrice (maximum = 7 + 25 = 32). RIM croît dans le même sens (maximum = 25), ainsi que DM (maximum = 25 – 7 = 18). Dans cette configuration, RCM, RIM et DM covarient. Si les sujets cherchent à favoriser leur propre groupe, ils choisiront des cases se trouvant vers la droite de la matrice (ils s'écarteront significativement du point médian [13 ; 13] qui représente le choix de parité : P).

En comparant les résultats recueillis sur cette matrice à ceux recueillis sur la matrice A1 (on inverse simplement l'intra-groupe et le hors-groupe), on peut évaluer l'effet de RCM sur les choix des sujets. En effet, dans la matrice A1, RIM et DM sont maximisées lorsque l'on se déplace vers la gauche de la matrice alors que RCM est maximisée lorsque l'on se déplace vers la droite.

Dans le second type de matrice (B), on note que RCM, RIM et DM se trouvent du même côté dans la matrice B2, alors que DM (7 – 1 = 6) se trouve opposée à RCM et RIM dans la matrice B1. Par conséquent, en comparant les choix sur ces deux types de matrice, on peut déterminer si les sujets cherchent à gagner le plus d'argent possible ou bien s'ils choisissent de gagner moins mais d'augmenter la différence entre eux et le hors-groupe. On observe généralement que les sujets cherchent avant tout à maximiser DM, quitte à gagner moins en valeur absolue. Néanmoins, les choix se portent rarement sur les cases extrêmes. Ceci semble indiquer l'existence d'une « norme de parité » qui atténue partiellement ces effets (Leyens, Yzerbyt & Schadron, 1994).

Tableau 1 : Matrices employées par Tajfel *et al.* (1971) (IN : Intra-groupe ; HS : Hors-groupe). Dans les matrices 1 (A ou B), les cases du haut correspondent à la rémunération de l'intra-groupe, alors qu'il s'agit des cases du bas dans les matrices 2

Matrices de type A :

1)

	RIM et DM						P					RCM	
IN	19	18	17	16	15	14	13	12	11	10	9	8	7
HS	1	3	5	7	9	11	13	15	17	19	21	23	25

2)

HS	19	18	17	16	15	14	13	12	11	10	9	8	7
IN	1	3	5	7	9	11	13	15	17	19	21	23	25
							P				RCM, RIM et DM		

Matrices de type B :

1)

	DM						P					RCM et RIM	
IN	7	8	9	10	11	12	13	14	15	16	17	18	19
HS	1	3	5	7	9	11	13	15	17	19	21	23	25

2)

HS	7	8	9	10	11	12	13	14	15	16	17	18	19
IN	1	3	5	7	9	11	13	15	17	19	21	23	25
							P				DM RCM et RIM		

B - Autres mesures

Diverses méthodes ont été mises en place pour mesurer le **favoritisme intra-groupe** dans des situations minimales.

Il s'agit, par exemple, de décrire les membres de l'intra-groupe et du hors-groupe à l'aide de traits de personnalité socialement désirables et socialement indésirables (Locksley *et al.*, 1980), ou d'estimer la performance sur une tâche quelconque des membres de l'**intra** et du **hors-groupe** (Hinkle & Schopler, 1986).

III - VARIABLES MODULATRICES

Mullen, Brown & Smith (1992) ont calculé qu'il faudrait 45 000 tests non significatifs de cet effet pour qu'il puisse être attribué au hasard. Par ailleurs, cet effet semble plus fort dans des situations réelles que dans des situations artificielles.

L'utilisation de groupes artificiels créés en laboratoire présente l'avantage de permettre l'introduction de variables dans la situation intergroupe (taille relative de l'intra-groupe, statut, etc.) afin d'évaluer leurs effets sur le favoritisme intra-groupe. Plus l'intra-groupe est petit comparativement au hors-groupe et plus le favoritisme intra-groupe est fort. **Le statut** de l'intra-groupe (inférieur ou supérieur au hors-groupe) n'affecte pas le favoritisme intra-groupe dans les situations réelles alors que ces deux dimensions sont corrélées positivement dans les situations artificielles (plus le statut de l'intra-groupe est haut, plus l'effet de favoritisme intra-groupe est fort). **L'importance des attributs** sur lesquels on évalue les groupes entre en interaction avec le statut de l'intra-groupe : les groupes de haut statut favorisent leur groupe sur les dimensions déterminées comme les plus importantes pour l'intra-groupe, alors que les groupes de bas statut favorisent leur groupe sur les dimensions sans importance.

Référence

Bourhis, R.Y., Gagnon, A., & Moïse, L.C. (1994). Discrimination et relations intergroupes. In R.Y. Bourhis, & J.P. Leyens (Eds.), *Stéréotypes, discrimination et relations intergroupes* (pp. 161-200). Liège : Mardaga.

▶ Voir fiches 43, 46, 52.

FICHE 45

DIFFÉRENCIATION CATÉGORIELLE

I - CATÉGORISATION

Quand les sujets perçoivent, à propos de plusieurs objets, une correspondance entre le partage de propriétés sur certaines dimensions et l'appartenance à une catégorie, ils ont tendance à surestimer les ressemblances entre les objets d'une même catégorie (effet d'**assimilation intra-catégorielle**) et à surestimer les différences entre les catégories (effet de **contraste inter-catégoriel**) sur ces dimensions (Tajfel & Wilkes, 1963).

A - Illustration

Tajfel & Wilkes (1963) présentent une à une, à des sujets, huit lignes de longueurs différentes, tracées en diagonale sur des cartons blancs. Ces lignes mesurent respectivement : 16,2 cm; 17,0 cm; 17,9 cm; 18,8 cm; 19,7cm; 20,7 cm; 21,7 cm; 22,8 cm. La tâche des sujets consiste à évaluer la taille respective de chacune des huit lignes. Tajfel *et al.* (1963) mettent en place trois conditions.

Dans la condition « lignes classées » (C), les quatre lignes les plus courtes sont accompagnées de la lettre « A » alors que les quatre lignes les plus longues sont accompagnées de la lettre « B ». Dans cette condition, il existe une correspondance entre l'appartenance à une catégorie (« A » ou « B ») et la possession de certaines caractéristiques (« grandes » ou « petites »).

Dans la condition « lignes non classées » (NC), les huit lignes sont présentées sans lettre.

Dans la condition « lignes classées au hasard » (H), les lettres « A » et « B » sont attribuées aux lignes sans qu'il existe de correspondance entre ces lettres et la taille des lignes.

Les résultats de cette expérience indiquent que les sujets de la condition C surestiment plus fortement les différences entre les catégories que les sujets des deux autres conditions (NC et H). En particulier, on note une surestimation très forte, dans le groupe C, de la différence entre la plus longue des lignes courtes et la plus courte des lignes longues. La différence réelle étant de 0,9 cm, les sujets des conditions NC et H confondus perçoivent une différence moyenne de 0,6 cm, alors que les sujets de la condition C perçoivent une différence moyenne de 2,3 cm.

B - Extension aux objets sociaux

Ces effets ont été retrouvés dans d'autres recherches (*cf.* Doise, 1976) et notamment dans des recherches conduites sur des objets sociaux. On a ainsi montré que des sujets sous-estimaient les différences entre les individus appartenant à un même groupe social (Tajfel, Sheikh & Gardner, 1964 ; Taylor, Fiske, Etcoff & Ruderman, 1978). Par ailleurs, des travaux conduits sur le classement d'énoncés politiques ont mis en évidence les deux effets (**contraste** et **assimilation**) prédits par Tajfel et Wilkes dans le cas de surimposition de catégories (Eiser, 1971 ; McGarty & Penny, 1988 ; McGarty & Turner, 1992).

McGarty & Turner (1992) ont présenté à des sujets une série de dix déclarations politiques variant de l'extrême gauche à l'extrême droite, en demandant aux sujets de classer chacune de ces déclarations sur un continuum allant de 0 (gauche) à 100 (droite). Une étude préalable avait permis de sélectionner cinq déclarations généralement considérées comme de gauche et cinq déclarations généralement considérées comme de droite.

À l'aide de ce matériel, McGarty et Turner ont construit deux conditions. Dans la condition « classées », les déclarations de droite étaient attribuées à un auteur « A » alors que les déclarations de gauche étaient attribuées à un auteur « B » (on expliquait que l'on taisait le nom des auteurs pour éviter toute influence).

Dans la condition « non-classées », les déclarations étaient présentées aux sujets sans qu'il soit fait mention de quelconques auteurs.

Pour chaque sujet, McGarty *et al.* ont calculé l'écart-type de la distribution des jugements pour les déclarations de droite et l'écart-type de la distribution des jugements pour les déclarations de gauche. La moyenne de ces écarts-types a été choisie comme indice individuel de perception de variabilité dans les catégories.

Ils ont aussi calculé, pour chaque sujet, la moyenne des positions choisies pour les déclarations de gauche et la moyenne des positions choisies pour les déclarations de droite. La différence entre ces deux moyennes a été choisie comme indice individuel de perception de variabilité entre les catégories.

Les résultats recueillis (*cf.* tableau 1) sont en accord avec les prévisions développées à partir des travaux de Tajfel & Wilkes (1963). Les déclarations à l'intérieur d'une catégorie sont perçues comme plus proches les unes des autres, et les catégories sont perçues comme plus différenciées, lorsque chaque groupe de déclarations est attribué à un auteur que lorsqu'il n'est pas fait mention d'auteur.

Tableau 1 - Variabilité moyenne perçue dans les catégories et variabilité moyenne perçue entre les catégories en fonction du classement des déclarations (d'après McGarty & Turner, 1992 ; exp. 2)

	Déclarations	
	Non classées	Classées
Variabilité dans les catégories	18,9	15,5
Variabilité entre les catégories	41,7	57,8

II - DIFFÉRENCIATION CATÉGORIELLE

Sur la base des travaux sur la catégorisation, Doise (1976) a développé un **modèle de la différenciation catégorielle** qu'il propose d'appliquer à l'explication de certains effets enregistrés dans les travaux sur les relations intergroupes.

Ce modèle distingue trois niveaux dans les relations entre les groupes : les représentations, les comportements et les évaluations. Selon ce modèle, une différenciation à l'un de ces niveaux (par exemple, au niveau des représentations dans le cas de la catégorisation) entraîne des différenciations aux autres niveaux.

Pour étayer ce modèle, Doise s'appuie notamment sur les travaux de Sherif (*cf.* Fiche 42) qui montrent qu'une différenciation au niveau du comportement (compétition) entraîne des différenciations au niveau des représentations et des évaluations, alors qu'une réduction de la différenciation comportementale (par la coopération dans l'atteinte de buts supra-ordonnés) atténue les différenciations aux autres niveaux.

Ce modèle tente aussi de rendre compte du **favoritisme intra-groupe** enregistré dans des conditions minimales (*cf.* Fiche 44). Selon cette approche, le **favoritisme intra-groupe** refléterait une différenciation comportementale et évaluative consécutive à une différenciation représentationnelle (constitution de deux groupes).

Toutefois, ce modèle cognitif est critiqué dans le sens où il n'explique pas pourquoi les sujets se différencient bien plus souvent en favorisant leur propre groupe plutôt qu'en favorisant l'autre groupe (*cf.* Fiche 44).

Références

Doise, W. (1976). *L'articulation psychosociologique et les relations entre groupes.* Bruxelles : De Boeck.

Doise, W., Deschamps, J.C., & Mugny, G. (1991). *Psychologie sociale expérimentale.* Paris : Armand Colin.

Tajfel, H., & Wilkes, A.L. (1963/1979). Classification et jugement quantitatif. In W. Doise (Ed.), *Expériences entre groupes* (pp. 243-262). Paris : Mouton.

► Voir fiches 44, 47, 49, 50.

FICHE 46

IDENTITÉ SOCIALE (THÉORIE DE L')

La **théorie de l'identité sociale** a été principalement développée dans les années soixante-dix par Tajfel et Turner (Tajfel, 1978a; 1978b; 1982; Tajfel & Tuner, 1986) à partir des observations conduites dans le cadre du paradigme des **groupes minimaux** (Fiche 44). Elle est à l'heure actuelle l'une des théories dominantes pour l'explication du **conflit intergroupe** et constitue la base d'une théorie plus générale des relations intergroupes, développée par Turner et ses collègues (*cf.* Fiche 50 : Théorie de l'autocatégorisation).

I - COMPORTEMENTS INDIVIDUELS ET INTERGROUPES

Tajfel et Turner proposent d'expliquer le passage de l'action individuelle au comportement collectif en faisant appel à deux continua : le **continuum de comportement** et le **continuum de système de croyances.**

A - Continuum de comportement

Ce continuum est défini par deux pôles. Le pôle « comportement interpersonnel » au niveau duquel l'interaction entre individus est totalement déterminée par leurs relations interpersonnelles et leurs caractéristiques individuelles, et n'est pas du tout affectée par leurs appartenances groupales. À l'autre extrémité, le pôle « comportement intergroupe », l'interaction entre individus, ou groupes, est totalement déterminée par leurs appartenances à des groupes sociaux. L'interaction n'est pas du tout affectée par les relations personnelles entre les individus concernés.

Ces deux pôles représentent des types d'interaction qui n'existent probablement pas dans leur forme la plus pure. La plupart du temps, le comportement des individus se situe plus ou moins près de l'un de ces deux pôles. On peut considérer une interaction entre deux vieux amis comme une situation proche du pôle « comportement interpersonnel ». D'un autre côté, une interaction entre deux militants de partis politiques opposés à la veille d'élections importantes peut être considérée comme une situation proche du pôle « comportement intergroupe ».

B - Continuum de système de croyances

Ce second continuum renvoie au système de croyances concernant la nature et la structure des relations entre les groupes sociaux dans une société. Au pôle « mobilité sociale », le système est basé sur la croyance que la société dans laquelle vivent les individus est flexible et que les frontières entre les groupes sont perméables, de telle sorte qu'un individu insatisfait des conditions imposées par son appartenance groupale a la possibilité de passer (par le travail, la chance, le talent...) dans un autre groupe qui le satisfait mieux. Au pôle « changement social », le système est basé sur la croyance selon laquelle la nature et la structure des relations entre les groupes sociaux à l'intérieur de la société sont caractérisées par des stratifications marquées qui rendent difficile ou impossible le passage d'une catégorie à une autre. Les individus insatisfaits de leur appartenance groupale n'ont donc pas la possibilité de changer de groupe.

C - Variabilité comportementale envers le hors-groupe et stéréotypie

Plus les membres d'un groupe sont proches du pôle « changement social » du **continuum de système de croyances**, et du pôle « comportement intergroupe » du **continuum comportemental**, plus ils montrent de l'uniformité dans leur comportement envers les membres du hors-groupe. Plus ils tendent, par ailleurs, à considérer les membres du hors-groupe comme des éléments indifférenciés dans une catégorie sociale unifiée, plutôt qu'en termes de leurs caractéristiques propres.

Inversement, plus les membres d'un groupe sont proches des deux pôles opposés (« mobilité sociale » et « comportement interpersonnel »), plus ils montrent de la variabilité dans leur comportement à l'égard du hors-groupe.

II - Relations intergroupes et identité sociale

A - Notion « d'identité sociale »

On considère les catégories comme des outils cognitifs qui segmentent et ordonnent l'environnement des individus et leur permettent ainsi d'en avoir une meilleure compréhension et d'entreprendre des actions. Les catégories sociales ont aussi une autre fonction : elles créent et définissent la place de l'individu dans une société donnée. Les groupes confèrent à leurs membres une identification d'eux-mêmes en termes sociaux. Dans ce cadre, on considère l'**identité sociale** d'un individu comme « les aspects d'une image de soi d'un individu qui dérivent des catégories sociales auxquelles il se perçoit lui-même comme appartenant » (Tajfel & Turner, 1986).

B - Hypothèses générales

Trois hypothèses générales sont présentées dans la théorie de l'identité sociale :

- Les individus cherchent à atteindre ou à augmenter leur estime de soi. Ils cherchent à obtenir un concept de soi positif.
- Les catégories (ou les groupes sociaux) et leur appartenance sont associées à des connotations positives ou négatives. Par conséquent, l'**identité sociale** d'un individu peut être positive ou négative selon les évaluations des groupes qui contribuent à son **identité sociale**.
- L'évaluation de son propre groupe est déterminée par référence à d'autres groupes particuliers au travers de comparaisons sociales en termes d'attributs et de caractéristiques chargés de valeur. Une comparaison positive de l'**intra-groupe** par rapport au **hors-groupe** entraîne un haut prestige ; une comparaison négative produit un bas prestige.

Trois principes théoriques sont dérivés de ces hypothèses générales :

- Les individus cherchent à atteindre ou à maintenir une **identité sociale** positive.
- Une **identité sociale** positive est basée dans une large mesure sur des comparaisons favorables entre l'**intra-groupe** et des **hors-groupes** pertinents. L'intra-groupe doit être perçu par ses membres comme positivement différencié (ou distinct) des hors-groupes pertinents.
- Lorsque l'**identité sociale** est insatisfaisante, les individus vont chercher à quitter leur groupe et à rejoindre un groupe plus positivement distinct et/ou à rendre leur groupe plus positivement distinct.

Cette théorie fournit une interprétation du **biais de favoritisme intra-groupe** enregistré dans des **conditions minimales** (*cf.* Fiche 44). Selon celle-ci, l'effet enregistré sur les matrices n'est pas dû au gain monétaire mais à des différenciations qui, dans ce contexte, ne peuvent être réalisées que sur cette seule dimension. Cette interprétation est en accord avec les données qui montrent notamment que les sujets privilégient une maximisation des différences entre l'intra-groupe et le hors-groupe par rapport à une maximisation du gain absolu.

C - Réactions à une identité sociale négative

Lorsque l'**identité sociale** des individus est négative, ceux-ci s'engagent généralement dans des stratégies permettant de la revaloriser. Tajfel *et al.* (1986) présentent quelques stratégies disponibles.

Lorsque les individus sont proches du pôle « mobilité sociale » du **continuum de croyances**, ceux-ci ont la possibilité de rejeter leur groupe et de rejoindre un autre groupe plus positivement distinct. Il s'agit d'une stratégie de mobilité individuelle. Cette stratégie s'avère plus difficile lorsque les individus sont proches du pôle « changement social ».

Dans ce second cas, on peut envisager deux types de stratégies : une stratégie de créativité sociale, et une stratégie de compétition sociale. Pour ce qui concerne les stratégies de créativité sociale, elles peuvent consister à comparer l'intra-groupe et le **hors-groupe** sur de nouveaux critères plus favorables à l'**intra-groupe**, et à tenter d'imposer ces nouveaux critères comme moyen de comparaison (Jamous & Lemaine, 1962; Lemaine, 1974). Elles peuvent aussi consister à modifier la valeur des attributs associés à l'**intra-groupe** (en les rendant plus positifs). Enfin, les membres d'un groupe peuvent choisir de se comparer avec un autre groupe que celui qui leur renvoie une identité sociale négative.

Au niveau des stratégies de compétition sociale, les membres des groupes possédant une **identité sociale** négative peuvent tenter de renverser l'échelle des valeurs sociales de manière à obtenir un statut supérieur aux autres groupes. Cette dernière stratégie risque d'engendrer des conflits sociaux profonds et violents.

Références

Cappozza, D. & Volpato, C. (1994). Relations intergroupes : Approches classiques et contemporaines. In R.Y. Bourhis & J.P. Leyens (Eds.), *Stéréotypes, discrimination et relations intergroupes* (pp. 13-39). Liège : Mardaga.

Doise, W., Deschamps, J.C., & Mugny, G. (1991). *Psychologie sociale expérimentale.* Paris : Armand Colin.

► Voir fiches 42, 44, 50, 51, 52.

FICHE 47

APPARTENANCES CROISÉES

Doise et Deschamps se sont interrogés sur la possibilité de généraliser aux situations « réelles » les effets enregistrés dans les recherches sur la **catégorisation sociale**. Ils ont notamment fait observer que, dans les recherches classiques sur la catégorisation sociale et sur le **biais de favoritisme intra-groupe**, les sujets se trouvent dans un cadre où leur appartenance (au moins symbolique) à l'un des deux groupes implique leur non-appartenance à l'autre groupe.

Pourtant, dans un système social donné, les individus appartiennent souvent à plusieurs catégories qui s'entrecroisent. Que se passe-t-il alors, au niveau des phénomènes discriminatoires, lorsque des individus opposés en fonction d'une certaine appartenance catégorielle partagent avec certains membres du groupe auquel ils sont opposés d'autres appartenances catégorielles ?

En accord avec les **théories de l'identité sociale** (Fiche 46) et de la **différenciation catégorielle** (Fiche 45), la saillance des appartenances groupales ou catégorielles conduit les individus à différencier leur groupe d'appartenance par rapport aux autres, mais aussi à réduire les différences entre les membres d'une même catégorie. Dans le cas de catégories croisées, il devrait donc y avoir un conflit entre l'accentuation des ressemblances et des différences à l'intérieur et entre les catégories, qui devrait avoir pour conséquence une réduction des phénomènes de discrimination (Deschamps & Doise, 1979).

I - DÉFINITIONS

On parle de **catégorisation simple** (CS) lorsqu'il existe une « dichotomie radicale entre sa catégorie d'appartenance et l'autre catégorie » (Deschamps *et al.*, 1979).

On parle de **catégorisation croisée** (CC) lorsqu'il existe « une dichotomie entre sa catégorie d'appartenance selon une première catégorisation qui ne se recouvre pas mais croise avec sa catégorie d'appartenance et l'autre catégorie selon une seconde catégorisation » (Deschamps *et al.*, 1979).

Exemple :

Imaginons une situation dans laquelle des représentants de la direction d'une entreprise sont opposés, à une table de négociation, à des représentants des « travailleurs ». Vue sous cet angle, cette situation s'apparente à une situation de catégorisation simple dans laquelle le fait d'appartenir à l'un des groupes en présence implique la non-appartenance à l'autre groupe. Mais on peut aussi considérer que chacun de ces deux groupes comporte à la fois des hommes et des femmes. Dans ce second cas, il s'agit d'un cas de catégorisation croisée puisque le sexe des sujets est croisé avec la position défendue par chacun des deux groupes.

II - ILLUSTRATION

A - POPULATION

Cette expérience (Doise & Deschamps, 1979, expérience 2) a été réalisée sur une population de 120 enfants dans une école primaire de la banlieue de Genève. Les enfants participaient par groupes de 12 sujets (6 filles et 6 garçons).

B - PROCÉDURE

Ils recevaient, dans un premier temps, une série exemple de quatre jeux du type de ceux que l'on trouve dans la presse pour enfants et que l'expérimentateur faisait avec les enfants. Puis les enfants travaillaient individuellement sur une nouvelle série de quatre jeux plus difficiles. Enfin, ils devaient estimer combien chaque enfant présent avait réussi de jeux dans la phase de travail individuel.

On organisait deux types de sessions. Pour la moitié des groupes, les enfants prenaient place autour d'une table rectangulaire (trois sujets assis de chaque côté de la table) de manière à ce que le groupe des garçons se trouve opposé au groupe des filles à l'aide d'une « frontière » matérialisée par une diagonale de la table (catégorisation simple).

Pour l'autre moitié des sessions, les enfants étaient disposés autour de la table de la même façon que dans la condition de catégorisation simple. Toutefois, une seconde catégorisation était introduite. La seconde diagonale de la table séparait le groupe des « bleus » du groupe des « rouges » (chacun constitué de trois garçons et de trois filles). Les enfants « bleus » disposaient de stylos à bille bleus alors que les enfants « rouges » disposaient de stylos à bille rouges (catégorisation croisée).

C - RÉSULTATS

Les résultats de cette expérience sont conformes aux hypothèses développées par Deschamps et Doise. Dans la condition de catégorisation simple, les enfants estiment que les membres de leur groupe (de leur sexe) réalisent de meilleures performances que les membres de l'autre groupe (autre sexe). Cette différence n'est plus retrouvée lorsqu'une seconde catégorie est croisée avec la première (*cf.* tableau 1). Le croisement des appartenances catégorielles pourrait donc être considéré comme une procédure efficace, au moins dans certains cas, pour réduire les phénomènes discriminatoires.

Tableau 1 - Estimation des performances réalisées par les membres de son groupe sexuel et par les membres de l'autre groupe en fonction du type de catégorisation (d'après Deschamps *et al.*, 1979)

	Intra-groupe (même sexe)	Hors-groupe (autre sexe)
Catégorisation simple	3,25	2,92
Catégorisation croisée	3,19	3,19

III - CATÉGORISATIONS CORRÉLÉES

Dans de nombreuses situations, les différentes catégories sociales auxquelles appartiennent les individus ne sont pas croisées de manière orthogonale, mais sont plus ou moins corrélées. Ainsi, dans un grand nombre de systèmes sociaux, l'appartenance à certaines catégories ethniques est fortement corrélée avec le statut socio-économique.

Eurich-Fulcer & Schofield (1995) ont étudié l'impact sur la discrimination de la corrélation entre les appartenances catégorielles. Dans cette recherche de laboratoire, les sujets pensaient être répartis dans quatre groupes selon deux types de catégorisations. Les sujets étaient tout d'abord placés dans deux groupes selon leurs « choix esthétiques » (groupe « Klee » ou groupe « Kandinsky »; *cf.* Fiche 44). Puis, après une tâche perceptive (évaluation du nombre de points sur une planche), ils étaient répartis dans deux autres groupes : un groupe de « surestimateurs » et un groupe de « sous-estimateurs ». Ces deux catégorisations ne renvoient évidemment à aucune réalité puisque les sujets étaient tous informés qu'ils étaient des Klee/surestimateurs.

Pour manipuler le degré de corrélation entre les deux catégorisations, on disait aux sujets qu'il n'y avait aucun lien entre la surestimation et l'appartenance au groupe Klee (absence de corrélation), ou que 67 % des gens qui préféraient Klee étaient surestimateurs (corrélation modérée), ou encore que 97 % des gens qui préfèraient Klee étaient surestimateurs (corrélation forte).

Les résultats de cette expérience indiquent qu'une augmentation de la corrélation entre les catégorisations a pour effet d'augmenter la **discrimination** entre les groupes. Par conséquent, il semble que si le croisement des appartenances catégorielles peut, dans certains cas, réduire les phénomènes de discrimination, il faut tenir compte du degré de corrélation entre les différentes catégorisations en jeu.

Références

Deschamps, J.C., & Doise, W. (1979). L'effet du croisement des appartenances catégorielles. In W. Doise (Ed.), *Expériences entre groupes* (pp. 293-326). Paris : Mouton.

Doise, W., Deschamps, J.C., & Mugny, G. (1991). *Psychologie sociale expérimentale.* Paris : Armand Colin.

Eurich-Fulcer, R., & Schofield, J.W. (1995). Correlated versus uncorrelated social categorizations : The effect on intergroup bias. *Personality and Social Psychology Bulletin,* 21, 149-159.

► Voir fiches 44, 45, 48.

FICHE 48

RÉDUIRE L'HOSTILITÉ INTERGROUPE

Les propositions théoriques concernant les possibilités de réduire l'hostilité entre les groupes et la **discrimination** sont souvent basées sur les théories expliquant l'apparition de tels effets (*cf.* fiches précédentes). Le nombre de travaux portant directement sur cette question est relativement peu important. Trois approches sont principalement envisagées en psychologie sociale : **l'hypothèse du contact**, la **coopération**, et les **approches cognitives**. Ces trois approches renvoient à différents niveaux d'analyse et se recoupent parfois de manière importante.

I - HYPOTHÈSE DE CONTACT

Cette hypothèse assez ancienne (Allport, 1954) propose que « le contact entre les membres de différents groupes améliore leurs relations » (Hewstone, 1994) et, par conséquent, atténue l'hostilité entre les groupes et la discrimination.

Les travaux conduits pour tester cette hypothèse ne sont pas entièrement convaincants. Les études sur les effets de la suppression de la ségrégation raciale dans les écoles aux États-Unis, notamment, ne sont pas à la hauteur des effets attendus (Aronson & Bridgeman, 1979 ; Cook, 1979).

Cette hypothèse souffre de nombreuses limitations, les effets du contact variant en fonction d'un grand nombre de facteurs (Allport, 1954; Amir, 1969). Par exemple, un membre d'un groupe A peut s'attendre à un contact désagréable avec un membre du groupe B. Il pourra donc rechercher dans le comportement de l'individu du groupe B des éléments qui confirment ses attentes, ou interpréter les actions de cet individu de manière incorrecte (en accord avec ses attentes envers les membres du groupe B), ce qui contribue à accentuer plutôt qu'à réduire l'hostilité entre les groupes. À titre d'exemple, considérons une situation de contact entre des policiers français et des membres de la communauté maghrébine. Le contact entre les membres de ces deux groupes a des chances de s'avérer négatif tant semblent fortes les attentes négatives de chacun de ces deux groupes envers les membres de l'autre groupe.

De plus, même si le contact entre les membres de deux groupes s'avère positif, il est possible, voire probable, que cette impression positive ne soit pas généralisée à l'ensemble du **hors-groupe**. En effet, le membre du **hors-groupe** peut être considéré comme représentant une « exception à la règle » (non représentative de son groupe).

De manière à éviter ce type d'inférence, Wilder (1986) préconise les contacts multiples (avec différents membres du hors-groupe) pour atténuer l'hostilité intergroupe. Toutefois, même dans ce cas, Wilder souligne qu'il est important que les membres du hors-groupe soient perçus comme indépendants les uns des autres (de manière à éviter que ces membres soient perçus comme représentant un sous-groupe particulier du **hors-groupe**) et proches du prototype (très représentatifs) du **hors-groupe**.

Selon Wilder, pour rendre efficace une situation de contact intergroupe, il faut de plus :

- rendre les actions positives des membres du **hors-groupe** aussi visibles et claires que possible (pour éviter les effets d'attentes stéréotypées) ;
- rendre les actions des membres du hors-groupe constamment positives dans une grande variété de situations ;
- amener les individus à percevoir que les actions positives des membres du **hors-groupe** ne leur permettent aucun gain en contrepartie ;
- « personnaliser » les individus en contact en leur donnant des informations autres que celles concernant leur appartenance groupale (Wilder, 1978) ;
- éliminer les contacts qui produisent de l'anxiété. L'anxiété est censée augmenter le recours à des réponses simplistes et stéréotypées (Wilder, 1993).

Stephan (1985) propose des recommandations assez proches ; il insiste néanmoins sur certains aspects de la situation de contact. Notamment, il considère comme souhaitable que les groupes jouissent d'un statut égal dans la situation d'interaction (Allport, 1954), que les membres de chacun de ces deux groupes disposent de compétences égales, qu'il existe une égalité numérique entre les représentants des groupes en présence, et que le contact soit de longue durée. De plus, il ajoute qu'il est préférable que les membres des différents groupes partagent certaines croyances, normes, valeurs.

II - COOPÉRATION

Une situation de **coopération** peut être définie comme une situation dans laquelle les gains d'un des groupes contribuent aussi aux gains de l'autre groupe, alors que les pertes d'un des groupes entraînent des pertes pour l'autre groupe (Worchel, 1986).

La **coopération** entre groupes implique le contact entre les membres de ces groupes mais elle ne s'y limite pas. Par exemple, dans une école, des enfants peuvent être en contact avec des enfants d'origines ethniques différentes, cela n'implique pas la coopération entre ces enfants lorsqu'il s'agit de réaliser des travaux de groupe.

Par conséquent, les recommandations faites pour améliorer les relations intergroupes dans les situations de contact sont généralement valables pour les situations de coopération. Ainsi, pour éviter les effets liés à des différences dans le statut social des groupes en situation de coopération, certains auteurs ont développé des techniques telles que la « technique du puzzle ». Celle-ci consiste à donner à chaque membre du groupe de travail une quantité d'informations restreinte mais essentielle pour atteindre le but fixé au groupe (Aronson *et al.*, 1979).

De nombreux travaux insistent sur les effets positifs de la coopération (elle facilite la communication et l'attraction entre les individus, Worchel 1986) et les travaux de Sherif (1966 ; Fiche 42) ont démontré que la **coopération** dans l'atteinte de buts communs entraîne parfois une réduction de l'hostilité intergroupe. Il semble pourtant que la coopération dans l'atteinte de buts communs ne conduit pas immanquablement à ce type de résultat, qui est obtenu lorsque la coopération conduit au succès de l'entreprise. Lorsque la coopération conduit à un échec, les sujets ont tendance à rejeter la cause de l'échec sur les membres de l'autre groupe (Worchel, 1986).

III - APPROCHES COGNITIVES

D'autres approches de la réduction de l'hostilité intergroupe sont disponibles. À la différence des premières, qui sont centrées sur le type de situations, celles-ci s'intéressent aux processus cognitifs en jeu dans ce type de situation (*cf.* Hewstone, 1994 ; Bourhis, Gagnon & Moïse, 1994). Elles portent donc sur les processus cognitifs qui doivent être renforcés chez les sujets pour que la discrimination et l'hostilité intergroupe soient atténuées. Parmi ces processus, nous pouvons considérer l'**individuation**, la **recatégorisation**, et le **sous-typage** (*cf.* aussi les appartenances croisées ; Fiche 47).

A - INDIVIDUATION

L'**individuation** consiste à présenter aux sujets des membres du **hors-groupe** de façon suffisamment détaillée (information personnelle sur chacun de membres du hors-groupe) de manière à ce que les catégories n'aient plus d'utilité (elles n'apportent que peu d'informations supplémentaires) (Wilder, 1978 ; 1986).

Toutefois une **individuation** ou « décatégorisation » (Bourhis *et al.*, 1994) peut amener les sujets à sentir que leur **identité sociale** est menacée (*cf.* Fiche 47). En effet, selon la **théorie de l'identité sociale**, l'appartenance groupale contribue à l'**identité sociale** des sujets. Par conséquent, en réaction à une menace de leur **identité sociale**, les individus pourraient s'engager dans des stratégies de différenciation conduisant aux effets opposés à ceux attendus (Deschamps & Brown, 1983).

B - RECATÉGORISATION

Gaertner et ses collègues (Gaertner, Mann, Dovidio, Murrell & Pomare, 1990 ; Gaertner, Mann, Murrell & Dovidio, 1989) amènent des sujets appartenant à deux groupes à considérer qu'ils ne font partie que d'un seul et même groupe. Cette procédure de **recatégorisation** réduit l'effet de **favoritisme à l'égard de l'intra-groupe**. Toutefois, cette procédure est soumise à la même critique que l'**individuation** : de telles recatégorisations sont-elles envisageables en dehors du laboratoire sans entraîner une menace pour l'**identité sociale** des individus recatégorisés ?

C - Sous-typage

Le **sous-typage** consiste à amener les individus à ne pas considérer le **hors-groupe** comme une catégorie mais comme un ensemble de sous-catégories, notamment en leur présentant des membres du **hors-groupe** qui possèdent des caractéristiques en contradiction avec les attentes stéréotypées à l'égard des membres de ce groupe. L'avantage d'une telle procédure par rapport aux deux précédentes est qu'elle maintient les catégories. Elle ne semble pas, par conséquent, menacer directement l'identité des individus placés dans des sous-catégories. En revanche, elle n'affecte pas l'image globale du **hors-groupe**, tout au plus peut-elle augmenter la **variabilité** perçue dans celui-ci (Hewstone, 1994).

Références

Bourhis, R.Y., Gagnon, A. & Moïse, L.C. (1994). Discrimination et relations intergroupes. In R.Y. Bourhis, & J.P. Leyens (Eds.), *Stéréotypes, discrimination et relations intergroupes* (pp. 161-200). Liège : Mardaga.

Wilder, D.A. (1986). Cognitive factors affecting the success of intergroup contact. In S. Worchel, & W.G. Austin (Eds.), *Psychology of intergroup relations* (pp. 49-66). Chicago : Nelson-Hall.

Worchel, S. (1986). The role of cooperation in reducing intergroup conflict. In S. Worchel, & W.G. Austin (Eds.), *Psychology of intergroup relations* (pp. 288-304). Chicago : Nelson-Hall.

▶ Voir fiches 42, 47, 49.

FICHE **49**

VARIABILITÉ DANS LES GROUPES

L'étude de la **variabilité dans les groupes** constitue un champ de recherche important pour la compréhension de la **perception** et des **relations intergroupes**. En effet, plus un groupe social est perçu comme homogène, plus les jugements sont extrêmes à l'égard de ce groupe (Linville, 1982), plus l'application à l'ensemble du groupe de croyances **stéréotypées** (Quattrone & Jones, 1980) et la **discrimination** envers ce groupe (Wilder, 1978) sont probables.

I - EFFET D'HOMOGÉNÉISATION DU HORS-GROUPE

A - Définition

Les travaux relatifs aux processus de **catégorisation** (*cf.* Fiche 45) indiquent que le classement d'objets dans des catégories conduit les sujets à accentuer les ressemblances entre les objets classés dans une même catégorie (Doise, Deschamps & Meyer, 1979; Tajfel, Sheikh & Gardner, 1964).

Lorsqu'il s'agit de groupes sociaux, on enregistre souvent un **effet** *d'homogénéisation du hors-groupe* (Quattrone *et al.*, 1980). Cet effet est défini par la perception d'une plus grande homogénéité (une plus faible **variabilité**) dans le **hors-groupe** que dans l'**intra-groupe**.

Par exemple, combien de fois avez-vous entendu, ou vous êtes-vous dit, que « les Asiatiques se ressemblent tous » ? Pourtant, un Japonais pensera probablement la même chose des Européens.

B - Illustration

Linville, Fisher & Salovey (1989) ont demandé à 30 pensionnaires d'une maison de retraite et à 30 étudiants d'estimer comment 100 personnes âgées de plus de 65 ans ou, dans une autre condition, 100 étudiants se répartissaient sur certains traits (sympathie, motivation, irritabilité, beauté, etc.). Pour chacun de ces traits, les sujets disposaient d'une échelle en 7 points graduée de la façon suivante (pour le trait sympathique) : extrêmement antipathique, antipathique, légèrement antipathique, neutre, légèrement sympathique, sympathique, extrêmement sympathique. Pour chaque graduation, les sujets indiquaient le nombre de personnes parmi 100 étudiants (ou 100 personnes de plus de 65 ans) qui, selon eux, entraient dans cette catégorie.

Linville *et al.* (1989) ont calculé deux indices : un indice de variabilité (variance de la distribution) et un **indice de différenciation** (Id) qui estime la probabilité de distinguer les individus sur un trait donné.

On calcule ce dernier indice selon la formule suivante : $Id = 1 - \sum P_i^2$ (Pi étant égal à la proportion de personnes parmi les 100 classées dans la catégorie i). Ainsi, avec les sept cases que comporte l'échelle décrite plus haut, $Id = 1 - (P_1^2 + P_2^2 + P_3^2 + ... + P_7^2)$. Par conséquent, si tous les sujets sont classés dans une même catégorie (100 %), Id sera égal à 0 ($1 - 1^2 = 0$). À l'opposé, cet indice atteint sa valeur maximale lorsqu'une proportion égale de personnes est placée dans chacune des sept cases. Dans ce dernier cas, Id = 0,86 (attention, la valeur maximale de Id dépend du nombre de cases dont disposent les sujets pour leurs classements).

Les résultats indiquent que les personnes âgées perçoivent les étudiants comme un groupe plus homogène que le leur alors que l'on obtient le résultat opposé pour les étudiants.

II - INTERPRÉTATIONS

Plusieurs explications théoriques sont disponibles pour rendre compte de l'effet d'homogénéisation du hors-groupe.

A - Familiarité avec les membres de l'intra-groupe

On peut penser que les individus rencontrent plus fréquemment des membres de leur propre groupe que des membres des **hors-groupes** et qu'ils ont, par conséquent, une image plus différenciée des membres de leur groupe. Linville *et al.* (1989 ; exp. 4) montrent, par exemple, que la perception de **variabilité** dans une classe d'étudiants augmente au cours de l'année universitaire.

Cette explication est néanmoins limitée par certains faits. En effet, nous rencontrons fréquemment des membres du sexe opposé au nôtre alors que l'**effet d'homogénéisation du hors-groupe** s'exprime aussi à ce niveau (Park & Rothbart, 1982 ; Quattrone, 1986 ; Lorenzi-Cioldi, 1993). Par ailleurs, le fait de ne rencontrer que peu de membres du **hors-groupe** ne devrait pas conduire les individus à homogénéiser le hors-groupe, mais plutôt à avouer leur ignorance quant à la **variabilité** dans ce groupe (Quattrone, 1986).

B - Attention sélective

Quattrone (1986) propose que lorsque l'on rencontre les membres d'un autre groupe, l'on recherche tout d'abord les similarités entre les personnes de ce groupe et l'on néglige les différences interindividuelles. Cette stratégie permet aux individus d'avoir l'impression de posséder de l'information sur le groupe (on peut l'appliquer à tous les membres de ce groupe). En contrepartie, cette stratégie conduit les individus à minimiser les différences entre les membres de ce groupe.

Quattrone suggère qu'une expérience plus importante des membres du hors-groupe pourrait amener les individus à différencier ses membres et pourrait donc partiellement réduire l'**effet d'homogénéisation du hors-groupe**.

C - Approches cognitives

Ce type d'explication propose que l'**effet d'homogénéisation du hors-groupe** est lié à la façon dont l'information sur les groupes est traitée. Deux approches sont désormais classiques : **le modèle de l'abstraction directe** et le **modèle des exemplaires**.

1. Abstraction directe

Selon Park et ses collègues (Judd & Park, 1988 ; Park & Judd, 1990), lorsque les gens perçoivent les membres d'un groupe, ils enregistrent en mémoire à la fois de l'information générale (concernant, par exemple, la variabilité dans ce groupe) et de l'information sur les membres individuels de ce groupe (exemplaires). L'information générale (ou « abstraite ») serait révisée à chaque rencontre d'un nouveau membre du hors-groupe.

Lorsqu'ils doivent ensuite estimer la **variabilité** dans un **hors-groupe**, les gens n'utiliseraient que l'information générale. D'un autre côté, lorsqu'ils doivent estimer la **variabilité** de l'**intra-groupe**, l'information concernant les exemplaires (soi y compris) serait plus accessible. Les différences dans la **variabilité** perçue de l'intra-groupe et du hors-groupe seraient donc principalement dues à des différences dans la qualité de l'information (exemplaires versus information abstraite) rappelée sur le hors-groupe et l'intra-groupe.

2. Modèle des exemplaires

Linville *et al.* (1989) considèrent que de l'information générale sur le groupe peut être stockée en mémoire lorsque des individus rencontrent des membres de leurs hors-groupes. Ils estiment néanmoins que cette information n'est pas utilisée pour juger de la

variabilité d'un groupe. Les individus utiliseraient uniquement l'information sur les exemplaires. Puisque les gens connaissent généralement plus d'exemplaires de l'intra-groupe que d'exemplaires du hors-groupe, le rappel de ces exemplaires devrait conduire les sujets à sous-estimer la **variabilité** dans le **hors-groupe** par rapport à **l'intra-groupe**.

Références

Lorenzi-Cioldi, F. (1993). Styles de traitement de l'information et appartenance sexuelle. In J.L. Beauvois, R.V. Joule, & J.M. Monteil (Eds.), *Perspectives cognitives et conduites sociales* (pp. 269-280). Paris : Delachaux et Niestlé.

Quattrone, G.A. (1986). On the perception of a group's variability. In S. Worchel, & W.G. Austin (Eds.), *Psychology of intergroup relations* (pp. 25-48). Chicago : Nelson-Hall.

▶ Voir fiches 45, 54.

FICHE

50 AUTOCATÉGORISATION

Issue de la théorie de l'identité sociale (*cf.* Fiche 46), la théorie de l'autocatégorisation développée par Turner et ses collaborateurs (Turner, Hogg, Oakes, Reicher, & Wetherell, 1987) rend compte du fonctionnement du concept de soi social, concept de soi basé sur les relations intergroupes. Pour Turner *et al.* (1987), l'individu construit son identité par un processus d'autocatégorisation, c'est-à-dire qu'il utilise une catégorisation rendue saillante pour établir son identité.

I - PROCESSUS D'AUTOCATÉGORISATION

La recherche sur l'autocatégorisation s'est développée dans des problématiques telles que la cohésion du groupe, la conformité sociale, la polarisation de groupe, l'influence minoritaire et les stéréotypes sociaux (Hogg, 1992 ; Haslam & Turner, 1992 ; McGarty *et al.*, 1992 ; Haslam & Turner, 1995).

A - Différents niveaux d'abstraction

Selon cette théorie, l'individu définit son identité par des processus de comparaison selon trois niveaux :

- le niveau supra-ordonné où se construit l'identité humaine sur la base des caractéristiques que l'individu partage avec les autres membres de son espèce ;
- le niveau intermédiaire qui définit l'identité sociale par les caractéristiques partagées entre les différents membres d'une même catégorie sociale par opposition à une autre catégorie ;
- le niveau subordonné où se définit l'identité personnelle de l'individu par ce qui le différencie d'autres personnes de son intra-groupe.

Il est important de préciser qu'il y a incompatibilité entre ces différents niveaux : l'activation d'un niveau entraîne la désactivation du niveau précédent. De plus, la théorie fait l'hypothèse d'une opposition entre l'identité personnelle et l'identité sociale, entre la perception de soi comme personne unique et la perception de soi comme une catégorie intra-groupe.

B - DÉPERSONNALISATION

La dépersonnalisation est considérée comme le mécanisme cognitif à la base des phénomènes de groupe. Elle peut être définie par la tendance des individus, dans des situations qui augmentent la saillance des catégorisations intra-groupe/hors-groupe, à se percevoir en tant que prototypes de l'intra-groupe. Au niveau comportemental et perceptif, il s'opère un changement qui conduit l'individu à se considérer comme un exemplaire interchangeable de la catégorie sociale, et non plus comme une personne unique et différenciée d'autrui.

« La dépersonnalisation du soi est la stéréotypie subjective du soi en termes d'une catégorisation sociale pertinente » (Turner, 1995).

Par exemple, si un étudiant tend à s'autocatégoriser en tant qu'étudiant en philosophie par opposition aux étudiants en droit, il tend à augmenter la perception de sa ressemblance par rapport aux autres étudiants de philosophie, ainsi que celle de ses différences stéréotypées par rapport aux étudiants en droit.

Cependant, la dépersonnalisation n'est pas une régression ou une perte d'identité. Il s'agit d'un changement de niveau, de nature et de contenu dans la perception de soi.

II - INFLUENCE SOCIALE ET AUTOCATÉGORISATION

Pour Turner et ses collègues, l'influence ne peut être expliquée par la dichotomie classique entre explication informationnelle et explication normative (voir tome 2, chapitre 2 : L'attribution). Ce sont plutôt les normes de l'intra-groupe qui vont permettre de juger de la validité des messages.

A - PROCESSUS D'INFLUENCE

Selon cette théorie, l'identité sociale partagée est un pré-requis à l'influence. Ainsi, la confiance dans la validité de ses opinions, attitudes et croyances est directement dépendante des opinions, attitudes et croyances d'autrui catégorisés comme similaires. Indépendamment du niveau d'information, l'individu est dépendant d'autrui similaire pour considérer si son jugement est valide.

« On peut donc dire que dans ce modèle, l'influence consiste en un processus d'assimilation de l'information considérée comme valide parce que fondée sur le concensus intra-groupe » (Butera & Pérez, 1995).

Dans ce modèle, l'influence n'est donc possible qu'entre membres d'un même groupe, c'est-à-dire entre personnes catégorisées comme similaires.

B - Réduire l'incertitude

Une des hypothèses fondamentales de la théorie veut que l'individu pense être en accord avec les personnes catégorisées comme similaires. Par conséquent, l'incertitude naît quand autrui catégorisé comme similaires à soi ne donne pas la même réponse que le sujet dans une même situation, quand il y a désaccord avec les membres de l'intra-groupe. La réduction de cette incertitude peut se faire selon trois principes qui peuvent être conjugués :

- en recatégorisant l'intra-groupe comme un hors-groupe ;
- en attribuant la différence de réponses entre le sujet et l'intra-groupe à la situation ;
- en influençant l'intra-groupe ou en se laissant influencer par celui-ci, c'est-à-dire par un processus d'influence réciproque.

C - Perception des minorités

Dans ce contexte, les minorités intra-groupes (membres d'un groupe social en désaccord avec la majorité de ce groupe) sont catégorisées comme hors-groupes dans des situations de comparaison intra-groupe, et comme intra-groupes dans des situations de comparaison intergroupe.

Par exemple, s'il y a conflit au sein du groupe social :

NOUS = la majorité – la minorité déviante.

Mais, s'il s'agit d'un conflit intergroupe, alors :

NOUS = la majorité + la minorité déviante.

On assiste ici à des différences dans l'influence accordée à la minorité selon le contexte social de comparaison. Plus celui-ci est élargi, plus la minorité sera influente.

III - PRINCIPE DU MÉTA-CONTRASTE

Le principe du méta-contraste sert à définir la prototypicalité des membres de l'intra-groupe (dans quelle mesure un sujet peut-il être considéré comme représentatif ou exemplaire de sa catégorie ?). Il énonce la règle suivante : MOINS une personne diffère des membres de l'intra-groupe et plus elle diffère des membres du hors-groupe, PLUS elle est représentative de l'intra-groupe.

A - Deux hypothèses

- Un stimulus donné sera perçu comme partageant la même catégorie sociale que le sujet dans la mesure où le stimulus sera perçu comme étant moins éloigné de la position du sujet que la moyenne de tous les autres stimuli psychologiquement saillants (Haslam & Turner, 1995).

- Les stimuli seront assimilés à l'identité du sujet dans la mesure où ils partagent la même catégorie (membres de l'intra-groupe). Inversement, les stimuli seront contrastés de l'identité du sujet dans la mesure où ils sont représentatifs d'un hors- groupe (Haslam & Turner, 1992).

B - Calcul du méta-contraste

Considérons le cas d'un sujet (S), modéremment « à gauche » sur des thèmes politiques, qui juge une personne ou un état (T) représentatif d'une position « de droite » modérée. Comme dans les tâches d'évaluation classiques, ce jugement doit être effectué à l'aide d'une échelle en plusieurs points qui rend saillantes les autres réponses possibles (les o).

gauche o S o o o T o droite

– 3 – 2 – 1 0 + 1 + 2 + 3

Le principe de méta-contraste sert à mesurer les positions où T devrait être perçu pour partager la même catégorie que S : ici la valeur du ratio méta-contraste (MCR) équivaut à la différence moyenne entre T et les o divisée par la différence entre T et S, à savoir :

$$MCR = \frac{\text{différence moyenne interclasses}}{\text{différence moyenne intraclasses}} = \frac{\text{moyenne T} - \text{o}}{\text{T-S}}$$

$$= ([5 + 3 + 2 + 1 + 1/5]/4) = 0{,}6.$$

Dans cet exemple, la personne ou l'état cible devrait être perçu comme représentatif d'une catégorie sociale différente de celle du sujet parce que la différence entre la cible et le sujet est plus importante que la différence moyenne entre la cible et toutes les autres positions de l'échelle (la valeur du MCR est en dessous de l'unité, MCR < 1). Notons que l'on obtiendrait les mêmes résultats s'il s'agissait d'un sujet modérement « à droite » qui juge une personne « de gauche ».

Références

Turner, J.-C. (1995). Autocatégoratisation et influence sociale. In G. Mugny, D. Oberlé, & J.-L. Beauvois (Eds), *Relations humaines, groupes et influence sociale* (pp. 210-213). Grenoble : Presses Universitaires de Grenoble.

Turner, J.-C., Hogg, M.A., Oakes, P.J., Reicher, S.D., & Wetherell, M.S. (1987). *Rediscovering the Social Group : A Self-categorization Theory*. New York : Basil Blackwell.

FICHE 51

EFFET « BREBIS GALEUSE »

I - DÉFINITION

L'effet brebis galeuse (« Black-Sheep Effect » en anglais) désigne le fait que les sujets évaluent plus négativement un membre de leur groupe qu'un membre du hors-groupe lorsque celui-ci adopte des conduites déviantes ou se révèle défaillant à une tâche et, dans un cadre inverse, évaluent plus positivement un membre de leur groupe qu'un membre du hors-groupe.

II - PREMIÈRES EXPÉRIENCES

Les premières études ayant permis de mettre en évidence l'effet brebis galeuse ont été réalisées en 1988 par Marques, Yzerbyt et Leyens (1988) et Marques et Yzerbyt (1988).

Dans une première expérience (Marques, Yzerbyt et Leyens, 1988, expérience 1), les sujets étaient au nombre de 184. Il s'agissait d'étudiants belges, tous volontaires. On leur présentait par écrit une personne stimulus. Deux variables étaient manipulées : d'une part, l'origine nationale de cette personne, tantôt elle était présentée comme un étudiant belge, tantôt comme un étudiant nord-africain, et, d'autre part, son caractère agréable : elle était tantôt présentée comme agréable, comme désagréable ou présentée de manière neutre. Les sujets devaient évaluer cette personne-cible à l'aide de 62 traits personnologiques positifs et négatifs (ex. : sociable, franc, communicatif, honnête, déplaisant, snob, violent, sectaire, chauvin etc.). Comme prévu, les sujets évaluaient plus négativement un membre désagréable de l'intra-groupe qu'un membre désagréable du hors-groupe et plus positivement un membre agréable de l'intra-groupe qu'un membre agréable du hors-groupe. Autrement dit, les auteurs observent la coexistence de **deux types de différentiation : l'une inter-groupe, débouchant sur un favoritisme du membre agréable de l'intra-groupe, l'autre intra-groupe débouchant sur une discrimination du membre désagréable de l'intra-groupe**.

Les auteurs expliquent cette coexistence en s'appuyant sur la **théorie de l'identité sociale** : ces deux types de différenciation seraient complémentaires et également utiles pour conserver au groupe une image sociale positive et donc pour maintenir l'influence positive de l'appartenance au groupe sur l'identité sociale des sujets.

Dans une seconde expérience, les auteurs montrent que l'effet brebis galeuse s'observe exclusivement lorsque la personne-cible viole une norme importante pour les sujets, c'est-à-dire une norme définissant l'appartenance à leur groupe.

Dans cette seconde expérience (Marques, Yzerbyt et Leyens, 1988, expérience 2) effectuée auprès de 91 étudiants de la même université, on manipulait à nouveau l'origine nationale (Belge vs Nord-Africain) de la personne-cible. Cette fois, le caractère agréable (vs désagréable) de cette personne était induit par le fait qu'on la décrivait comme ayant des comportements allant dans le sens ou s'opposant aux normes valorisées par les étudiants. On faisait enfin varier la nature de la norme transgressée ou suivie, tantôt il s'agissait d'une norme générale, perçue comme partagée par tous les étudiants qu'ils soient ou non belges – prêter ses cours à un autre étudiant –, tantôt il s'agissait d'une norme spécifique aux étudiants belges – le fait de placer les études après les divertissements. Lors d'une expérience pilote, les auteurs avaient en effet pu observer que les étudiants belges jugeaient plus positivement un étudiant plaçant les études après les divertissements que celui plaçant les divertissements après les études. Comme précédemment les sujets devaient évaluer la personne-cible, mais cette fois, à l'aide de 5 traits d'orientation positive (plaisant, sociable, accueillant, gai et communicatif). Les résultats montrent que, lorsque la norme est générale, il n'existe pas de différence dans les évaluations d'un membre du hors-groupe et de l'intra-groupe : elles sont également négatives lorsqu'elle est transgressée et également positives lorsqu'elle est suivie. En revanche, l'effet brebis galeuse est observé lorsque la norme visée est spécifique à l'intra-groupe. Sa transgression aboutit à des jugements plus négatifs du membre de l'intra-groupe que du membre du hors-groupe.

III - INTERPRÉTATIONS

Marques et Yzerbyt (1988) suggèrent que l'effet brebis galeuse résulte non pas d'une comparaison inter-groupe (entre les membres de l'intra-groupe et du hors-groupe) mais de la comparaison des comportements et des performances des membres de l'intra-groupe à un standard définissant ce qui est souhaitable et valorisant pour le groupe. Les auteurs observent, en effet, l'effet brebis galeuse aussi bien lorsque le sujet était confronté aux performances tantôt bonnes toutes deux, tantôt mauvaises toutes deux, d'un membre de leur groupe et d'un membre du hors-groupe à une tâche (discours public), que lorsqu'ils sont confrontés à la bonne performance et à la mauvaise performance de deux membres de l'intra-groupe ou de deux membres du hors-groupe.

Référence

Marques, J.M. (1993). Antécédents cognitifs, normatifs et motivationnels des jugements groupaux : proposition pour un modèle de l'effet Brebis Galeuse. In J.L. Beauvois, R.V. Joule, & J.M. Monteil (Eds.), *Perspectives cognitives et conduites sociales* (vol. 4, chap. 2). Neuchâtel : Delachaux et Niestlé.

FICHE **52**

LE POUVOIR ENTRE LES GROUPES

I - DÉFINITION

Il existe deux définitions du **pouvoir social**. La première le définit en termes de conséquence : pouvoir social et influence sociale sont alors synonymes. On désigne alors l'intention de et la capacité à influencer autrui. La seconde consiste à définir le pouvoir comme résultant des relations d'interdépendance liant les acteurs d'une structure sociale. Dépret et Fiske (1993) reprennent en la précisant la définition opératoire fournie par Jones (1972, utilisée dans les recherches décrites par Bourhis (1993), plus loin dans cette fiche). La notion de pouvoir social est référée au fait que certaines personnes ont un contrôle sur le résultat des actions entreprises par d'autres personnes. On transposera aisément cette définition sur le plan des relations intergroupes.

II - ÉTUDES EXPÉRIMENTALES

A - Pouvoir et groupes minimaux

Sachdev et Bourhis (1985) étudient, dans le cadre du **paradigme des groupes minimaux** (*cf.* Fiche 44), l'impact des différences de pouvoir sur la discrimination intergroupe.

1. Déroulement

Les sujets, 200 étudiants hommes et femmes de l'université d'Ontario, participaient à une recherche présentée comme portant sur la prise de décision. La participation à cette recherche leur permettait d'acquérir des points supplémentaires en vue des contrôles de fin d'année. Les sujets étaient divisés de manière aléatoire en deux groupes. Ils devaient répartir entre les membres de leur groupe et les membres de l'autre groupe les points supplémentaires attribués pour la participation à cette recherche. La variable « pouvoir » était ensuite introduite. On disait aux sujets que la distribution effectuée par l'un des deux groupes aurait plus de poids dans le calcul des expérimentateurs que celle de l'autre groupe. Un nouveau tirage au sort décidait de quel groupe il s'agirait. Trois situations étaient étudiées. Dans une condition, on disait que la distribution effectuée par le groupe tiré au sort déterminerait à 100 % la décision des expérimentateurs. L'autre groupe n'avait donc, dans cette condition, aucun pouvoir de contrôle sur l'attribution de points. Dans une seconde condition, on disait aux sujets que le groupe tiré au sort déterminerait à 70 % la décision des chercheurs. L'autre groupe avait donc un contrôle faible mais réel sur la décision des chercheurs : 30 %. Dans une dernière condition, les répartitions effectuées par les deux groupes étaient perçues comme déterminant à part égale la décision des chercheurs : 50 % pour chaque groupe. Ceci posé, les sujets devaient procéder à la répartition des points. Pour ce faire, on utilisait les **matrices de Tajfel** (*cf.* Fiche 44). On pouvait ainsi observer les stratégies de discrimination intergroupe.

2. Résultats et interprétations

Les sujets dont le groupe ne possédait aucun pouvoir (0 %) sur la décision des chercheurs ne discriminaient pas le hors-groupe.

Les auteurs expliquent ce résultat à la lumière de la théorie de l'identité sociale. La discrimination intergroupe serait fonction de la catégorisation de soi en tant que membre d'un groupe. La présence ou l'absence de la catégorisation, ainsi que son intensité, serait déterminée par l'apport positif qu'elle constitue à l'identité sociale du sujet. Ainsi, le fait d'être intégré à un groupe sans pouvoir constitue un apport négatif (ou nul). La conséquence en serait une absence de catégorisation de soi comme membre du groupe, se concluant par une absence de discrimination du hors-groupe.

On observe par contre que les sujets insérés dans un groupe possédant un pouvoir faible (30 %), moyen (50 %), élevé (70 %) ou absolu (100 %) discriminaient le hors-groupe. Les auteurs observent pourtant que les sujets possédant un pouvoir faible (30 %) discriminent moins le hors-groupe que les trois autres. Cette observation illustre un autre aspect de la **théorie de l'identité sociale**. La discrimination intergroupe serait un moyen pour le sujet (ayant un pouvoir moyen, élevé ou absolu) de créer une différenciation positive entre son groupe et le hors-groupe utile dans le maintien d'une identité sociale positive.

Ils observent enfin que les sujets possédant un pouvoir absolu (100 %) discriminent moins le hors-groupe que les sujets possédant un pouvoir élevé (70 %). Les auteurs invoquent, ici, l'idée que les premiers peuvent se permettre, contrairement aux seconds, qui restent en compétition avec l'autre groupe, d'exhiber des marques de paternalisme.

B - Pouvoir et groupes naturels

Drozda-Senkowska et Débard (1991) montrent les effets de la relation de domination au sein d'une hiérarchie sociale naturelle sur les évaluations d'autrui. Cette étude a été réalisée dans un centre hospitalier auprès de surveillantes et d'aides soignantes. Les premières occupent au sein de la hiérarchie des fonctions d'un hôpital une position supérieure aux secondes. Chaque sujet devait évaluer sur 5 dimensions (affective, morale, intellectuelle, sociale et physique) deux personnes de leur choix, l'une devant être une surveillante, l'autre une aide soignante. Les résultats montrent que les dominants évaluent plus positivement autrui, que ne le font les dominés. A l'inverse, les dominants sont évalués moins positivement. Enfin, tant les dominants que les dominés ont tendance à évaluer plus positivement autrui lorsqu'il appartient à leur propre groupe. Cette différence était plus nette chez les dominés.

C - Mise en perspective

On notera la différence qui existe entre ces résultats et ceux obtenus par Sachdev et Bourhis (1985). En se fondant sur ce dernier ensemble de résultats, on aurait pu s'attendre à ce que les dominants (les surveillantes) évaluent plus négativement les dominés. Or, on a observé l'inverse. Ces deux ensembles de travaux se distinguent sur deux points qui peuvent expliquer cette opposition.

Premier point, Sachdev et Bourhis (1985) induisaient de manière expérimentale et apparemment arbitraire une hiérarchie entre les groupes. Au contraire, Drozda-Senkowska et Débard (1991) invoquaient une hiérarchie. Elle était non plus induite et artificielle, mais « naturelle ». Les enjeux sociaux de l'évaluation, l'histoire et l'avenir des relations entre les groupes en présence, dans ces deux situations, étaient contrastées. Or, ces éléments façonnent les évaluations intergroupes.

Drozda-Senkowska et Débard (1991) soulignent un autre fait important. La relation dominé/dominant dans leur recherche est relative. Les surveillantes ne sont pas placées au sommet de la hiérarchie hospitalière, elles sont elles-mêmes « dominées » par les surveillantes chefs et les infirmières générales. En revanche, les aides soignantes sont au niveau le plus bas de la hiérarchie hospitalière. Il est alors probable que les surveillantes se sentent plus proches des aides soignantes que l'inverse. Dans les travaux de Sachdev et Bourhis (1985), la relation dominant/dominé était, par contre, absolue puisque seuls deux groupes étaient opposés.

D - Pouvoir et groupes sexuels

Cole et Bourhis (1990) observent le même patron de résultats que Sachdev et Bourhis (1985) (voir ci-dessus II, A). Le rôle joué par le sexe des sujets y était en outre étudié. Les deux groupes opposés étaient toujours constitués de membres du même sexe. Les auteurs observent qu'il n'existe pas de différence homme/femme dans la discrimination du hors-groupe en condition de pouvoir nul, faible, moyen, élevé ou absolu.

Une seconde étude menée par les mêmes auteurs mais opposant cette fois des groupes de sexe différent indique que les femmes possédant un pouvoir moyen, élevé ou absolu discriminent les membres du groupe masculin auquel elles sont opposées. Les membres du groupe d'hommes ne possédant aucun pouvoir ne discriminaient pas le hors-groupe de sexe féminin (et disposant d'un pouvoir absolu).

Lors d'une troisième étude, Cole et Bourhis (1988, cité par Bourhis, 1993) opposaient à nouveau des groupes de sexe différent dont le pouvoir était manipulé. Cette fois, on étudiait également la stabilité du pouvoir des groupes, il était tantôt stable, tantôt instable. Le pouvoir alloué à chaque groupe était attribué tout d'abord par tirage au sort. Puis les chercheurs ajoutaient, en condition « instabilité du pouvoir », qu'une discussion entre les protagonistes devrait permettre de décider définitivement quel groupe aurait le plus de poids dans leurs décisions. On demandait ensuite au sujet d'attribuer des points de pouvoir, toujours à l'aide des matrices de Tajfel, à leur groupe et au hors-groupe, puis de la même façon d'attribuer aux deux groupes des points pour la participation à la recherche.

Les sujets membres d'un groupe à pouvoir nul ou faible distribuaient les points de pouvoir de manière plus discriminatoire en condition d'instabilité qu'en condition de stabilité, et ce, quel que soit leur sexe. Ils étaient également plus discriminatoires lorsqu'ils attribuaient des points de pouvoir que lorsqu'ils attribuaient des points pour la participation à la recherche. Autrement dit, ils étaient dans ce cas tout entiers tournés vers une tentative pour acquérir plus de pouvoir.

FICHE 53

LA PRIVATION RELATIVE

I - DÉFINITION

La privation relative (PR) est un sentiment de mécontentement, d'injustice ou de frustration. Il ne trouve pas nécessairement son origine dans les conditions objectives vécues par le sujet et est dépendant de la **comparaison sociale**. Enfin, ce sentiment prédispose les individus à la révolte.

On distingue généralement quatre types de privation relative, ces distinctions étant fonction du type de comparaison impliquée :

- La **privation relative intrapersonnelle** où l'individu se comparerait, en quelque sorte, à lui-même à différents moments de sa vie. Il évaluerait la position qu'il occupe actuellement en la comparant à ce qu'elle était par le passé ou bien à ce qu'il souhaiterait qu'elle soit.
- La **privation relative interpersonnelle** (ou égoïste), où l'individu se compare cette fois à autrui.
- La **privation relative intergroupe** (ou fraternelle) où la comparaison impliquée mettrait en jeu le groupe d'appartenance du sujet et un autre groupe pertinent dans la situation.
- La **privation relative pour autrui**, où l'individu ne serait impliqué que de façon indirecte ou pas du tout. Il s'agirait alors, pour lui, d'évaluer la position qu'occupe un autrui (éventuellement un proche) comparée à celle qu'occupent d'autres personnes.

II - ORIGINES

On considère généralement que le concept de privation relative trouve son origine dans une étude de Stouffer, Suchman, DeVinney, Star et Williams, publiée en 1949 et menée durant la seconde guerre mondiale auprès de soldats américains. Les résultats de cette recherche révélaient l'existence d'un lien négatif entre la probabilité objective d'obtenir une promotion au sein de la hiérarchie militaire et le niveau de satisfaction des soldats quant à leur possibilité de promotion. Les aviateurs étaient en effet moins satisfaits que les soldats de la police militaire de leurs possibilités d'avancement, alors même que la probabilité qu'ils obtiennent une promotion était nettement plus élevée.

Les auteurs expliquent ces observations en invoquant l'intervention d'un processus de comparaison sociale. Les soldats de la police militaire ayant plus de chances de se comparer à des collègues non promus éprouveraient une satisfaction relative, alors qu'au contraire leurs collègues aviateurs, ayant plus de chances de se comparer à de nouveaux promus considéreraient être injustement traités.

En apparente contradiction avec le sens commun, ces observations ont suscité un vif intérêt et initié un vaste courant de recherches centré sur la notion de privation relative.

III - PRIVATION RELATIVE INTRAPERSONNELLE

A - THÉORIE DE LA VIOLENCE POLITIQUE

Le premier pas pour lier privation relative et contestation a été fait par Gurr (1971, cité par Guimond et Tougas, 1994) dans **sa théorie de la violence politique**. Dans cette théorie à la fois structurelle et psychologique (Gurr y tient compte aussi bien de variables sociopolitiques et culturelles que de variables psychologiques), l'auteur insistait sur le rôle fondamental joué par la privation relative intrapersonnelle.

B - EXPÉRIENCE

Plus tard, Folger (1977) reprenait cette idée et fournissait à l'appui de son hypothèse les résultats d'une étude expérimentale que nous allons rapidement décrire.

Cette recherche se déroulait auprès d'écoliers et simulait par le biais du jeu de rôle les activités d'un service postal. Un tirage au sort attribuait aux sujets, tantôt un travail de tri de lettres, tantôt le rôle de chef du service. Le rôle de ce dernier serait de décider du salaire qui serait versé aux autres. Le tirage au sort étant truqué à leur insu, les sujets demeuraient inconscients du fait qu'ils se voyaient tous attribuer un travail de tri. Le chef de service restait invisible et recevait le double de leur paie. On faisait varier l'évolution de la rémunération des employés : tantôt elle était constante, les sujets recevaient alors 10 fois 8 cents, tantôt elle évoluait de façon positive (les sujets recevaient 2, puis 3, 6, 8, 8, 9, 10, 11, 11, et 12 cents). Après la seconde paie, on manipulait un second élément. Cette manipulation portait sur la possibilité ou non pour les sujets d'indiquer au chef de service le salaire qu'ils considéraient comme « juste et équitable ». La moitié des sujets avaient cette possibilité (condition « vocale »), l'autre moitié non (condition « silencieuse »). Les résultats indiquent que les sujets de la condition silencieuse étaient plus satisfaits lorsque leur salaire s'améliorait que lorsqu'il restait inchangé. On observait l'inverse en condition « vocale ». Les sujets dont le traitement s'améliorait étaient plus mécontents que les sujets dont le salaire ne changeait pas.

Folger (1977) considère que la condition « vocale/amélioration » éveillait l'espoir d'un traitement équitable entre patron et employés. Le fait que leurs demandes ne soient acceptées que de façon très partielle rendait plus saillante la différence entre le niveau de rémunération auquel ils aspiraient et celui qui leur était accordé.

IV - PRIVATION RELATIVE INTERINDIVIDUELLE

Le modèle le plus influent concernant cette ligne de recherche a été celui de Crosby (1976).

Le modèle de Crosby (1976) intègre à la fois le rôle de la PR intrapersonnelle et précise les conditions d'apparition de la PR interpersonnelle. Ces conditions seraient au nombre de 5 : 1) vouloir quelque chose, 2) se comparer avec quelqu'un qui a déjà ce quelque chose, 3) avoir droit à ce quelque chose, 4) croire qu'il est possible d'obtenir ce quelque chose, 5) ne pas se sentir responsable de ne pas avoir ce quelque chose.

V - PRIVATION RELATIVE INTERGROUPE

La PR intergroupe repose sur la perception par le sujet de différences indues entre le sort du groupe auquel il appartient et s'identifie, et un ou des groupes de non-appartenance perçus comme plus favorisés. Elle amènerait le sujet à émettre des comportements visant non pas à changer sa situation personnelle, comme c'est le cas dans la PR interindividuelle, mais celle du groupe. Ainsi, la PR intergroupe serait un facteur du changement social, alors que la PR interpersonnelle serait un facteur de mobilité sociale. Hafer et Olson (1993) montrent que la PR intergroupe explique mieux les comportements collectifs (ex. : participation à des manifestations) que la PR interpersonnelle, alors que l'inverse serait vrai, lorsqu'il s'agit d'expliquer les comportements individuels.

- PR et identité sociale : La **théorie de l'identité sociale** (*cf.* Fiche 46) postule que les sujets sont motivés à maintenir ou à acquérir une identité sociale positive. Ainsi, lorsque le sujet s'identifie fortement à son groupe d'appartenance, le niveau de PR intergroupe ressentie sera plus élevé, ce qui accroîtra la probabilité d'apparition de comportements de revendication.
- PR et **attributions causales** : le répertoire d'explications auquel on fait appel pour expliquer l'inégalité intergroupe déterminera l'apparition ou non de la PR intergroupe et orientera les voies empruntées afin de la dissiper. On distinguera deux types d'explications : les explications « dispositionnelles » prenant en considération les caractéristiques des membres du groupe défavorisé (leurs aptitudes, leur intelligence, etc.) et les explications situationnelles qui prendraient en compte les déterminants sociaux, culturels et politiques des inégalités entre les groupes. Les premières légitimeraient les inégalités, inhibant l'apparition de la PR, les secondes souligneraient leur caractère arbitraire, éveillant, ainsi, les sentiments de PR.

Référence

Guimond, S., & Tougas, F. (1994). Sentiments d'injustice et actions collectives : la privation relative. In J.P. Leyens, & J.C. Deschamps (Eds), *Stéréotypes, discrimination et relations intergroupes* (chap. 8, pp. 201-231). Bruxelles : Mardaga.

FICHE **54**

MESURER LES STÉRÉOTYPES

Malgré l'intérêt porté par les psychologues sociaux depuis des décennies à l'étude des **stéréotypes**, les **méthodes de mesure des stéréotypes** sont relativement peu nombreuses (Stangor & Lange, 1994). Elles peuvent être classées en deux groupes : celles qui relèvent de la **disponibilité** des caractéristiques stéréotypées et celles qui relèvent de l'**accessibilité** de ces caractéristiques.

I - MÉTHODES BASÉES SUR LA DISPONIBILITÉ

Ces méthodes de mesure consistent à présenter aux sujets un nombre fini de caractéristiques (on dit aussi « d'attributs ») et à leur demander d'établir un lien entre ces caractéristiques et certaines catégories sociales. Ainsi, on tient compte de la **disponibilité** en mémoire de la caractéristique présentée après l'activation de la catégorie.

La plupart des mesures des stéréotypes relèvent de cette approche. À l'intérieur de cette catégorie, les différentes mesures varient toutefois en fonction des différentes conceptions de ce que sont les stéréotypes.

A - Liste de contrôle du stéréotype

La méthode de la liste de contrôle (Katz & Braly, 1933) est l'une des plus représentatives de ce courant. Les sujets reçoivent les noms de divers groupes sociaux (Canadiens, Anglais, Américains, Italiens, etc.), chacun étant suivi par une liste de caractéristiques (celles-ci sont issues d'une première étude dans laquelle d'autres sujets devaient décrire les groupes sociaux en question). Les sujets doivent alors déterminer quelles sont les cinq caractéristiques les plus descriptives du groupe social en question. Le stéréotype d'un groupe social est défini par les caractéristiques les plus fréquemment choisies. Dans ce cadre, le **stéréotype** renvoie donc à la notion de consensus (plus le consensus est grand, plus la caractéristique est jugée stéréotypée).

B - Méthode de Brigham

Selon Brigham (1971), les stéréotypes renvoient à des généralisations injustifiées. Par conséquent, mesurer les **stéréotypes** consiste à mesurer le degré de sur-généralisation d'une caractéristique aux membres d'un groupe social donné.

La méthode consiste à demander à des sujets d'indiquer le pourcentage d'individus qui, dans un groupe donné, possèdent chacune des caractéristiques présentées. Pour Brigham, une caractéristique peut être considérée comme appartenant au **stéréotype** d'un groupe social lorsque les sujets estiment que 80 % (± 20 %) des membres de ce groupe possèdent cette caractéristique.

Cette méthode permet aussi de repérer les sujets qui sur-généralisent de manière outrancière (**indice de stéréotypisation individuelle**).

Par rapport à la méthode de Katz & Braly (1933), cette méthode permet de s'assurer que les sujets ont bien considéré l'ensemble des attributs puisqu'ils ont, pour chacun de ceux-ci, évalué la proportion de personnes le possédant.

McCauley & Stitt (1978) critiquent la méthode de Brigham en insistant notamment sur le fait qu'elle ne met pas l'accent sur les caractéristiques distinctives du groupe considéré. Selon ces auteurs, la distinctivité des caractéristiques (le fait qu'elles différencient un groupe social d'un autre) doit être considérée comme une dimension centrale des caractéristiques stéréotypées. En effet, si on demande à des sujets français d'estimer combien de Bretons possèdent la caractéristique « a deux jambes », il est probable que l'on approche des 100 %. Pourtant cette caractéristique ne fait certainement pas partie du stéréotype des Bretons. Il faut donc considérer ce qui distingue ce groupe des autres groupes sociaux.

Pour cela, McCauley & Stitt (1978) présentent une dizaine de caractéristiques à des sujets en leur demandant d'estimer quelle proportion de membres d'un groupe social donné possèdent cette caractéristique. Ils demandent de plus d'estimer la proportion de « gens en général » qui possèdent cette caractéristique. Sur la base de ces informations, ils calculent un « rapport diagnostique » (DR) égal à la proportion de personnes qui possèdent la caractéristique dans le groupe, P (Car/Groupe), divisée par la proportion de « gens en général » possédant cette caractéristique, P (Car/Gens) :

$$DR = P\ (Car/Groupe)/P\ (Car/Gens)$$

Un indice proche de 1 indique une absence de lien entre le groupe et la caractéristique. Plus DR est fortement supérieur à 1, plus la caractéristique est stéréotypiquement associée au groupe. Plus l'indice est inférieur à 1, plus la caractéristique est contre-stéréotypée (pensez à la proportion de personnes âgées de plus de 75 ans et pratiquant la moto).

C – Différentiel de stéréotype

Gardner (1973) présente à des sujets le nom d'un groupe et une trentaine d'échelles de différenciation sémantique en sept points renvoyant à des traits bipolaires (ex. : avare-généreux). Les sujets évaluent le groupe sur chaque échelle : 1 représentant l'adjectif de gauche (ex. : avare) et 7 l'adjectif de droite (ex. : généreux), et 4 représentant le point « neutre » ou d'indécision. On évalue le degré de stéréotypie d'un trait par la distance moyenne au point neutre à l'aide du t de Student pour échantillon unique :

$$t = (\text{moy.} - 4{,}0) / S/n$$

Dans cette formule, moy. renvoie à la moyenne des évaluations sur le trait, 4,0 renvoie à la valeur du point neutre, S renvoie à la variance de la distribution, et n à l'effectif. Une moyenne significativement supérieure à 4 (t positif) indique que le trait qui se trouve à droite de l'échelle est stéréotypiquement lié au groupe en question. Une moyenne significativement inférieure à 4 (t négatif) indique que le trait qui se trouve à gauche de l'échelle est stéréotypiquement associé au groupe.

II - MÉTHODES BASÉES SUR L'ACCESSIBILITÉ

Les **méthodes basées sur la disponibilité** d'un trait en mémoire sont critiquées parce qu'elles contraignent ou conditionnent partiellement les réponses des sujets (Stangor *et al.*, 1994; Esses, Haddock & Zanna, 1993). Selon Stangor *et al.* (1994), les **méthodes basées sur l'accessibilité des caractéristiques** représentent une indication plus directe de la force d'association en mémoire entre une catégorie et une caractéristique.

Pour mesurer l'accessibilité des attributs, ces auteurs préconisent l'utilisation de mesures des temps de réaction. Toutefois, ces méthodes sont difficiles à mettre en œuvre. Ils proposent donc d'utiliser, quand les conditions ne permettent pas l'emploi de techniques de mesure lourdes, la technique des réponses libres.

Dans les études utilisant ce type de méthode (Devine, 1989 ; Macrae, Bodenhausen, Milne & Jetten, 1994; Esses *et al.*, 1993; 1994; Shiff, Esses & Lamon, 1992), on demande généralement aux sujets quelles pensées leur viennent à l'esprit lorsqu'ils pensent à tel groupe social. Les réponses sont ensuite codées par des juges « naïfs » (non informés des conditions expérimentales; Devine, 1989) qui classent ces réponses dans diverses catégories (le pourcentage d'accord entre les juges est considéré comme un indicateur de la validité de leur classification). Le degré de consensus relatif aux caractéristiques librement associées à un groupe détermine le degré de stéréotypie de ces caractéristiques.

Les mesures traditionnelles des **stéréotypes** sont aussi critiquées parce qu'elles ne tiennent compte ni de la valence des **stéréotypes** ni des stéréotypes individuels (*cf.* Fiche 43) (Esses *et al.*, 1993).

Esses et ses collègues ont développé une **mesure des stéréotypes individuels** (Esses *et al.*, 1993, 1994). Elle consiste à demander aux sujets, dans un premier temps, de décrire par écrit certains groupes sociaux à l'aide d'adjectifs ou de courtes phrases. On leur demande ensuite d'attribuer une valeur (positive vs négative) à chacune des caractéristiques utilisées (– – ; — ; 0 ; + ; ++). Enfin, ils doivent évaluer le pourcentage de membres de ce groupe possédant chacune des caractéristiques listées (de 0 à 100 %). Les indications de valeurs (– – ; – ; etc.) sont transformées pour varier de – 2 (– –) à 2 (+ +) (V), et les pourcentages sont divisés par 100 (P).

À partir de ces informations, on calcule un score de stéréotypisation. Pour chaque caractéristique, on calcule le produit de la valence et du pourcentage, divisé par le nombre de caractéristiques listées. La somme de ces résultats [(i = 1 (P x V)/n] constitue le score individuel de stéréotypisation. Plus celui-ci est négatif, plus le sujet exprime un **stéréotype négatif** à l'égard du groupe. Inversement, un indice fortement positif indique l'expression d'un **stéréotype positif**.

Références

Tiberghien, G., Roulin, J.L., & Beauvois, J.L. (1992). *Manuel d'études pratiques de psychologie : Pratique de la recherche.* Paris : PUF.

Yzerbyt, V., & Schadron, G. (1994). Stéréotypes et jugement social. In R.Y. Bourhis, & J.P. Leyens (Eds.), *Stéréotypes, discrimination et relations intergroupes* (pp. 127-160). Liège : Mardaga.

Leyens, J.P., Yzerbyt, V., & Schadron, G. (1994). *Stereotypes and social cognition.* Londres : Sage.

▶ Voir fiches 43, 49.

BIBLIOGRAPHIE

Adorno, T.W., Frenkel-Brunswik, E., Levinson, D.J., & Sanford, R.N. (1950). *The authoritarian personality*. New York : Harper and Row.

Aebischer, V., & Oberle, D. (1990). *Le groupe en psychologie sociale*. Paris : Bordas.

Ajzen, I., & Fishbein, M. (1980). *Understanding attitudes and predicting social behavior*. Englewood Cliff, N.J. : Prentice-Hall.

Allport, F.H. (1924). *Social Psychology*. Boston, MA : Houghton Mifflin Co.

Allport, G.W. (1954). *The nature of prejudice*. Cambridge, MA : Addison-Wesley.

Amir, Y. (1969). Contact hypothesis in ethnic relations. *Psychological Bulletin*, 71, 319-342.

Aronson, E., & Bridgeman, D. K (1979). Jigsaw groups and the desegrated classroom : In pursuit of common goals. *Personality and Social. Psychology Bulletin*, 5, 438-446.

Asch, S.E. (1951). Effects of group pressure upon the modification and distorsion of judgments. In H. Guetzkow (Ed.), *Groups, leadership, and men*. Pittsburgh, PA : Carnegie Press.

Asch, S.E. (1956). Studies of independence and conformity : A minority of one against a unanimous majority. *Psychological Monographs*, 70, 416.

Asch, S.E. (1971). Influence interpersonnelle : les effets de la pression de groupe sur la modification et la distorsion des jugements. In C. Faucheux et S. Moscovici (Eds). *Psychologie sociale théorique et expérimentale* (pp. 235-245). Paris : Mouton.

Bales, R. F. (1950). *Interaction process analys : A method for the study of small groups*. Cambridge : Addison-Wesley.

Bandura, A. (1965). Influence of model's reinforcement contingencies on the acquisition of imitative responses. *Journal of Personality and Social Psychology*, 1, 589-595.

Bandura, A. (1977). *Social learning theory*. Englewood Cliffs, NJ : Prentice-Hall.

Bandura, A. (1986). *Social foundations of thought and action : A social cognitive theory*. Englewood Cliffs, NJ : Prentice-Hall.

Bandura, A. (1994). *L'apprentissage social*. Bruxelles : Mardaga.

Bandura, A., Blanchard, E. D., & Ritter, B. (1969). The relative efficacity of desensitization and modeling approaches for inducing behavioral, affective and attitudinal changes. *Journal of Personality and Social Psychology*, 13, 173-199.

Baron, R. S. (1986). Distraction-conflict theory : Progress and problems. In L. Berkowitz (Ed.), *Advances in experimental social psychology* (Vol. 19, pp. 1-40). New York : Academic Press.

Beauvois, J.-L., Joule, R.-V., & Monteil, J.-M. (1989). Introduction. In J.-L. Beauvois, R.-V. Joule & J.-M. Monteil (Eds), *Perspectives cognitives et conduites sociales, 2 : représentations et processus socio-cognitifs*. Cousset : DelVal.

Bion, W.R. (1965). *Recherche sur les petits groupes*. Paris : Presses Universitaires de France.

Bless, H., Bohner, G., Schwarz, N., & Strack, F. (1990). Mood and persuasion : A cognitive response analysis. *Personality and Social Psychology Bulletin*, 16, 331-345.

Bless, H., Mackie, D.M., & Schwarz, N. (1992). Mood effects on attitude judgments : Independent effects of mood before and after message elaboration. *Journal of Personality and Social Psychology,* 63, 585-595.

Bodenhausen, G.V., & Wyer, R.S. (1985). Effects of stereotypes on decision making and information-processing strategies. *Journal of Personality and Social Psychology*, 48, 267-282.

Bodenhausen, G.V., Sheppard, L.A., & Kramer, G.P. (1994). Negative affect and social judgment : The differential impact of anger and sadness. *European Journal of Social Psychology*, 24, 45-62.

Bohner, G., Chaiken, S., & Hunyadi, P. (1994). The role of mood and message ambiguity in the interplay of heuristic and systematic processing. *European Journal of Social Psychology,* 24, 207-221.

Bornstein, R.F. (1989). Exposure and affect : Overview and meta-analysis of research, 1968-1987. *Psychological Bulletin*, 106, 265-289.

Bornstein, R.F. (1993). Mere exposure effects with outgroup stimuli. In D.M. Mackie & D.L. Hamilton (Eds), *Affect, cognition, and stereotyping : Interactive processes in group perception* (pp. 195-211). San Diego, CA : Academic Press.

Bornstein, R.F., & D'Agostino, P.R. (1992). Stimulus recognition and the mere exposure effect. *Journal of Personality and Social Psychology*, 63, 545-552.

Bourhis, R.Y. (1993). Power, gender and intergroup discrimination : Some minimal group experiments. In M. Zanna & J. Olson (Eds.). *The Ontario Symposium : The psychology of prejudice* (Vol. 7, pp. 171-208). Hillsdale, N.J. : Erlbaum

Bourhis, R.Y., Gagnon, A., & Moïse, L.C. (1994). Discrimination et relations intergroupes. In R.Y. Bourhis & J.P. Leyens (Eds), *Stéréotypes, discrimination et relations intergroupes* (pp. 161-200). Liège : Mardaga.

Bowlby, J. (1958). *Attachement et perte*. Paris : Presses Universitaires de France.

Breckler (1984). Empirical validation of affect, behavior and cognition as distinct attitudes components. *Journal of Personality and Social Psychology*, 47, 1191-1205.

Brewer, M.B. (1979). In-group bias in the minimal intergroup situation : A cognitive-motivational analysis. *Psychological Bulletin,* 86, 307-324.

Brewer, M.B. (1986). The role of ethnocentrism in intergroup conflict. In S. Worchel & W.G. Austin (Eds.), *Psychology of intergroup relations* (pp. 88-102). Chicago : Nelson-Hall.

Brigham, J.C. (1971). Ethnic stereotypes. *Psychological Bulletin*, 76, 15-38.

Brock, T.C. (1967). Communication discrepancy and intent to persuade as determinants of counterargument production. *Journal of Experimental Social Psychology*, 3, 296-309.

Bromberg, M. (1990). La communication : Le « pourquoi ». In R. Ghiglione, C. Bonnet & J.F. Richard (Eds), *Traité de psychologie cognitive* (Vol. 3, pp. 227-274). Paris : Dunod.

Bruner, J. (1991). *Acts of meaning*. Harvard : Cambridge University Press.

Butera, F., & Pérez, J. A. (1995). *Les modèles explicatifs de l'influence sociale*. In G. Mugny, D. Oberlé, & J.-L. Beauvois (Eds), *Relations humaines, groupes et influence sociale* (pp. 203-223). Grenoble : Presses Universitaires de Grenoble.

Cappozza, D., & Volpato, C. (1994). Relations intergroupes : Approches classiques et contemporaines. In R.Y. Bourhis & J.P. Leyens (Eds), *Stéréotypes, discrimination et relations intergroupes* (pp. 13-39). Liège : Mardaga.

Chaiken, S. (1980/1994 trad. franç.). Les traitements heuristique et systématique de l'information. In V. Yzerbyt & O. Corneille (Eds), *La persuasion* (pp. 211-246). Lausanne : Delachaux et Niestlé.

Chaiken, S., Liberman, A., & Eagly, A.H. (1989). Heuristic and systematic information processing within and beyond the persuasion context. In J.S. Uleman & J.A. Bargh (Eds), *Unintented thought* (pp. 212-252). New York : Guilford Press.

Chaiken, S., & Maheswaran, D. (1994). Heuristic processing can bias systematic processing : Effects of source credibility, argument ambiguity, and task importance on attitude judgment. *Journal of Personality and Social Psychology*, 66, 460-473.

Chaiken, S., & Stangor, C. (1987). Attitudes and attitude change. *Annual Review of Psychology*, 38, 575-630.

Codol, J.P. (1973). Le phénomène de la « conformité supérieure de soi » dans une situation d'estimation perceptive de stimulus physiques. *Cahiers de Psychologie*, 16, 11-24.

Codol, J.P. (1975). « Effet PIP » et conflit des normes. *L'Année Psychologique*, 75, 127-145.

Collins, B. E., & Raven, B. H. (1968). Groupe structure : attraction, coalition, communication and power. In G. Lindzey & E. Aronson (Ed.). *Handbook of social psychology, vol. 4*. Reading : Addison-Wesley.

Deutsch, M. (1949). An experimental study of the effects of cooperation and competition upon group process. *Human relations, 2*, 199-231.

Cook, S. (1979). Social science and school desegregation : Did we mislead the supreme court? *Personality and Social Psychology Bulletin*, 5, 420-437.

Corneille, O. (1993). Une synthèse critique du modèle de probabilité d'élaboration. *L'Année Psychologique*, 93, 583-602.

DeBono, K.G., & McDermott, J.B. (1994). Trait anxiety and persuasion : Individual differences in information processing strategies. *Journal of Research in Personality*, 28, 395-407.

Deconchy, J.P. (1984). Système de croyances et représentations idéologiques. In S. Moscovici (Ed.), *Psychologie sociale* (pp. 331-355). Paris : P.U.F.

Deschamps, J.C., & Brown, R. (1983). Superordinate goals and intergroup conflict. *British Journal of Social Psychology*, 22, 189-195.

Deschamps, J.C., & Clémence, A. (1990). *L'attribution : Causalité et explication au quotidien*. Lausanne : Delachaux et Niestlé.

Deschamps, J.C., & Doise, W. (1979). L'effet du croisement des appartenances catégorielles. In W. Doise (Ed.), *Expériences entre groupes* (pp. 293-326). Paris : Mouton.

Deutsch, M., & Krauss, R.M. (1972). *Les théories en psychologie sociale*. Paris : Mouton.

Devine, P. (1989). Stereotypes and prejudice : Their automatic and controlled components. *Journal of Personality and Social Psychology*, 56, 5-18.

Diener, E., Fraser, S. C., Beanam, A. L., & Kelem, R. T. (1976). Effects of deindividuation variables on stealing among Halloween trick-or-treaters. *Journal of Personality and Social Pyschology*, 33, 178-183.

Dion, K. K. (1985). Socialization in adulthood. In G. Lindsey & E. Aronson (Eds), *The handbook of social psychology* (Vol. 2, pp. 123-147). New York : Random House.

Doise, W. (1976). *L'articulation psychosociologique et les relations entre groupes.* Bruxelles : De Boeck.

Doise, W., Deschamps, J.C., & Meyer, G. (1979). Accentuation des ressemblances intra-catégorielles. In W. Doise (Ed.), *Expériences entre groupes* (pp. 281-292). Paris : Mouton.

Doise, W., Deschamps, J.C., & Mugny, G. (1991). *Psychologie sociale expérimentale.* Paris : Armand Colin.

Dollard, J., Doob, L.W., Miller, N.E., Mowrer, O.H., & Sears, R.R. (1939). *Frustration and agression.* New Haven : Yale University Press.

Drozda-Senkowska, E. (1995). *Irrationalités collectives.* Lausanne : Delachaux et Niestlé.

Durkheim, E. (1968). *Éducation et sociologie.* Paris : Presses Universitaires de France.

Eagly, A.H., & Chaiken, S. (1984). Cognitive theories of persuasion. In L. Berkowitz (Ed.), *Advances in experimental social psychology* (Vol. 17, pp. 268-359). New York : Academic Press.

Eiser, J.R. (1971). Enhancement of contrast in absolute judgement of attitude statements. *Journal of Personality and Social Psychology*, 17, 1-10.

Enriquez, E. (1994). Autorité. In *Grand dictionnaire de la psychologie* (p. 91). Paris : Larousse.

Esses, V.M., Haddock, G., & Zanna, M.P. (1993). Values, stereotypes, and emotions as determinants of intergroup attitudes. In D.M. Mackie & D.L. Hamilton (Eds), *Affect, cognition, and stereotyping : Interactive processes in group perception* (pp. 137-166). San Diego, CA : Academic Press.

Esses, V.M., Haddock, G., & Zanna, M.P. (1994). The role of mood in the expression of intergroup stereotypes. In M.P. Zanna & J. M. Olson (Eds.), *The psychology of prejudice. The Ontario symposium* (Vol. 7, pp. 77-101). Hillsdale, NJ : Erlbaum.

Eurich-Fulcer, R., & Schofield, J.W. (1995). Correlated versus uncorrelated social categorizations : The effect on intergroup bias. *Personality and Social Psychology Bulletin*, 21, 149-159.

Faucheux, C., & Moscovici, S. (1960). Étude sur la créativité des groupes : tâche, structure des communications et réussite. *Bulletin du CERP*, 9, pp. 11-22.

Faucheux, C., & Moscovici, S. (1971). Le style de comportement d'une minorité et son influence sur les réponses d'une majorité. In : C. Faucheux, S. Moscovici (Eds.), *Psychologie Sociale théorique et expérimentale* (pp. 343-372). Paris : Mouton

Festinger, L. (1950). Communication sociale informelle. In C. Faucheux & S. Moscovici (Eds), *Psychologie sociale théorique et expérimentale* (pp. 61-76). Paris : Mouton (1971).

Festinger, L. (1954). Théorie des processus de comparaison sociale. In C. Faucheux et S. Moscovici (Eds), *Psychologie sociale théorique et expérimentale* (pp. 77-104). Paris : Mouton (1971).

Festinger, L. (1954). A theory of social comparison processes. *Human Relations*, 7, 117-140.

Festinger, L. (1957). *A Theory of Cognitive Dissonance*. Evanston, IL : Row & Peterson.

Flament, C. (1965). *Réseaux de communication et stuctures de groupe*. Paris : Dunod.

Forgas, J.P. (1995). Mood and judgment : The affect infusion model (IAM). *Psychological Bulletin*, 117, 39-66.

Frenkel-Brunswik, E., Levinson, D.J., & Sanford, R.N. (1947). The antidemocratic personality. In *Readings in Social Psychology*, 531-541.

Gaertner, S.L., Mann, J.A., Dovidio, J.F., Murrell, A.J., & Pomare, M. (1990). How does group cooperation reduce intergroup bias ? *Journal of Personality and Social Psychology*, 59, 692-704.

Gaertner, S.L., Mann, J.A., Murrell, A., & Dovidio, J.E. (1989). Reducing intergroup bias : The benefits of recategorization. *Journal of Personality and Social Psychology*, 57, 239-249.

Gardner, R.C. (1973). Ethnic stereotypes : The traditional approach, a new look. *The Canadian Psychologist*, 14, 133-148.

Gilbert, D.T. (1989). Thinking lightly about others : Automatic components of the social inference process. In J.S. Uleman & J.A. Bargh (Eds), *Unintended thought* (pp. 189-211). New York : Guilford Press.

Gordon, P.C., & Holyoak, K.J. (1983). Implicit learning and generalization of « mere exposure » effect. *Journal of Personality and Social Psychology*, 45, 492-500.

Greenwald, A.G. (1968). Cognitive learning, cognitive response to persuasion and attitude change. In A.G. Greenwald, T.C. Brock & T.M. Ostrom (Eds.), *Psychological foundations of attitudes* (pp. 147-170). New York : Academic Press.

Guimond, S. (1994). Les groupes sociaux. In R. J. Vallerand (Ed.), *Les fondements de la psychologie sociale* (pp. 655-705). Montréal, Paris, Casablanca : Gaëtan Morin.

Haney, C., Banks, C., & Zimbardo, P. (1973). Interpersonnal dynamics in a simulated prison. *International Journal of Criminology and Penology*, 1, 69-97.

Harrison, A.A. (1977). Mere exposure. In L. Berkowitz (Ed.), *Advances in experimental social psychology* (Vol. 10, pp. 39-83). New York : Academic Press.

Haslam, S. A., & Turner, J. C. (1992). Context-dependent variation in social stereotyping 2 : The relationship between frame of reference, self-categorization and accentuation. *European Journal of Social Psychology*, 22, 251-277.

Haslam, S. A., & Turner, J. C. (1995). Context-dependent variation in social stereotyping 3 : Extremism as a self-categorical basis for polarized judgement. *European Journal of Social Psychology*, 25, 341-371.

Heider, F. (1944). Social perception as phenomenal causality. *Psychological Review*, 51, 358-374.

Heider, F. (1958). *The psychology of interpersonal relations*. New York : John Wiley and Sons.

Hewstone, M. (1994). Changing outgroup perceptions : A cognitive-intergroup perspective. *Revue Internationale de Psychologie Sociale*, 7, 45-62.

Hinkle, S., & Schopler, J. (1986). Bias in the evaluation of in-group and out-group performance. In S. Worchel & W.G. Austin (Eds), *Psychology of intergroup relations* (pp. 196-212). Chicago : Nelson-Hall.

Hogg, M. A. (1992). *The social psychology of group cohesiveness : from attraction to social identity*. Londres : Harverster.

Hogg, M. A. (1995). Le concept de cohésion reformulé : une approche en termes de catégorisation et d'identité sociale. In G. Mugny, D. Oberlé, & J.-L. Beauvois (Eds), *Relations humaines, groupes et influence sociale* (pp. 161-174). Grenoble : Presses Universitaires de Grenoble.

Hyman, H. H. (1942). The psychology of statut. *Archives of Psychology*, 269.

Kerckhoff, A. C., & Back, K. W. (1968). *The June bug : a study of hysterical contagion.* New-York : A. C. C.

Jamous, H., & Lemaine, G. (1962). Compétition entre groupes d'inégales ressources. Expériences dans un cadre naturel, premiers travaux. *Psychologie Française*, 7, 216-222.

Jost, J.T., & Banaji, M.R. (1994). The role of stereotyping in system-justification and the production of false consciousness. *British Journal of Social Psychology*, 33, 1-27.

Judd, C.M., & Park, B. (1988). Out-group homogeneity : Judgments of variability at the individual and group levels. *Journal of Personality and Social Psychology*, 54, 778-788.

Katz, D., & Braly, K.W. (1933). Racial stereotypes of 100 college students. *Journal of Abnormal and Social Psychology*, 28, 280-290.

Kogan, N., & Wallach, M.A. (1964). Risk taking : *A study in cognition and personality.* New York, N.Y. : Holt, Rinehart and Winston.

Kravitz, D., & Martin, B. (1986). Ringelman rediscovered : The original article. *Journal of Personality and Social Psychology,* 50, 936-941.

Kunst-Wilson, W.R., & Zajonc, R.B. (1980). Affective discrimination of stimuli that cannot be recognized. *Science*, 207, 557-558.

Latané, B. (1981). The psychology of social impact. *American Psychologist*, 36, 343-356.

Leavitt, H. (1951). Quelques effets de divers réseaux de communications sur la performance de groupe. In A. Lévy (Ed.), *Psychologie sociale, textes fondamentaux* (pp. 293-316). Paris : Dunod (1965).

Le Bon, G. (1963). *La psychologie des foules.* Paris : Presses Universitaires de France.

Lemaine, G. (1974/1979 trad. franç.). Différenciation sociale et originalité sociale. In W. Doise (Ed.), *Expériences entre groupes* (pp. 185-219). Paris : Mouton.

Levine, J. M. (1980). Reaction to opinion deviance in small groups. In P. B. Paulus, *Psychology of group influence.* Hillsdale : N. J., Erlbaum.

Lewin, K. (1948). *Resolving social conflicts*. New York : Harper & Brothers.

Lewin, K. (1951). *Field Theory in Social Science*. New-York : Harper & Brothers.

Lewin, K. (1965). Décision de groupe et changement social. In A. Lévy (Ed), *Psychologie sociale. Textes fondamentaux* (pp. 498-519). Paris : Dunod.

Lewin, K., Lippitt, R., & White, R. (1939). Patterns of agressive behavior in experimentally created « social climates ». *Journal of Social Psychology*, 10, 271-299.

Leyens, J.P. (1979). *Psychologie sociale*. Bruxelles : Mardaga.

Leyens, J.P., Yzerbyt, V., & Schadron, G. (1994). *Stereotypes and social cognition.* London : Sage.

Lindzey, G., & Aronson, E. (1985). *The handbook of social psychology* (3rd ed.). New-York : Random House.

Linville, P.W. (1982). The complexity-extremity effect and age-based stereotyping. *Journal of Personality and Social Psychology*, 42, 193-211.

Linville, P.W., Fisher, G.W., & Salovey, P. (1989). Perceived distributions of the characteristics of in-group and out-group members : Empirical evidence and a computer simulation. *Journal of Personality and Social Psychology*, 57, 165-188.

Lippmann, W. (1922). *Public opinion.* New York : Macmillan.

Locksley, A., Ortiz, V. & Hepburn, C. (1980). Social categorization and discriminatory behavior : Extinguishing the minimal intergroup discrimination effect. *Journal of Personality and Social Psychology*, 39, 773-783.

Lorenzi-Cioldi, F. (1993). Styles de traitement de l'information et appartenance sexuelle. In J.L. Beauvois, R.V. Joule & J.M. Monteil (Eds), *Perspectives cognitives et conduites sociales* (Vol. 4, pp. 269-280). Paris : Delachaux et Niestlé.

Mackie, D.M., & Worth, L.T. (1989). Processing deficits and the mediation of positive affect in persuasion. *Journal of Personality and Social Psychology*, 57, 27-40.

Macrae, C.N., Bodenhausen, G.V., Milne, A.B., & Jetten, J. (1994). Out of mind but back in sight : Stereotypes on the rebound. *Journal of Personality and Social Psychology*, 67, 808-817.

Maheswaran, D., & Chaiken, S. (1991). Promoting systematic processing in low-motivation settings : Effects on incongruent information on processing and judgment. *Journal of Personality and Social Psychology*, 61, 13-25.

Maisonneuve, J. (1969). La sociométrie et l'étude des relations préférentielles. In P. Fraisse & J. Piaget (Eds.), *Traité de psychologie expérimentale* (pp. 223-281). Paris : Presses Universitaires de France.

Maisonneuve, J., & Bruchon-Schweitzer, M. (1982). *Modèles du corps et psychologie esthétique*. Paris : Presses Universitaires de France.

Markus, H. (1977). Self-schemata and processing about the self. *Journal of Personality and Social Psychology*, 42, 63-78.

Markus, H., & Kunda, Z. (1986). Stability and malleability of the self-concept. *Journal of Personality and Social Psychology,* 51, 858-866.

Mayo, E. (1945). *The social problems of an industrial civilization.* New York : Andower Press.

McCauley & Stitt (1978). An individual and quantitative measure of stereotypes. *Journal of Personality and Social Psychology*, 36, 929-940.

McGarty, C., & Penny, R.E.C. (1988). Categorization, accentuation and social judgement. *British Journal of Social Psychology*, 27, 147-157.

McGarty, C., & Turner, J.C. (1992). The effects of categorization on social judgement. *British Journal of Social Psychology*, 31, 253-268.

McGarty, C., Turner, J.C., Oakes, P.J., Haslam, S.A. (1993). The creation of uncertainty in the influence process : the role of stimulus information and disagreement with similar others. European *Journal of Social Psychology*, 23, 17-38.

McGuire, W.J. (1964). Inducing resistance to persuasion. In : L. Berkowitz (Ed.), *Advances in Experimental Social Psychology* (Vol. 1, pp. 191-229). New York, N.Y. : Academic Press.

Milgram, S. (1974). *Soumission à l'autorité.* Paris : Calmann Levy.

Moreno, J.L. (1934). Who shall survive ? Foundations of sociometry, group psychotherapy, and sociodrama. Washington, DC : Nervous and Mental Disease Publ. Co.

Moscovici, S. (1961). *La psychanalyse, son image et son public.* Paris : Presses Universitaires de France.

Moscovici, S. (1979). *Psychologie des minorités actives.* Paris : Presses Universitaires de Fance.

Moscovici, S. (1980). Toward a theory of conversion behavior. In : L. Berkowitz (Ed.), *Advances in Experimental Social Psychology* (Vol. 13, pp. 209-239). New York, N.Y. : Academic Press.

Moscovici, S. (1984). *Psychologie sociale.* Paris : P.U.F.

Moscovici, S. (1994). *Psychologie sociale des relations à autrui.* Paris : Nathan.

Moscovici, S., Mugny, G., & Papastamou, S. (1981). « Sleeper-effect » et/ou influence minoritaire ? Étude théorique et expérimentale de l'influence sociale à retardement. *Cahiers de Psychologie Cognitive*, I, 2, 199-221.

Moscovici, S., & Zavalloni, (1969). The group as a polarizer of attitudes. *Journal of Personality and Social Psychology,* 12, 125-135.

Moser, G. (1994). *Les relations interpersonnelles.* Paris : Presses Universitaires de France.

Mugny, G., Kaiser, C., & Papastamou, S. (1983). Influence minoritaire, identification et relation entre groupes : étude expérimentale autour d'une votation. *Cahiers de Psychologie Sociale*, 19, 1-30.

Mugny, G., & Papastamou, S. (1982-83). Rigidité et influence minoritaire : le discours comme régulateur d'appartenance. *Bulletin de Psychologie*, 36, 723-734.

Mugny, G., & Papastamou, S. (1984). Les styles de comportement et leur représentation sociale. In S. Moscovici (Ed.), *Psychologie sociale* (pp. 291-314). Paris : Presses Universitaires de France .

Mugny, G., Rilliet, D., & Papastamou, S. (1981). Influence minoritaire et identification sociale dans des contextes d'originalité et de déviance. *Revue Suisse de Psychologie*, 40, 4, 314-332.

Mullen, B., Brown, R., & Smith, C. (1992). Ingroup bias as a function of salience, relevance, and status : An integration. *European Journal of Social Psychology*, 22, 103-122.

Myers, D.G., & Lamarche, L. (1992). *Psychologie sociale.* Montréal : McGraw-Hill.

Newcomb, T. M. (1943). *Personality and Social Change.* New-York, Holt : Rinehart and Winston.

Olson, J.M., & Zanna, M.P. (1993). Attitudes and attitude change. *Annual Review of Psychology*, 44, 117-154.

Osgood, C.E., Suci, G.J., & Tannenbaum, P.H. (1957). *The measurement of meaning.* Urbana, Ill. : University of Illinois Press

Park, B., & Judd, C.M. (1990). Measures and models of perceived group variability. *Journal of Personality and Social Psychology*, 59, 173-191.

Park, B., & Rothbart, M. (1982). Perception of out-group homogeneity and levels of social categorization : Memory for the subordinate attributes of in-group and out-group members. *Journal of Personality and Social Psychology*, 42, 1051-1068.

Parlebas, P. (1992). *Sociométrie, réseaux et communication.* Paris : Presses Universitaires de France.

Pérez, J.A., Mugny, G., Llavata, E., & Fierres, R. (1993). Paradoxe de la discrimination et conflit culturel : Etudes sur le racisme. In J.A. Pérez & G. Mugny (Eds.), *Influences sociales : La théorie de l'élaboration du conflit* (pp. 145-168). Neuch,tel : Delachaux et Niestlé.

Petty, R.E., & Cacioppo, J.T. (1977). Forewarning, cognitive responding, and resistance to persuasion. *Journal of Personality and Social Psychology*, 35, 645-655.

Petty, R.E., & Cacioppo, J.T. (1986). The elaboration likelihood model of persuasion. In L. Berkowitz (Ed.), *Advances in experimental social psychology* (Vol. 19, pp. 123-205). New York : Academic Press.

Petty, R.E., Wells, G.L., & Brock, T.C. (1976/1994 trad. franç.). Distraction, traitement de l'information et persuasion. In V. Yzerbyt & O. Corneille (Eds), *La persuasion* (pp. 151-176). Lausanne : Delachaux et Niestlé.

Piolat, M., Hurtig, M.C., & Pichevin, M.F. (Eds) (1992). *Le soi : Recherches dans le champ de la cognition sociale.* Lausanne : Delachaux et Niestlé.

Prentice-Dunn, S., & Rogers, R. W. (1989). Deindividuation and the self-regulation of behavior. In P. B. Paulus (Ed.), *Psychology of group influence*, 2nd Ed. Hillsdale, N. J. : Erlbaum.

Quattrone, G.A. (1986). On the perception of a group's variability. In S. Worchel & W.G. Austin (Eds), *Psychology of intergroup relations* (pp. 25-48). Chicago : Nelson-Hall.

Quattrone, G.A. & Jones, E.E. (1980). The perception of variability within in-groups and out-groups : Implications for the law of small numbers. *Journal of Personality and Social Psychology,* 38, 141-152.

Schachter, S. (1951). Déviation, rejet et communication. In A. Lévy (Ed), *Psychologie sociale. Textes fondamentaux* (pp. 241-262). Paris : Dunod (1965).

Schiff, B.B., Esses, V.M., & Lamon, M. (1992). Unilateral facial contractions produce mood effects on social cognitive judgements. *Cognition and Emotion*, 6, 357-368.

Schwarz, N., Bless, H., & Bohner, G. (1991). Mood and persuasion : Affective states influence the processing of persuasive communications. In M.P. Zanna (Ed.), *Advances in experimental social psychology* (Vol. 24, pp. 161-199). San Diego, CA : Academic Press.

Schwarz, N., & Clore, G.L. (1983). Mood, misattribution, and judgments of well-being : Informative and directive functions of affective states. *Journal of Personality and Social Psychology*, 45, 513-523.

Shaw, M. E., & Blum, J. M. (1965). Group performance as a function of task difficulty and the group's awareness of member satisfaction. *Journal of Applied Psychology*, 49, 151-154.

Sherif, M. (1936). *The psychology of social norms.* New York : Harper.

Sherif, M. (1956). *An outline of social psychology.* New-York : Harper & Row.

Sherif, M. (1966). *Group conflict and cooperation.* London : Routlege and Kegan Paul.

Sherif, M. (1966). *In common predicament : Social psychology of intergroup conflict and cooperation.* Boston : Houghton Mifflin.

Sherif, M. (1971). *Des tensions intergroupes aux conflits internationaux.* Paris : ESF.

Sherif, M., & Sherif, C.W. (1969/1979 trad. franç.). Les relations intra- et intergroupes, analyse expérimentale. In W. Doise (Ed.), *Expériences entre groupes* (pp. 15-58). Paris : Mouton.

Snyder, M., Tanke, E.D., & Berscheid, E. (1977). Social perception and interpersonal behavior : On the self-fufilling nature of social stereotypes. *Journal of Personality and Social Psychology*, 35, 656-666.

Spivey, & Prentice-Dunn, S. (1990). Assessing the directionality of deindividuated behavior : Effects of deindividuation, modelling, and private self-consciousness on agressive and prosocial responses. *Basic and Applied Social Psychology*, 11, 387-403.

Staats, A.W., & Staats, C.K. (1958/1994 trad. franç.). Les attitudes établies par conditionnement classique. In V. Yzerbyt & O. Corneille (Eds), *La persuasion* (pp. 71-81). Lausanne : Delachaux et Niestlé.

Stang, D.J. (1974). Methodological factors in mere exposure research. *Psychological Bulletin*, 81, 1014-1025.

Stangor, C., & Lange, J.E. (1994). Mental representations of social groups : Advances in understanding stereotypes and stereotyping. In M.P. Zanna (Ed.), *Advances in experimental social psychology* (Vol. 26, pp. 357-416). San Diego, CA : Academic Press.

Stein, A. (1976). Conflict and cohesion : A review of the literature. *Journal of Conflict Resolution*, 20, 143-172.

Stephan, W.G. (1985). Intergroup relations. In G. Lindzey & E. Aronson (Eds), *Handbook of Social Psychology* (vol. 2, pp. 599-658). New york : Random House.

Stotland, E., Zander, A., & Natsoulas, T. (1961). Generalization of interpersonnal similarity. *Journal of Abnormal and Social Psychology,* 62, 250-256.

Tajfel, H. (1978). *Differenciation between social groups : studies in the social psychology of intergroup relations*. Londres : Academic Press.

Tajfel, H. (1978a). Interindividual behaviour and intergroup behaviour. In H. Tajfel (Ed.), *Differenciation between social groups : Studies in the social psychology of intergroup relations* (pp. 27-60). London : Academic Press.

Tajfel, H. (1978b). Social categorization, social identity and social comparison. In H. Tajfel (Ed.), *Differenciation between social groups : Studies in the social psychology of intergroup relations* (pp. 61-76). London : Academic Press.

Tajfel, H. (1981). *Human groups and social categories*. Cambridge : Cambridge University Press.

Tajfel, H. (1982). Social Psychology of intergroup relations. *Annual Review of Psychology*, 33, 1-39.

Tajfel, H., Billig, M.G., Bundy, R.P. & Flament, C. (1971/trad. franç. 1979). Catégorisation sociale et comportement intergroupes. In W. Doise (Ed.), *Expériences entre groupes* (pp. 121-149). Paris : Mouton.

Tajfel, H., Sheikh, A.A., & Gardner, R.C. (1964/trad. franç. 1979). Contenus des stéréotypes et inférence de la similarité entre des membres de groupes stéréotypés. In W. Doise (Ed.), *Expériences entre groupes* (pp. 263-273). Paris : Mouton.

Tajfel, H., & Turner, J.C. (1986). The social identity theory of intergroup behavior. In S. Worchel & W. Austin (Eds), *The psychology of intergroup relations* (pp. 7-24). New York : Nelson Hall.

Tajfel, H., & Wilkes, A.L. (1963/1979 trad. franç.). Classification et jugement quantitatif. In W. Doise (Ed.), *Expériences entre groupes* (pp. 243-262). Paris : Mouton.

Taylor, S.E., Fiske, S.T., Etcoff, N.L., & Ruderman, A. (1978). Categorical bases of persons memory and stereotyping. *Journal of Personality and Social Psychology*, 36, 778-793.

Thorndike, E.L. (1911). *Animal Intelligence*. New York : Macmillan.

Thurstone, L.L., & Chave, E.J. (1929). *The measurement of attitude*. Chicago, Ill.: University of Chicago Press.

Tiberghien, G., Roulin, J.L., & Beauvois, J.L. (1992). *Manuel d'études pratiques de psychologie : Pratique de la recherche*. Paris : P.U.F.

Trope, Y. (1986). Identification and inferential processes in dispositional attribution. *Psychological Review*, 93, 239-257.

Turner, J. C. (1995). Autocatégorisation et influence sociale. In G. Mugny, D. Oberlé, & J.-L. Beauvois (Eds), *Relations humaines, groupes et influence sociale* (pp. 210-213). Grenoble : Presses Universitaires de Grenoble.

Turner, J.C., Hogg, M.A., Oakes, P.J., Reicher, S.D., & Wetherell, M.S. (1987). *Rediscovering the Social Group : A Self-categorization Theory*. Oxford : Basil Blackwell.

Vallerand, J.V. (1994). *Les fondements de la psychologie sociale*. Montréal : Gaëtan Morin.

Weber, M. (1965). Types d'autorité. In A. Levy (Ed.), *Psychologie sociale. Textes fondamentaux* (pp. 353-358). Paris : Dunod.

Wilder, D.A. (1978). Reduction of intergroup discrimination through individuation ot the out-group. *Journal of Personality and Social Psychology*, 36, 1361-1374.

Wilder, D.A. (1986). Cognitive factors affecting the success of intergroup contact. In S. Worchel & W.G. Austin (Eds), *Psychology of intergroup relations* (pp. 49-66). Chicago, IL : Nelson-Hall.

Wilder, D.A. (1993). The role of anxiety in facilitating stereotypic judgment of outgroup behavior. In D.M. Mackie & D.L. Hamilton (Eds), *Affect, cognition, and stereotyping : Interactive processes in group perception* (pp. 87-109). San Diego, CA : Academic Press.

Worchel, S. (1986). The role of cooperation in reducing intergroup conflict. In S. Worchel & W.G. Austin (Eds), *Psychology of intergroup relations* (pp. 288-304). Chicago, IL : Nelson-Hall.

Yzerbyt, V., & Corneille, O. (Eds) (1994). *La persuasion*. Paris : Delachaux et Niestlé.

Yzerbyt, V., & Schadron, G. (1994). Stéréotypes et jugement social. In R.Y. Bourhis & J.P. Leyens (Eds), *Stéréotypes, discrimination et relations intergroupes* (pp. 127-160). Liège : Mardaga.

Zajonc, R.B. (1965). Social facilitation. *Science*, 149, 269-274.

Zajonc, R.B. (1968). Attitudinal effects of mere exposure. *Journal of Personality and Social Psychology* (Monograph Supplement, N°2, Part 2), 9, 1-27.

Zajonc, R.B. (1980). Felling and thinking : Preferences need no inferences. *American Psychologist*, 35, 151-175.

Impressions DUMAS
42100 SAINT-ÉTIENNE
Dépôt légal : juillet 1998
N° d'imprimeur : 34583

Imprimé en France